デロイト　トーマツ　ファイナンシャルアドバイザリー合同会社　編著

## M&Aの基礎知識

# 実務の新潮流

「未来のシナリオ」を想定し、
「企業間連携」で社会課題を解決する

生産性出版

「M&Aの基礎と新しい潮流」がわかれば

変化の時代を勝ち抜くための
ユニークなM&A戦略の
「策定−実行−PMI」が
統合的視点で理解・実行可能となる

こんなあなたに最適!

企業の経営者やその参謀役

経営企画・経営戦略部門に籍を置く人

M&A領域の責任者やスタッフ

新事業・イノベーション推進業務に関わる人

ガバナンス業務に携わる人

# はじめに　これからの企業経営に必要な３つの視点

不確実な時代・不透明な未来、というような言葉は少し前からも企業経営の世界で使われてきました。そのような不確実性をともなう未来に対し、企業経営をどのように認識し、どのような意思決定をしていくべきなのか、今こそ深く考える必要があるでしょう。

今、と申し上げる理由は大きく３つあります。

１つ目として、**近年における、不確実性の形成要素の変容**が挙げられます。政策やマクロ経済に象徴されるような従来型の中長期の不確実要素に加え、近年では、ＳＮＳ、プラットフォーム、ＡＩのような新しいビジネスモデルやテクノロジーの台頭が、比較的短い時間軸で人々の行動変容・意識変容にまで影響を与え得る影響力を持ちはじめたということです。「予測しうる未来の選択肢のどれか」の到来でなく、「未来を変え得る変動要素」とのつきあい方を含めた検討が必要になってきています。

２つ目は、**企業を取り巻く現代の企業経営環境**が挙げられます。前述のとおり、経営・事業環境は、不確実であり不透明である一方で、株主や従業員をはじめとするステークホルダーからは、確実な成果、リターンや実態のある活動を期待されています。

企業の経営に携わる方たちは誰しもこのギャップの中で、日々むずかしい経営判断をしています。ＳＤＧｓやＥＳＧを背景に、コーポレートガバナンスのあり方についても常に議論されており、より説得力のある活動報告も求められていく傾向にあります。説明責任を果たすためにも、自身の経営・事業環境について洞察の解像度を上げておくことは必須になってきます。

最後に３つ目として、**日本および世界を取り巻く社会課題の肥大化**に言及します。もはや、社会課題の解決にあたっては、単独企業の活動で解決できる域を超えており、多業種連携のもと協働で課題解決にあたらなければならない状況にあります。そのためには、近視眼的な経済合理性だけを追求する単独企業活動でなく、未来を見据えたうえで社会的価値を創出するような「企業間連携」が不可欠です。

自身が洞察する未来シナリオを策定し、多業種のプレーヤーと共感しながら社会課題に対し、共闘していかなければなりません。日本を代表する各企業のマネジメントが自身の考える未来シナリオとそれに対して何を行っていくのか、語れる必要があると考えています。

本書は、このような現代の企業経営における課題に対して、新しいアプローチを提案するものです。**M&A実務の要諦に加え、未来シナリオ・プランニングやブランディングといった手法も取り込み、抽象度の高い議論をどのように具体的かつ合理的判断に落とし込んでいく**のか、数多くの経営課題およびＭ＆Ａを支援してきた立場から培ってきた方法論をもとに進めています。

漠然とした不確実性を打破し、説明可能な未来シナリオを策定する。それをもとにした企業活動をステークホルダーの共感につなげていくためにブランディングという創造性を活用し、「右脳」と「左脳」の両側面のアプローチで企業戦略を実現していく。そして社会的価値を創出するために必要な企業間連携のコア活動であるM&Aなどを活用していく。

多くの企業経営に関わる方々にとって、これからの不確実性の時代をともに生き抜き、ともに社会課題を打破していくための一助になることを祈念しています。

2024年10月吉日

デロイト トーマツ ファイナンシャルアドバイザリー合同会社 パートナー 伊東 真史《まさふみ》

# 本書全体（構成）の読み方

本書『M&Aの基礎知識　実務の新潮流』は、M&A戦略・実務のライフサイクルとでも呼ぶべき「はじめから終わりまで」の視点で、4章立てで構成されています。

第1章は、M&A戦略をたてる前段階で、未来起点で自社を取り巻く環境を洞察すべきという「シナリオ・プランニング」について解説しています。第2章は、企業のブランディングが、いかにM&Aにおいて重要な位置を占めるようになってきているかを解説しています。

第1章と第2章は、M&A戦略との関わりという意味で、従来のM&Aの専門書では触れられてこなかった新しい視点をもたらすはずです。

第3章は、M&A戦略の策定と実行後のPMI（経営統合プロセス）を解説しています。基礎的な内容に加え、最近の潮流である「右脳的発想」のM&Aについて事例を用いて解説を進めます。第4章はM&Aの実務の視点で記されており、最近の潮流である「DX・データアナリティクス」やリスクについて新たな視点から解説しています。

このように、第3章と第4章は基礎的な内容にとどまらず、戦略・実務の新しい潮流について、特に詳しく解説しています。

どこから読みはじめても理解できる内容ですが、全体感を押さえつつ、統合的視点を持ちたいという方は、最初から順番に読み進めることをオススメします。

## 本書の流れ

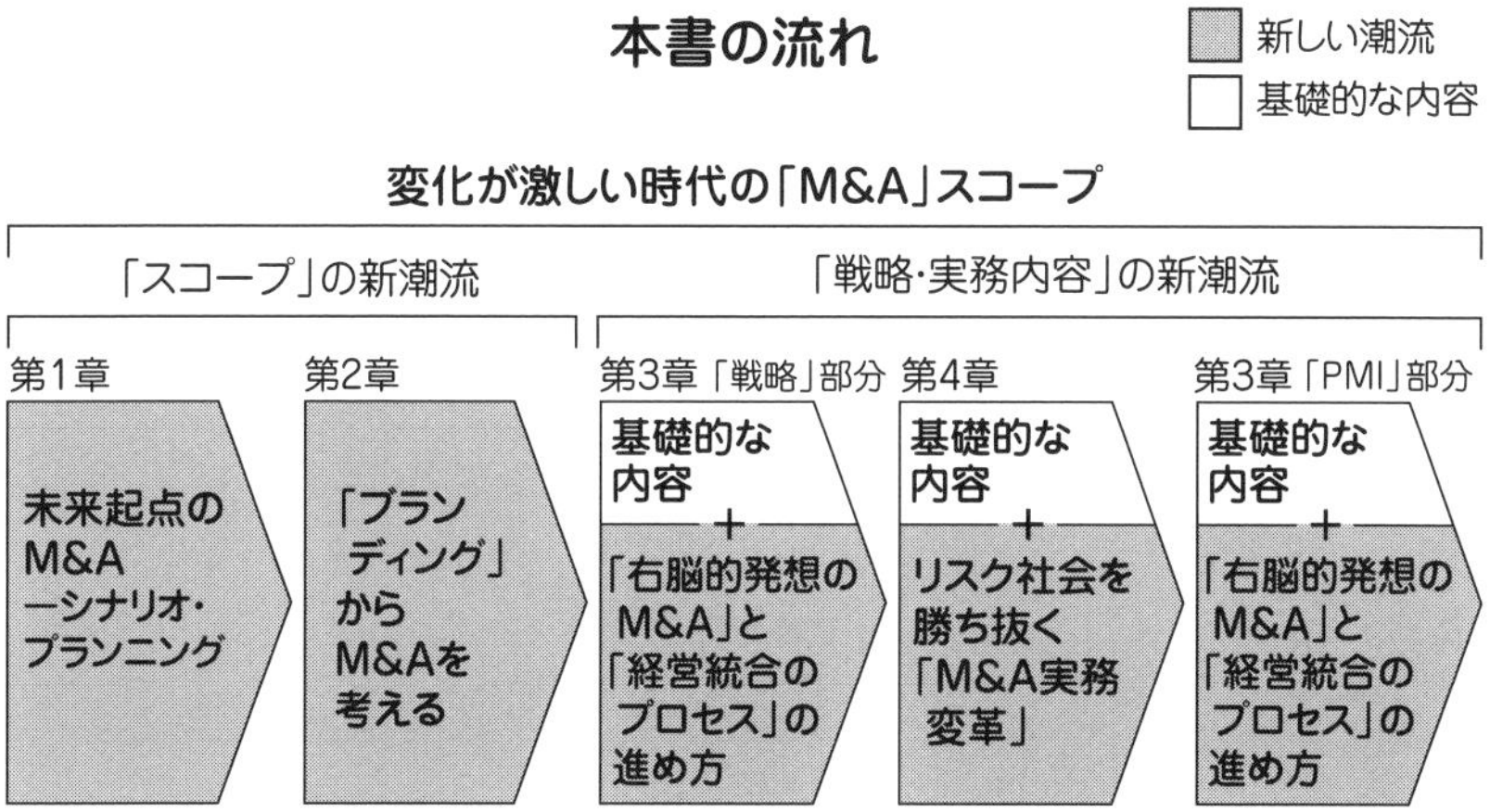


### 読み方のポイント

**① M&Aのスコープ（思考・検討の範囲）変化を理解する**
―第1章、第2章

**②M&Aの「基礎的な内容」を理解する**
―第3章、第4章の基礎的な解説

**③戦略・実務内容の「新しい潮流」を理解する**
―第3章、第4章の新潮流の解説

**④統合的視点で検討・実行の全体像を理解し、行動の準備を進める**
―第1章～第4章

◎もくじ◎　M&Aの基礎知識 実務の新潮流



# 第1章 未来起点のM&A ――シナリオ・プランニング

## 企業の成長・革新に活かす未来図を描き出すために

# 第2章 「ブランディング」からM&Aを考える

## 事業の発展に向けて新たな視点を身につけよ

# 第3章 「右脳的発想のM&A」と「経営統合プロセス」の進め方

## M&A戦略策定の基本ステップを押さえ、柔軟な戦略を考えよ

# 第4章 リスク社会を勝ち抜く「M&A実務変革」

## DX・データアナリティクスの最大限の活用を

# 第1章

# 未来起点のM＆A
## ——シナリオ・プランニング

企業の成長・革新に活かす未来図を描き出すために

読み方のポイント

# 自社の自己革新に向けて未来図を描く

**「人生において唯一変わらないのは、変わるということだけである[1]」**

今ほど企業経営者がフランス人文学者ラ・ロシュフコーのこの言葉を実感している時代はないだろう。この不確実性の時代に企業はどのようにM＆A戦略を活用していくことができるのだろうか。本章ではこの問いに答えていく。

結論から言えば、M＆Aを企業の成長・革新に最大限に活かそうとするならば、戦略策定の前に「これからの未来はどうなるか」という自社なりの「未来についての世界観」を持たなければならない。しかし、デジタル化社会の進展、対峙すべき社会課題の増大、さまざまな経営リスクの顕在化といった激変する経営環境に立ち向かう「日本企業の未来への準備度」は、グローバル企業に比べてまだ不十分なようだ。

本章では、未来を考えるうえで重要なキーワード**「アウトサイド・イン」「バックキャスティング」**などに触れながら、不確実な未来への準備度を向上させる**「シナリオ・プランニング」**という経営手法を解説していく。企業変革に携わる社内のメンバーが主体的に新たな環境変化を捉え、**M＆Aという手段を用いながらも自己革新するための方法論**について事例を交えながら解説していく。

1. ラ・ロシュフコーの名言（https://eigomeigen.com/quotes/2323.php）

## 1 なぜ、あえてM&A戦略の考え方を見直すのか？

みなさんが、一戸建てやマンションを買おうとするとき、「自分や配偶者のこれからの収入はどうなるか」「今後の金利動向はどうなるか」「その住居周りの環境はどのようになっているか」など、家そのもの以外のことについて当たり前のように考えを巡らせないだろうか。

私たちは自分の生活について意思決定をしようとする際、自分たちを取り巻く未来環境についてさまざまな角度から考察するはずだ。「返済の目途が立ちそうだ」「居住環境は良さそうだ」というポジティブな情報だけを考えるのではなく、「金利が高止まりするとリスクが高まる」「リモートワークが一般的になれば、地方に移住することも選択肢に入る」といったネガティブ、または意思決定を覆すようなところまで考えるのではないだろうか。

このように大きな意思決定を行う際、私たちは「良いこと」だけを主観的に考えるのではなく、「起こりうること」を客観的に考える。翻って、みなさんが働く企業の戦略的意思決定についてはどうだろう。当たり前のように、自社を取り巻く未来について考えているだろうか。

これからどんな時代が来るか、ＡＩなどの技術がどのようなインパクトをもたらすのかくらいであれば、当然のことである、と考えているかもしれない。

しかし、個人の例で示したような「起こりうること」に、組織としてさまざまな思いを巡らせ、良いも悪いも含めた客観的な未来の情報整理を行ったうえで、意思決定をしているだろうか。特に、Ｍ＆Ａに関する意思決定をする際にはどうだろうか。

**M&A取引の場合には、タイミングとスピードも非常に大きなファクター**となる。なぜなら時間をかけているうちに、取引相手が別の企業、たとえば自社の競合企業と取引をまとめてしまうリスクなどがあるからだ。したがって、売り案件・買い案件が発生してから「これからの未来はどうなるか」を悠長に考えている暇はないというのが大方の答えだろう。

では、どうしたらよいのだろうか——第1章ではこの問いに答えていきたい。

この章では、M&A戦略を策定するときに、事前の未来環境分析がいかに有用なのかについて述べていく。今という時代をどう見るべきか、これからの未来観をどう持つべきか、そのような未来観を培うためのシナリオ・プランニングの考え方などについて、事例を交えながら解説を進める。

## 個人と法人の意思決定プロセスの違いは何か？

冒頭で、個人生活と企業では、「それぞれの意思決定に違いがあるのでは？」と問題提起したが、仮にそれが正しいとすると、なぜなのだろうか。

そもそも企業は、その実態を特定できるものではない。工場などの設備やオフィスビル、ブランドやロゴはすべて企業の一部であって、全部ではない。しかし、一方で企業は意思決定を行い、ステークホルダーを含む社会に多大な影響力をおよぼす。したがって、法的にその存在を保証し、実態を与えているのが「法人」という格だ。

**個人と法人の違いは（家族との合議はするとしても）、ひとりで意思決定するのか、集団で意思**

図表1-1｜「Q×A」で表される企業の変革

Effectiveness（効果）= Quality（質）× Acceptance（受容度・納得度）

Vennix, Jac A.M., Group Model Building, John Wiley&Sons, 1996 をもとに著者作成



**決定するのかの違い**と言えるだろう。個人だと当たり前のことが、集団となるとそうではなくなる。それはなぜだろうか。

私は30年以上にわたって、企業の自己変革をサポートするコンサルティングに従事してきたが、その間ずっと重要視してきたキーワードがある。それは「企業変革の有効性（Effectiveness）は『Q×A』で表される[2]」というものだ（図表1-1参照）。これはひと言でいえば、私が共感する「企業の変革は質高く成し遂げられて初めて価値がある」という意味である。

ここでQとは、「質」を意味するQualityの頭文字であり、企業変革に関する内容の質のことである。変革に関する検討が不十分であったり、分析や考察が不十分で論理的でなかったりすると、このQは低い値となる。Qが低くなることで、さまざまな弊害が生じる。

ずいぶんと昔の話だが、論理的にありえない戦略に出合ったことがある。その企業では、収益を確保するために対象市場を絞り込み「赤字からの脱却」を図っていた。しかし、思うように収益改善が進まなかったため、定量的にその戦略を評価することにした。分析の結果は、対象市場の過度な絞り

2. P6, Vennix, Jac A.M., *Group Model Building,* John Wiley&Sons, 1996

込みの影響で、その市場で独占的な地位を築いたとしても売上額が小さくなりすぎて、黒字にならないということだった。これなどは、質が低いケースに相当するだろう。

次に、Aについてはどうだろうか。

企業という集団においては、意思決定を行い大きな行動変革にまでつなげようとするとき、その検討内容や意思決定の「質（Quality）」だけではなく、意思決定そのものについてメンバーの「納得感」「腹落ち感」がとても重要になる。この納得感のことを「受容度（Acceptance）」と言う。どんなに良い戦略であっても、それを実行することによってまわりとの軋轢《あつれき》が生まれ、自分の地位や人間関係が脅かされるようなケースでは、必ずと言っていいほど抵抗が生まれる。このような「変革の心理的な側面」まで考慮しないと、企業変革はうまくいかない。

これらの「質」と「受容度」の2つの要素の「掛け算」によって意思決定やその後の行動変革の有効性が決まる。そうすると、どちらかだけが高いスコアになってもダメだということになる。質だけを高めるのであれば、外部の優秀な専門家のアドバイスを受けることで、高いスコアの達成が可能かもしれない。しかし、受容度を高めたいのであれば、意思決定後の運営にまで携わるメンバー自らが最初から関与するのが一番良いはずだ。この場合のメンバーとは、経営幹部から現場のスタッフまで、広く変革活動に携わる人たちのことだ。

ただ、意思決定の結果が自分に都合が悪くなるようなことが想定できそうな場合には、都合の悪いことはそもそも考えないという「慣性」（ほかからの力の作用を受けなければ、現在の運動状態が変化しないこと）が存在しているのも事実である。具体的には、「意思決定によって自部門が消滅し、他部門に吸収される可能性が出てきそうだ」「自社の強みが活きない未来が来てしまうと、自社の存続が危うくなるかもしれない」――このようなケースだ。

「ネガティブなことについてはできるだけ考えたくない」といった傾向が、組織が持つ「慣性」である。したがって、集団ではこうした慣性が働いた結果、個人では当たり前のように考えるさまざまな視点が抜け落ちやすくなる。個人では最終的には自分で責任を取ることが明確なのに対し、集団ではグループシンク（集団浅慮《せんりょ》）が起きる可能性や状況により責任の所在が変わる可能性があることも影響しているだろう。自分に降りかかるのであれば回避したいが、自分の責任でなければそれほど気にしないといったことだ。

では、自分たちで考えずに、すべて外部の専門家に思考の代行を依頼できるかと言うと、述べたように「受容度」の点で問題が発生する。自分たちが見たくないことについてアドバイスを受けた結果、頭の中では理解できたとしても、本当に「腹落ち感」を持って行動にまでつなげられるだろうか。かなりむずかしいというのが、現実ではないか。まさにパラドクスである。

## 「質×受容度」の追求を前提にM＆A戦略を「自分ごと化」する工夫を

では、どうしたらよいか。

私の経験では、答えは1つしかない。**組織の受容度に配慮しつつ、自らが気づき行動につなげられるように、「自分ごと化」するしかけをつくる**ことだ。

特に、M＆Aについて言えば、売り・買い案件が発生してから考えるのではなく、**平時から自分たちなりの未来について「世界観」を持っておくこと**が重要だ。なぜなら、案件が発生してからでは未来について考える時間はないからである。

どうやったら、普段から未来について考察を深めることができるのだろうか。

それほどむずかしく考える必要はない。

日々のニュースや新聞記事にできるだけ触れ、どのようなことが言われているかに、自分なりの「アンテナ」を立てておく。または、有識者のセミナーなどに顔を出してみる。そういったことだ。

ただ、大事なのは「自分が普段、興味や関心のない分野」に、あえてアンテナを立ててみることである。こうした「強制的な視野拡大」を継続的に行っておくと、自分の世界観が広がるはずだ。

インターネット、特にSNS（ソーシャル・ネットワーキング・サービス）の普及によって、自分の関心領域だけフォローする人々が増えていると言われる。しかし、それでは偏った世界観、視野が狭い考察しか生まれない。だからあえて逆をやってみることに意味がある。

情報に触れた結果、自分たちに都合の良い未来環境を考えるのではなく、「起こり得る未来環境」にまで考察範囲を広げる必要があるし、組織が持つ「慣性」を払拭しつつも、受容度を高く進めるための工夫も必要となる。

このときに役立つのが、本章の主題である「シナリオ・プランニング」という思考法・経営手法だ。この後、シナリオ・プランニングについて詳しく解説を進めるが、その前に、これからの未来について正しく「世界観」を持つために、「今、私たちの周りで起きていること」を整理しておこう。

# 2 VUCAを踏まえた「不測な事態」への対応策を考える

VUCA（ブーカ）の時代だと言われて久しい。

リーダーシップの領域でこの言葉が最初に現れたのは1985年のことなので、もう40年近くVUCAの時代が続いていることになる[3]。

VUCAとは、4つの事象の頭文字を組み合わせた造語である。

Vは「**変動性**」を意味するVolatilityだ。たとえば、株式市場で株価が乱高下をする。このようにアップダウンが激しさを増す状況が増えてきたことを示唆している。ヒット商品の寿命が短命化したり、企業の栄枯盛衰のサイクルが短くなったりということにも、当てはまるだろう。

Uは「**不確実性**」を意味するUncertaintyだ。起こり得る可能性はあると思えるものの、その確率を当てはめることがむずかしいような事象を不確実性という。AIがオフィスのホワイトカラーの仕事を奪う可能性とか、地球温暖化が想定以上に急激に進む可能性といったことが不確実性と言えるだろう。こうした不確実性は、技術の進展、地球環境問題、地政学リスクの増大などによって、ますます増えてきている。

Cは「**複雑性**」を意味するComplexityだ。物事の因果関係がシンプルでなく、複数の原因が複雑に絡みあう状況や、結果が原因にさらに影響をおよぼすといった「循環構造的な」状況が広がってきていることを示す言葉である。

最後のAは「**曖昧さ**」を意味するAmbiguityだ。すべての情報が手に入ったとしても、その意

3. Bennis, Warren and Nanus, Burt, *Leaders: Strategies for Taking Charge,* Harper Business, 1985

味の解釈が一様にはならず曖昧さが残るような状況や、クロでもシロでもないグレーな状況が増えてきていることを示している。

リーダーシップの領域で生まれたＶＵＣＡだが、１９９０年代に入り米国陸軍で、「ソ連の崩壊以降の混沌とした世界観を示す用語」として取り入れられるようになり、広がっていった。

## 将来に備えて知っておきたい「ＶＵＣＡの新解釈」とは？

私は、これからの時代を見る際に、もう1つのＶＵＣＡの存在を認識しておくべきだと考えている。

「**脆弱性**」を意味するVulnerability、「**未知**」を意味するUnknown、「**デジタル化**」などを示唆するConnected、「**社会的な分離・分断**」を意味するApartの４語の頭文字をつなげたＶＵＣＡである。語呂合わせの感もあることをご容赦いただければと思うが、少し解説したい。

まず、１つ目の「**脆弱性**（Vulnerability）」である。

今の時代、「想定もしていなかったことが、当たり前のように起こり、それに企業として対処していかなければならない時代であること」に異論を唱える経営者はいないだろう。

たとえば、地球温暖化に起因するような自然災害の頻発や集中豪雨により、従来の想定範囲を超えた事象が起こり、企業の活動や社会生活に大きな影響を与えるようなことが起きている。また、「ソフトウェアのトラブルにより世界中のコンピューターが影響を受け、社会生活に大きな支障が出る」といったことも一例だろう。

このような想定外の事態に対して、私たちの諸々の基盤やシステムは、とても脆弱なものだという認識を、もう一度持つ必要がある。

企業の本質は、先に触れた「法人という『人格』」で言えば、長らく売上拡大による成長や利益最大化を追求する「経済人」であった。リーン生産方式（プロセス管理を効率化し、作業時間や在庫量を削減すること）や在庫ゼロといったスリムな経営により、効率性・経済性をずっと志向してきたのである。

しかし近年、想定を超える事態が起きたり、材料が不足し、消費者にモノを届けられない事態が頻発するにあたり、脆弱性を前提として「いざというときへの備えを普段から行っておく」ことがより求められてきている。

効率性に加えて、冗長性が求められる時代が来ているとも言えるだろう。システムが止まると大損害となる工場の生産ラインなどでは、それを制御するCPU（中央処理装置）の二重化がされている機器がある。どちらかのCPUが壊れても、ほかが補完するという構造だ。これからは、企業経営や社会システムでもこうした冗長性をもっと意識する時代になるだろう。いざというときの備えに、どの程度のコストをかけていくのか、効率性と両立しづらい課題ゆえのむずかしさが今後も増すだろう。

次に、2つ目の「**未知**（Unknown）」である。

前述の「不確実性（Uncertainty）」は、「起こり得るが、確率が当てはめにくいこと」だった。たとえば、AIがオフィス業務を代替するといったことだ。しかし、こうした「企業経営へのインパクトがわかりやすい」要素に加えて、企業経営で普段考える必要がないと思われていることまでが、検討対象のスコープに入りつつある。そこで、「未知（Unknown）」をこのように「普段考える必要がないこと」と定義し、話を進めたい。

ある経営誌で『人類を滅亡に導く、15の破壊的リスク』という論考が取り上げられたことがある[4]。その15のリスクとは次のような項目だ。

・自律兵器
・サイバー攻撃と情報インフラの崩壊
・データ詐欺や窃盗
・異常気象
・壊滅的な気候変動
・生物化学戦争
・人工知能
・水、または食料危機
・生態系の崩壊
・パンデミックと薬剤耐性
・小惑星の衝突
・火山の大噴火
・核戦争
・民主主義の崩壊、または機能停止
・太陽による地球の飲み込み

4.「人類を滅亡に導く、15の破壊的リスク」, Tate Ryan-Mosley, MITテクノロジーレビュー, 2020.11.10（https://www.technologyreview.jp/s/223724/dont-worry-the-earth-is-doomed/）

確率は別として、これらの項目のいくつかはすでに起きているし、議論されているだろう。すべてが企業経営で対処可能でないとしても、新型コロナウイルス感染症に限らず、サイバー攻撃への対処や気候変動への対応は、「当たり前」になりつつある。

さらに、南海トラフ大地震による東名阪の分断や大規模な災害、水や食料不足への対応など、業界・市場を取り巻く不確実性以上のことに、経営者が対処しなければいけない時代となっていることにも異論はないのではないか。この15のすべてではないとしても、「想定すべきリスク」を想定していなかったことに対する企業の責任といった議論が加速することは間違いないだろう。どこまでを対象として考えるのかといった、新たなむずかしさが経営者を悩ませ続けるだろう。

3つ目の「Connected」は、ＤＸ（デジタル・トランスフォーメーション）をはじめとする**デジタル化**のことを指す。Ｗｅｂ3といったブロックチェーン技術を基盤とした分散化の潮流、ＡＩ・ロボティクスなど人間の活動を超越する機能の社会実装の加速、情報・モノのデジタル化に止まらず、通貨といった社会システムの基盤や制度までに影響する変化は、今後ますます加速していくだろう。また、ＡＩが自立的に作動しはじめた先の社会をどう捉えておくか。そのときのアナログの役割、人間の役割がますます問われる時代となる。

4つ目の「Apart」は、社会の潮流としての**社会的な分離・分断**を意味している。同一国内での社会の階層化（持つ者と持たざる者の分離と固定化）にとどまらず、グローバルでの分断や地政学リスクの増大は、世界全体をますます不安定なものとしていくだろう。その際に、企業としてはどう振る舞うべきか。社会の中で企業の存在価値や役割が問われる時代が来ているし、今後もその重要性はさらに増していくことだけは間違いないだろう。

これは、2つ目の「未知（Unknown）」への対応と併せて、企業が「経済人」という人格を超えて「社会的存在としての『社会人』」であることを、より求められる時代になってきていると言えるのではないだろうか。

ここで述べた新しいVUCAは、私見であるし、すべてが正しいとは言い切れない。しかし、この4つを俯瞰して言えることは、**企業経営にあたり考慮すべきスコープが拡大し、経営者が、ますますむずかしい舵取りを求められる時代が来ている**のは確実だということだ。

## 3 グローバルから見て「環境変化への備え」が遅れる日本

こうした不確実性の増大や検討すべき対象の拡大に対して、企業はどのように対処しているのだろうか。本章の主題である「シナリオ・プランニング」は、未来の不確実性を前提とした思考法・経営手法である。また、不測の事態への対応策を検討するコンティンジェンシー・プランニングという考え方もある。

コンティンジェンシー・プランニングとは、不測の事態を意味するコンティンジェンシー（偶発や偶然の事故や事件）が発生したときに、その被害を最小限にとどめ、通常状態に早期に復旧させるための「事前の計画策定」のことを指す。自然災害による物流網の寸断や、サイバーアタックによる内部情報の流出などが、コンティンジェンシーの一例であろう。それらの対処策を事前に検討しておくのだ。

図表1-2 | **日本企業の“未来への準備”度合い(Future Readiness)**

「未来への準備が広範に進んでいる」のは約25%。約40%の企業で意識や実践が不十分である

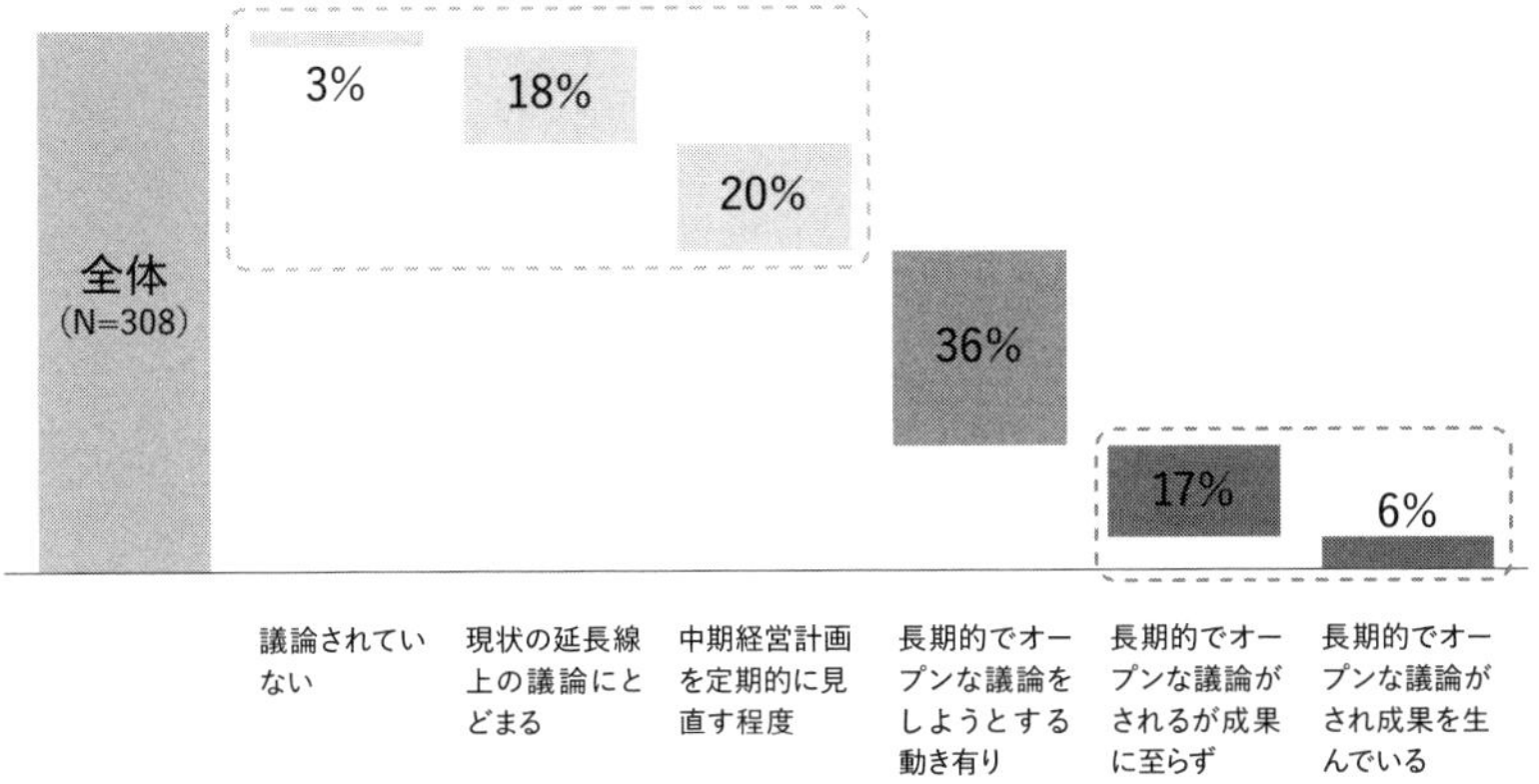


*Future Readiness調査：「自組織における『未来』についての取り組み状況」デロイト トーマツ ファイナンシャルアドバイザリー調べ（回答数308件） ©2023. For information, contact Deloitte Tohmatsu Group.

このシナリオ・プランニング、コンティンジェンシー・プランニングといった手法を、グローバルでは、どの程度の企業が活用しているのだろうか。ある調査によれば、２０００年代以降の採用率は、急激に高まっている。

１９９０年後半から２０００年代にかけては、１９９０年代後半のアジアの通貨危機にはじまり、２０００年のネットバブルの崩壊、２００１年の９・11のテロなどが起きた。技術の急速な普及とその後のバブル崩壊、経済・社会に関する「想定外」の事態の発生による企業経営へのインパクトが続いた時期だ。それ以降は２００８年のリーマンショック、日本では２０１１年の東日本大震災、２０２０年の新型コロナウイルス感染症のグローバルな流行なども含めて、この20年は「不確実性の連続」の時代だったと言えるのではないか。そしてこの「不確実性」が、今後ますます加速していくのも確実だ。

翻って日本企業は、環境変化への戦略対応をどのように行っているのだろうか（図表１-２参照）。私

たちは、日本企業を対象に「未来に向けての準備度合い（Future Readiness）」に関する独自調査を行った。

未来に向けての議論が長期的に社内で広く行われ成果を上げているのか、またはそのような議論がまったく行われていないのかという両極のどのあたりに、日本企業の「立ち位置」があるのかを知りたかったのである。

この結果からは、「長期的でオープンな議論をしている」企業は、全体の約25％程度にとどまり、**約40％の企業では「中期経営計画を定期に見直す程度」、または「現状の延長線上の議論」の状態**にとどまっている。

また、「長期的な議論が広く行われ、かつ成果を生んでいる」のは、調査対象全体の6％にすぎない。ちなみにこれら成果を上げている企業には、DXや地球温暖化対応が必須な業界のトップランナーたちが名を連ねている。激変する環境変化に晒《さら》されている企業こそ、こうした長期的な視点を持っているとも言えるだろう。

調査内容や時期がかなり異なるので、一概には言えないが、先のグローバル企業の取り組みに比べて、日本企業の未来への準備度合い「Future Readiness」は、まだ低いのではないだろうか。

## 「未来へ向けた戦略と実行」に立ちはだかる3つの山

新しいVUCAへの対応をはじめ、経営者の舵取りがますますむずかしくなってきている時代において、日本企業の未来準備度合いはまだ十分ではないことを説明してきた。

では、どのような考え方が必要なのか。シナリオ・プランニングの詳細に行く前に、基本的な

図表1-3｜未来へ向けた戦略策定と実行の3つの山

世界観・未来観構築のためのツールが「シナリオ・プランニング®」

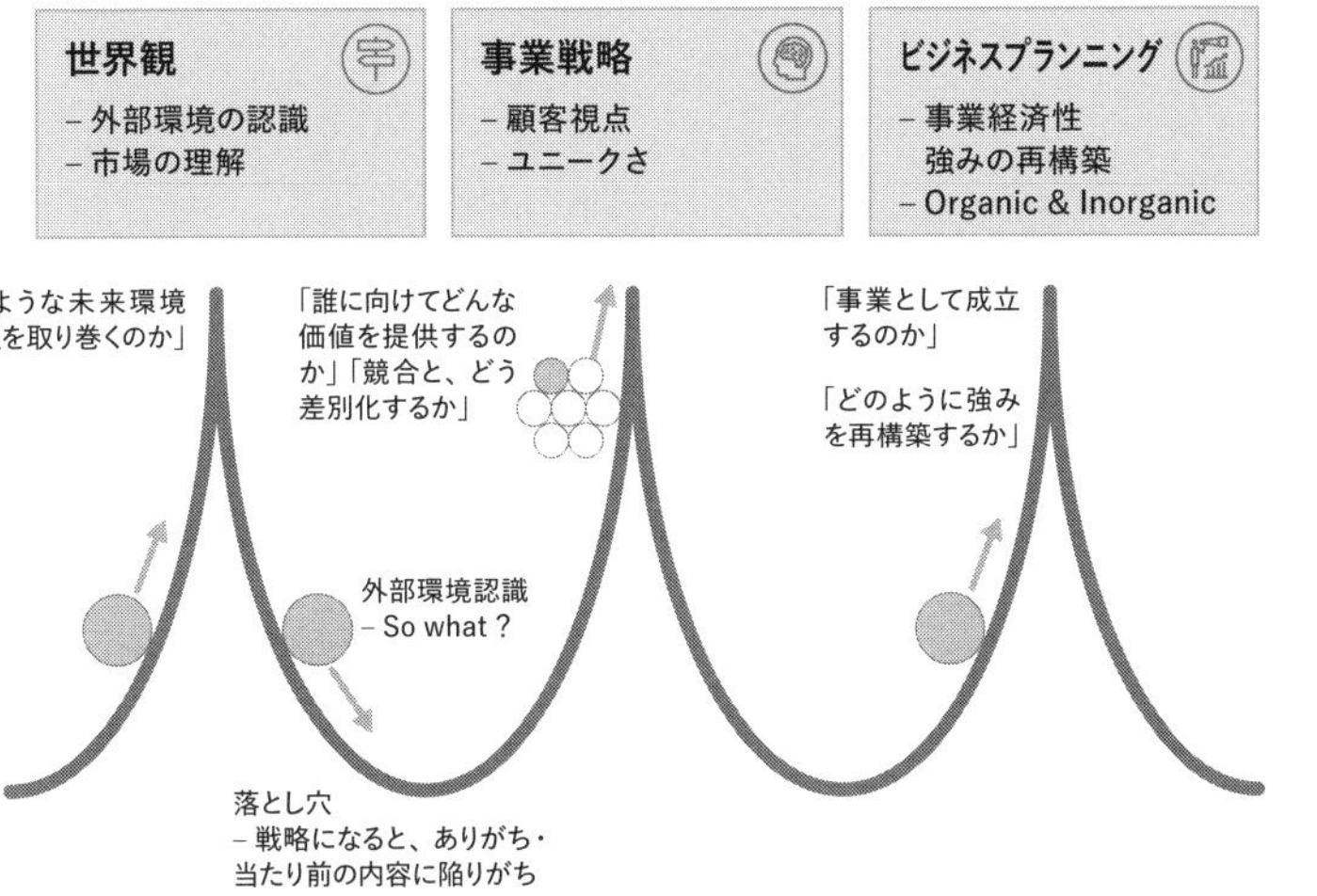


©2023. For information, contact Deloitte Tohmatsu Group.

考え方を整理しておきたい。

まず、**一番大事なことは、未来を見通すことがむずかしい時代だからこそ、長期的な視点を伴う「未来についての世界観」を持つ**必要があるということだ。これは今述べたトップランナーたちの特長でもある。

長期的な視点を持たなければ、日々刻々と変わる変化に惑わされ、右往左往を繰り返す結果となる。一方、日々のさまざまな変化にも大きな潮流を見出し、環境変化の方向感をつかむことができれば、短期的な変化に対応しつつも、長期的な世界観を持って進むべき道の方向性を設定することができる。

個人であれば、こうしたことを「当たり前」のように行っているのは前に述べたとおりだ。M&A戦略の策定を含む企業経営でも同じように、戦略策定の前に自らの世界観を培っておく必要がある。図表1-3に示すように「戦略策定の前段階」を充実させる必要があるということだ。

この世界観構築のステップにおいて、重要となるキーワードを3つ挙げておきたい。**「アウトサイド・イン」「バックキャスティング」「構造化による意味解釈」**だ。

### ①アウトサイド・イン

1つ目が「アウトサイド・イン」である。戦略の定義に、**「戦略とは環境の変化に応じた資源の投入・展開パターン」**というものがある。環境が変われば、それに応じて「ヒト・モノ・カネ・情報」といった資源を投入するパターンを変えていくというものである。

たとえば、サステナビリティが求められる時代に、製品の売り切りモデルからサブスクリプション型のビジネスモデル（定期的に課金をしてサービスを提供するビジネスモデル）に転換したり、利用後の製品を回収してリサイクル・リユース（使用済み製品やその部品などを繰り返し使用すること。また、廃棄物などを原材料やエネルギー源として有効利用すること）するプロセスを構築したりといったことが、この戦略の定義を示す一例だろう。

この定義に従えば、図表1-4に示した**「事業環境」「ビジョンや戦略」「自社のコンピタンス」**について考える順番は、「外から内へ」となるはずだ。これがアウトサイド・インである。

まず、これからの環境がどうなるかを考え、それに合わせて資源の投入・展開パターンを考え、必要となる自社のコンピタンスを開発・獲得していく。

この例で言えば、**サブスクリプションモデルやリサイクル・リユースに関する戦略をたて、そのためのコンピタンス（組織の中核能力）をつくりあげる必要**がある。もし、そのコンピタンスが自社になければ、M&Aなどの手段を使ってでも、それを獲得しなくてはならない。

図表1-4｜**自社を捉え直す戦略策定の本質“アウトサイド・イン”**

戦略の定義：環境の変化に応じた資源の投入・展開パターン

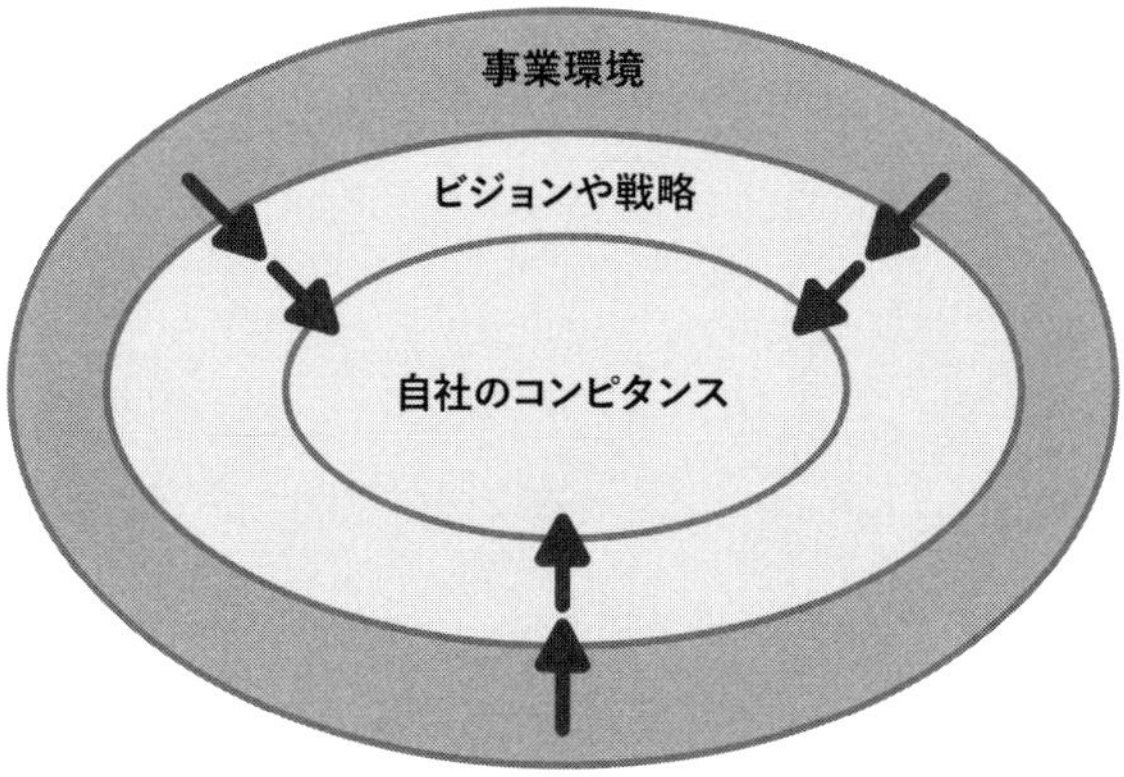




当然のように「アウトサイド・イン」の話をしているわけだが、実際はかなりむずかしい。多くの企業では「インサイド・アウト」になりがちだからだ。その理由は、たとえば次のようなものだ。

創業初日の企業でもない限り、どの企業にも「今日の成功を導いたコンピタンス」や「現在の中期経営計画などで示された『当面の戦略』」は存在する。そうすると、事業環境を分析しつつも、同時に「何とか自社のコンピタンスを活かせないか」という「慣性」が働きやすくなる。現在の戦略が活きないような未来環境については、「そこまでのことは起きないのでは？」と、考えがちなのも慣性だ。

こうしたインサイドの項目（戦略や自社のコンピタンス）が先行し、それを活かすことを念頭に置きつつ環境分析を進めることを「インサイド・アウト」という。

例で説明しよう。本体と消耗品の組み合わせで価値を生むような商品群を想像してもらいたい。

フィルムを使用していた頃のカメラとフィルム、髭《ひげ》剃りの本体と使い捨ての替え刃のような商品群だ。これらの組み合わせで価値を生む商品の場合、一度だけ購入される本体よりも何度も購入される消耗品のほうが、長期的には儲けにつながることが多い。儲けの中心は消耗品だ。

このような企業にとって、消耗品がなくなるような変化は大きな脅威となる。

カメラで言えばデジタルカメラの登場だろうし、髭剃りの場合は替え刃の必要性が減る電動式髭剃りの台頭であろう。ここで強みを活かそうと、「インサイド・アウト」の視点で、消耗品活用のための環境分析をしてしまったら、どうなるだろう。その事業の行く末が危うくなるのは自明ではないだろうか。

一方、それまでの強みに固執せず、たとえば電動髭剃りへと事業をシフトした結果、毎日使う洗浄剤が新たな消耗品となっているケースもある。このように自社の強みをいったん離れ、「アウトサイド・イン」に考えることが重要なのだ。

では、どのようにしたら「アウトサイド・イン」の発想が可能なのだろうか。「起こり得る未来の環境を客観的に捉えられるようになるには、どうしたらいいか」と言い換えてもいいだろう。

ポイントはただ1つ。**外部環境の分析をしている間は、輪の中心にある「戦略」と「コンピタンス」について、しばらく忘れることだ。**これを活かすことを考えるから、客観的に考えられない。だから、一旦横に置き、環境のことだけを考えてみる。このようにアウトサイド・インを強制的に意識しないと、客観的に考えることはむずかしい。

**②バックキャスティング**

２つ目は、「バックキャスティング」である。昨今、この言葉がよく言われるようになった。

今から未来を見通そうとする「フォアキャスティング」ではなく、先に未来に跳んでそこから今を振り返るというのが「バックキャスティング」の意味である。

なぜ、予測を意味するフォアキャスティングではダメなのだろうか。

フォアキャスティングは、定量的に行うとすると、2つのモデルのいずれかで行うことになる。時系列予測法か、説明変数予測法だ。

時系列予測法は、過去のパターンを理解し、それを未来に投影して予測するものだ。一方、説明変数予測法は、過去のパターンではない別の要因（説明変数）を使って、未来の状況を説明しようとするものだ。たとえば、未来の医療費を推計するのに、年齢別の医療費の傾向や人口構成の変化などを「説明変数」として用いるようなケースだ。

しかし、この説明変数そのものも、過去に基づくことが多い（過去になかったようなパンデミックの流行などは考慮されづらい）。いずれの方法でも「過去」の影響が色濃く出やすいのが、フォアキャスティングだと言えるだろう。

図表1-5のグラフをご覧いただきたい。これは、ある業界での需要の変化の様子だが、グラフの左側の変化（過去の傾向）を見ながら、誰が右の不連続な変化を予想できたであろうか。過去にだけ捉われてしまうと、未来を見誤る結果になりかねない。

それでは、不連続な未来に耐えられないということで、「（過去との連続性に捉われずに）いったん未来にジャンプしてみて、そこから振り替える『バックキャスティング』」が、謳われるようになった。

未来の世界観を構築するという意味では、このバックキャスティング、少なくとも10年くらい

図表1-5｜「ある業界の需要」の不連続な変化

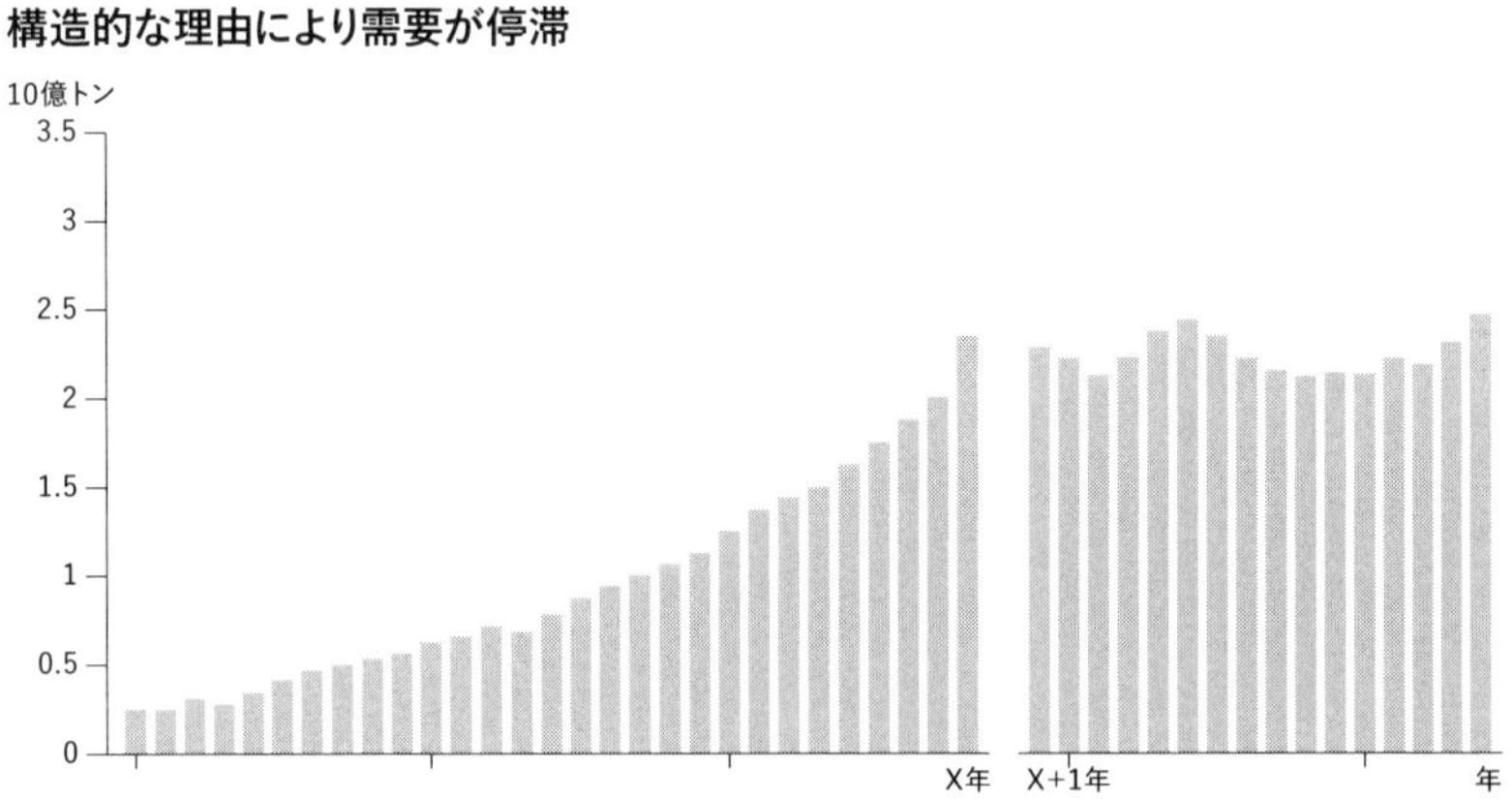


注：わかりやすくするために、左右であえて間隔をあけた



先から振り返らないといけない。エネルギー業界や製薬業界など、業界が持つ「時間軸」が長い業界では15年くらいは必須だろう。これらの業界では、研究開発の期間が長期間にわたるとか、一度決めた投資が長期にわたるケースが多いからである。

未来に跳んで振り返ると言っても、それが「今日」へとつながり、行動に影響を与えなければ意味がない。つながらなければ「点」となるため、未来が宙に浮くだけで行動が生まれない。

したがって、バックキャスティングのポイントは、跳んだ未来と今日をつなぐ過程で、長期ビジョンのみならず、「これからの数年間の過ごし方」――つまり、中期戦略を明確にする点にある。

未来を手に入れるために、今のコンピタンスでは不十分であるとわかったら、これから数年かけて、どのようにそのコンピタンスを入手するのかを考える。そして、それを中期戦略に反映させて実行につなげる。このコンピタンス獲得の過程において、昨今「当たり前」になってきているのが、本書の主題でもあるM&

Aだ。

### ③構造化による意味解釈

3つ目は「構造化による意味解釈」である。アウトサイド・インの視点で、社会変化や経済動向、規制緩和の動向、競合の動きなどさまざまな変化動向を、強制的に視野を広げて分析・理解する。

たとえば、それらには「高齢化の進展」「社会保障費の高騰」などが挙げられるだろう。これらの要素は当然ながら「点」として存在しているのではなく、それぞれの要素がつながった形で未来像を形成していく。したがって、これらの要素の間には何らかの因果関係があるはずだ。そのような前提で、構造仮説を探っていく必要がある。

ここで挙げた「高齢化の進展」は、現在の社会保障制度が大きく変わらなければ「医療費を中心とした社会保障費の高騰」につながる。高齢者になるほど、年間の医療費が増えていく傾向にあるからだ。この高騰を抑制するために、国は「治療から予防へのシフト」を推進し、その結果「予防を促進する医療・ヘルスケア系の規制緩和」が一層進展する。そうしたつながりの先に規制緩和の恩恵を受けた、「トクホ（特定保健用食品）などの新しいカテゴリーの登場」や「新規プレイヤーの参入」という競争状態の変化が現れてくる。

若干「風が吹けば桶屋が儲かる」風に聞こえるかもしれないが、そうしたつながりの先に見えてくる独自の世界観を競合に先んじて持つことができれば、十分に意味がある。

これら3つのポイントについて、これまでのVUCAとの関連でまとめておこう。

変化が激しく(Volatility)、不確実で(Uncertainty)、考えたことがないことまで視野を拡大して考える必要があり(Unknown)、脆弱なシステムが露見する(Vulnerability)「世の中」になってきているからこそ、あらかじめ客観的に起こり得ることを考えてみる「アウトサイド・イン」の思考プロセスが必須となる。

デジタルを中心とした技術変化(Connected)や地政学リスクを含めた社会変化の視点(Apart)まで含めて、未来に跳んでその姿を具体的に想像し、未来から「バックキャスティング」することで、世の中が大きく変わろうとしていることを「肌感覚」でつかむことができる。

そして、複雑に因果関係が絡みあい(Complexity)、曖昧な状況(Ambiguity)だからこそ、さまざまな変化動向の中に自ら構造的な意味解釈を見出し、独自の世界観を築く必要がある。新しい時代には、新しい考え方が必要だというのがわかるだろう。

# 4

## 独自に「企業の世界観」を反映させたシナリオ・プランニング

今、述べた3つの視点を盛り込み、独自性のある世界観を起こり得る未来環境のストーリーとしてまとめたものを「未来シナリオ」と言い、これを使った思考法・経営手法を「シナリオ・プランニング」と呼ぶ。ここからは、シナリオ・プランニングについて解説を進めたい。

シナリオ・プランニングが企業経営に最初に活用されたのは、1970年代初頭のことである。欧州の多国籍石油企業が、原油価格の将来見通しに関して、定量的な予測モデリングから離れ、起こり得る未来環境についてストーリー構築の手法を採用したのが、そのはじまりだ。

その理由は、定量的な原油価格予測がなかなか当たらなかったことにあった。こうした「予測」から離れ、原油価格を構成するさまざまな要素のつながりの先に「起こり得る複数の未来」を描きだしてみることにしたのだ。

原油価格を構成する要素の1つ「需要」に関しては、先進国のエネルギー需要動向が挙げられた。当時は高度経済成長期であり、旅行客の増加に伴う航空機用燃料の増加、自動車の急増によるガソリン需要の増加、エアコンの普及による電力需要の増加など、それぞれの国で増加傾向にあることが明らかだった。

一方で、原油産出国の状況をつぶさに見ると、国ごとに思惑が異なってきている状況で、石油需要の伸びほどに「供給」が伸びない可能性があることがわかってきた。こうした「不確実性」の要素を考慮した結果、「起こりうる6つの未来状況」が、さまざまな要素の「因果関係のつながり」の先に描き出された。すなわち、原油価格の未来について、「起こりうる未来シナリオ」が明らかにされたのである[5]。

なぜ、この話がよく知られているのかと言うと、この未来シナリオを描いた1年後に、そのうちの1つの「エネルギー危機シナリオ」が現実のものとなったからだ。

それが、1973年に起きたオイルショックである。この石油企業は、このオイルショックを「起こり得る状況の1つ」として考察し、その対処策を事前準備していたので、この危機を乗り切ることができたと言われている。事前に自分たちなりの「世界観」をつくり、それを社内で広く共有していたことが奏功したのだ。

---

5. Art Kleiner, The age of heretics: heroes, outlaws and the forerunners of corporate change, Currency/Doubleday, 1996
ピェール・ワック,「シナリオ：海図なき航海の道しるべ - シェルは不確実の事業環境にどう対応したか」, ハーバード・ビジネス・レビュー, 1986年1月号

不確実性の高い時代、未来は完璧には予測できない――こうした前提に立ちつつも、未来に備えるためにはどうしたらいいのか。それは、不確実性を織り込んだ複数の未来を想定し、それに備えることである。

こうした未来観は、未来予測ではないだろう。これが、シナリオ・プランニングは自分たちなりの「世界観づくり」だと言われている理由だ。この石油企業の試みから50年以上が経ち、シナリオ・プランニングは、不確実な未来に備えるための経営手法として、多くの民間企業および公的団体などで活用されている。特に欧米では広く活用されているものの、日本ではまだ普及の途上といったところではないだろうか。

## 優先順位づけはナンセンス！　複数の未来に備えよう

石油企業の例にあるように、シナリオは不確実性を取り込んだうえで複数つくるのが一般的だ。その際に大事なことは、論理的に起こり得る未来について**「確率が低そうなものを排除するのではなく、確率をいったん『横』におき、それぞれの未来が起きたときの対応策（戦略）を考えておく」**ことだ。

最初に確率を当てはめて優先順位をつけること自体、「不確実性」を軽視していることになる。大事なのは「仮に起きたらどうするか」を事前に考え、戦略という形で準備しておくことなのだ。先ほどの石油企業でも一見すると起こり得そうに思えないエネルギー危機シナリオへの準備を進めておいたことが功を奏した。

このように、不確実性に沿って描き出された複数の未来のことを「シナリオ」と呼び、シナリオに基づいて、その対応策である「戦略」を事前準備しておくことが、まさに「シナリオ・プランニング」であることを理解いただけたであろう。

たとえば、ある業界において、消費者の価値観の変容といった不確実性が存在し、また海外企業との競争激化の動向といった不確実性も存在するような場合、それぞれの不確実性の現れ方が、2パターンあるようならば、「2×2」で、4つのシナリオが現れる。その4つともが論理的に起こり得るようであれば、それぞれの未来が起きたときに、どのような対処をするかを戦略として事前準備しておくわけだ。

仮に、不確実性の要素が3つあり、それぞれに起こりうる状態が2パターンあるとすると、「2×2×2＝8」で8つのシナリオが生まれる可能性がある。

ここで問題となるのが、不確実性の数だ。「世の中の予測不能性が上がっていて、不確実性がある」と思いはじめると、自分たちの業界に影響を与えそうな不確実性が次々に浮かび上がってくるのではないだろうか――顧客の嗜好、競合の変化、規制緩和、技術進展など。

それぞれに2パターンの現れ方があるとすると、4つの不確実性の場合には、2の4乗で、16個のシナリオが起こり得る。このように進めることでいいのだろうか。ここで目的に立ち返りたい。

目的はあくまでも「戦略」という形で未来への準備を進めておくことだ。16のシナリオに対応した16パターンの戦略を準備して、実務的に対応することは可能なのだろうか。その答えはノーだろう。「複雑すぎて、意思決定には実務的に使えない」というのが大方の反応ではないだろうか。

話がまわりくどくなったが、実務的な意味で使用に耐えうるシナリオの数は、最大でも7つ程度である。先の石油企業の例では6つだった。

では、どのように絞り込むのか。先に述べた構造化を図る中で、複数の変化動向の間にある因果関係を見つけ出す。そこから数を絞りつつ「真の不確実性」を見つけていくわけだ。具体的な話は後述する。

ところで、シナリオとして描き出す複数の未来については、「全体俯瞰」と「詳細理解」をバランスよく両立させる必要がある。全体俯瞰とは、先の石油企業の例で示したように、「何が不確実性の要因で、変化の方向でいくつのシナリオが現れる可能性があるのか」という全体感のことである。

一方で、全体感で概略さえ押さえればそれで終わりかというとそうではない。それぞれのシナリオで示された未来の状況について、「本当にそのような未来が現れるのか」という疑問にきちんと答えることができなければ、納得感・腹落ち感が得られず、結局は行動に結びつけられないリスクがある。

石油企業の例で言えば、「エネルギー危機なんて、本当に起きるのか」といった疑念である。実際、この6つのシナリオを経営陣に報告した当初は、エネルギー危機シナリオで描かれた原油価格の暴騰の様子が、当時の専門家の予測値をはるかに超えていて、経営陣に受け入れられなかったそうだ。しかし、シナリオの検討チームが、そうした状況に至る論理を精査し、起こり得る可能性が十分にあることを説明した結果、最後には経営陣も納得して受け入れた。

このように、それぞれのシナリオが起きる論理を明確にし、ある程度の「粒度《りゅうど》」を持った未来像を描き出すことも大切なポイントである。

そのやり方として具体的には、未来のストーリーライティングと未来年表の構築を行う。未来のストーリーライティングとは、未来の一時点でのシナリオの状況を物語として書き記すことだ。シナリオに影響を与えるステークホルダーを「登場人物」とし、変化動向の現れ方と紐づけながら、目の前の事象を見ているかのごとく物語として書き記していく。

このときの悩みとしては、**箇条書きのままだと論理のつながりが明確に見えないことだ。しかし、強制的に物語化することで、論理のつながりもはっきりし、納得感の高いものとなる。**また、物語の作者の視点でも、論理の間違いに気づきやすいのでそのメリットも大きい。

もう1つのツールである未来年表は、こうした未来物語の状況に至る過程をバックキャスティング型で理解するものである。未来の状況をいったん所与のものとして仮置きし、そこから「逆引き」する形で、現在の状況とつないでいく。年表なので、完成図は現在から未来に向かう流れで示されるものの、つくる段階では「未来からのバックキャスティング」の発想で取り組む。

ストーリーライティングと未来年表を通じて、未来の状況が「見える化」され、「仮想体験」ができるようになる。このようなプロセスを通じ、起こり得る未来への納得感が高まっていく。

まさに「百聞は一見に如《し》かず」なのである。

## ヘッジ戦略か、ベット戦略か——柔軟性ある意思決定には準備が必要

このように「粒度」を上げて自分たちの世界観をつくりあげると、未来の環境について自分たちの信念が生まれ、その後の戦略策定に大きな影響を与える。２０００年当時のある業界の話だ

が、業界の中心製品の需要が長期的に旺盛であることは、業界内の一致した見解であった。2000〜2020年にかけて、年率4％を超える需要増が見込まれていたのである。

しかし、どのような製品の需要が高まるかについては、業界内大手2社の意見は対照的なものだった。A社は大型製品のほうが顧客ニーズを満たすと想定し、B社は小型製品のほうが顧客にとって利便性が高いと主張した。その後、両社はそれぞれの信念に基づいた長期戦略を実施し、製品の方向性も対照的なものとなった。20年以上が経過した今、小型製品が業界内での主流となっている。

これはシナリオの例ではないが、「どのように未来を見るかが、その後の行動を決めるがゆえに、どのような世界観を持つのかが大事」という点は、納得いただけるのではないだろうか。

では、複数のシナリオを考察するということは、A社やB社のように1つの信念を持つのではなく、「日和見《ひよりみ》」的なスタンスをとることになるのだろうか。

もちろんそうではない。有限な資源を前提に、優先順位を決めて意思決定を行っていくのは、企業として当然である。ただ、複数のシナリオを事前に考察することにより、戦略対応の「幅」が広がる。ある程度、どの未来が来ても対応できるようにする「ヘッジ」型の戦略は、その1つだ。

たとえば、エネルギー業界において、ある再生可能エネルギーに内部資源を投入しつつ、別のエネルギーへの投資も継続するといった戦略は「ヘッジ」型戦略であろう。一方、複数の未来を見た結果、1つに絞り込むベット型の戦略をとる企業もあるだろう。ベットとは「賭け」という意味だ。

ベンチャー企業はその成り立ちからして、ベット戦略をとるところが多いだろう。しかし、ベットするとしても、複数のシナリオを見ておくことにより「視野」が広がる。もし想定した未来環境にならないことが早期にわかれば、別のシナリオや戦略に切り替えることも可能となるはずだ。よく言われる「プランB」という代替案だ。

社会心理学の分野に、アンビバレントな状態を維持しておくほうが、意思決定の精度が向上するという研究がある。アンビバレントとは、2つの相反する感情が同時に存在するという意味である。AとBという2つの選択肢がある状況でAを選択した場合、Aを選んだというポジティブな感情と、Bを選ばなかったというネガティブな感情が同居しているような状態のことである[6]。

なぜ、このような状態が意思決定力の向上に役立つかと言うと、アンビバレントであること自体（Bのことが気になるなど）、別の視点を受け入れやすい状態になっており、視野が広がった結果として、より客観的な意思決定ができる能力が培われるのがその理由だと言う。つまり、ベット戦略をとるにしても、シナリオという複数の未来を事前に見ておくことで、意思決定の柔軟性や客観性が向上することにつながる。

## 5 「戦略」の再構築で誰もが向き合う「事業ドメイン」問題

複数の未来環境を想定しつつ、意思決定の客観性を向上させていくと、前述の「アウトサイド・イン」が完成形に近づいていく。そうすると次のステップとしては、戦略を再構築し、将来必要となる自社のコンピタンスを開発・獲得していく活動に進むことになる。

6. Laura Rees et al. The ambivalent mind can be a wise mind: Emotional ambivalence increases judgement accuracy, Journal of Experimental Social Psychology, 2012

戦略構築の過程では、「自分たちの事業ドメインは何なのか」という問いも出るだろう。**事業ドメインとは、「競争空間」のことだ。「誰に、どのような価値を、どんな実現手段で提供するのか」についての空間設計**だと思ってもらえればよい。

昭和の頃、電話会社の事業ドメインは、「世帯というお客様に、遠隔地にいる人との会話という価値」について有線通信網を使って提供するものだった。それが、インターネットやモバイル通信の発展とともに「子どもから大人までの個々人に、どこでも、いつでも、会話だけでなく情報という価値を無線通信網で提供する」ものに変わった。

このように考えると、事業ドメインの再定義は、「自分たちは何屋なのか」という根本的な問いに答えていくことになるのではないだろうか。もはや前述の企業は「電話屋」ではないはずだ。過去の歴史の上に成り立ってきた「〇〇屋」という業態を、時代の変化に合わせてダイナミックに変化させていく。このようなチャレンジと醍醐味をシナリオは示してくれるはずだ。

**ここに注目!!**

## 事業ドメインが変わり「株式時価総額の評価」が12年間で6倍

企業はM&Aを活用しつつ、本当に大きくドメインを変えることなどができるのだろうか。ここでは10年ほどかけて大きくドメインを変えた企業の事例を紹介したい。

個別の社名は伏せるが、欧米のBtoB型の企業で、正確には2011~2022年の12年間で事業の構成が大きく変わっている。その間、売上高は160億ドルから320億ドルへと約2倍になり、株式時価総額は1880億ドルへと約6倍となった。巨大企業ではあるが、M&Aを繰

図表1-6｜「事業ドメインの変化」による事業構成比

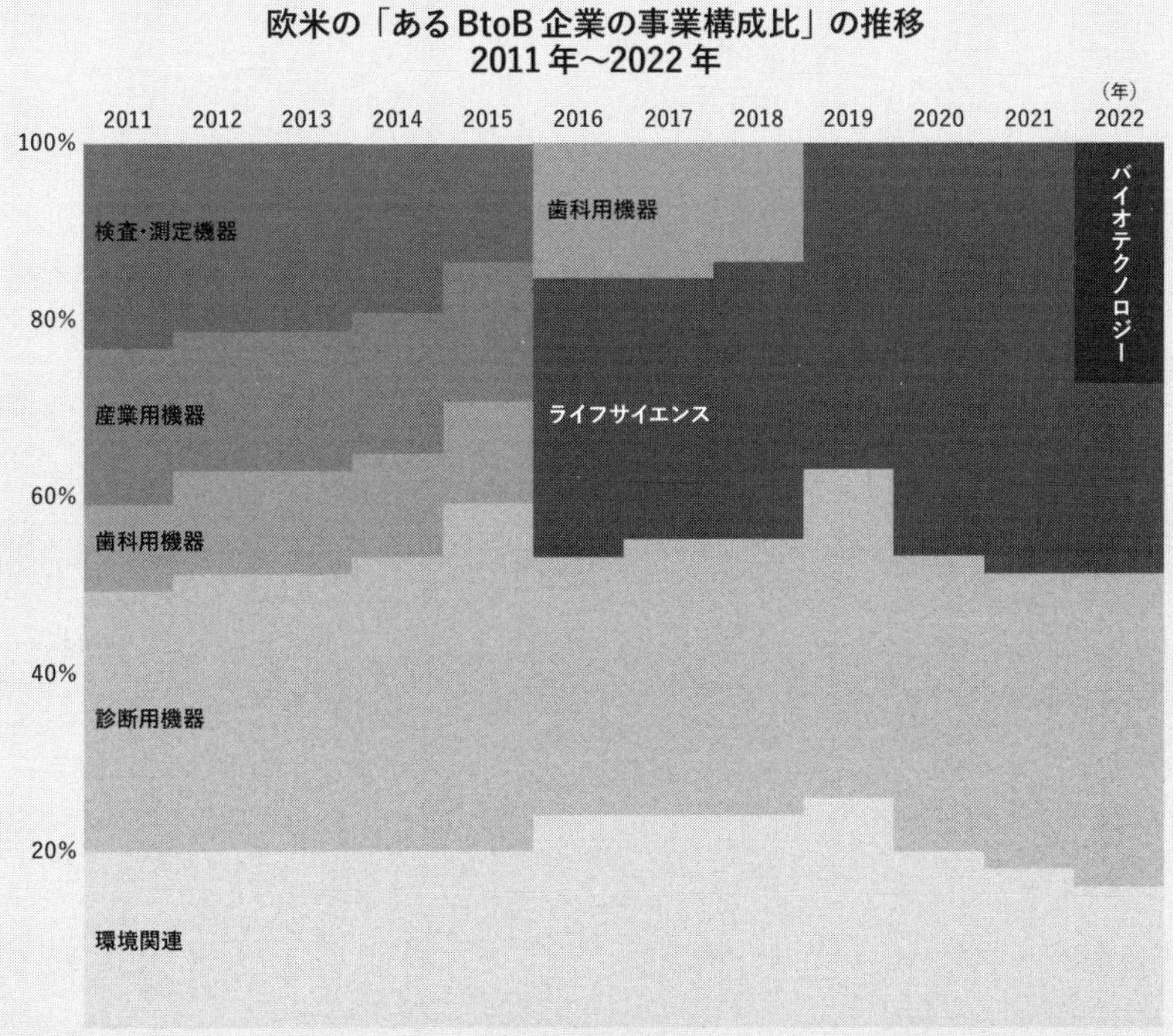


©2023. For information, contact Deloitte Tohmatsu Group.

り返し機敏に市場への変化対応を続けた結果、12年前とはまったく違った企業ドメインとなっているのだ。

図表1-6には、その企業の事業構成比グラフが示されている。

もともと同社の事業は、検査・測定機器やバーコード印刷用の機器など生産財としての事業と診断や環境関連の事業がバランスよく構成されている事業構成だった。

しかし、ときには1年間で10件を超えるようなM&Aを繰り返す。ここからわかるように、診断からライフサイエンスへ、そして最近ではバイオテクノロジーの領域へとドメインを拡張している。環境関連を除けば、ライフサイエンス周りの事業がほとんどを占めており、その方向に大きく舵を切り続けた期間だったということが言えるだろう。

同社を自社の強みを先端技術まわりの技術力と謳っていて、そうした「能力」の振り向け先(技術領域)を変えることによって、以前とはまったく違う姿へと変貌した。このように大企業でもM&Aをうまく活用し、独自の世界観と意志さえあれば、過去の成功体験にとらわれずに、事業ドメインを変えていくことは可能なのだ。

## シナリオづくりは企業の自己革新ツールにも使える

冒頭に述べた、組織内メンバーの「納得感」「腹落ち感」を意味する「受容度」の視点でも、シナリオ・プランニングは有用だ。

ここで述べた事業ドメインの再定義を行ったり、戦略の方向性の修正を行ったりする際、それを真正面から取り上げ「自社の戦略を見直すべきだ」と主張しても、今の状態を維持したい「慣性」が働き、反対意見が出てくることは容易に想像できるだろう。

しかし、「未来は完璧には予測できないので、不確実性を前提に複数の未来を考えてみよう」という活動に対して、「そんなことはやる必要はない」という反対意見が出ることは、思ったほど多くないだろう。客観的スタンスを維持し、未来のシナリオを描き出す過程で、あるべきドメインや戦略が浮かび上がってくる。また、今の延長にある戦略対応では不十分であることも見えてくる。

**シナリオ・プランニングは、このようにうまく使えば「企業の自己革新ツール」として有効に機能する**。いわば戦略見直し議論をはじめる際の「安全地帯」なのだ。

昨今、硬直化していると批判されがちな「中期経営計画」も、3年おきにシナリオを策定する「戦略の見直しタイマー」として機能させれば、それほど社内からの抵抗を受けることなく、自社の客観的世界観の構築、戦略構築につなげることができる。

このように、シナリオは戦略策定ためのツールとも言えるのだが、ツールゆえに正しく使えば、かなりの効果を発揮する。

## 6 「自社に深く向き合う」シナリオ事例とそのつくり方

ここからはシナリオの具体例と、そのつくり方について解説を進めたい。

通常は、市場や業界などのレベルで自社を取り巻く環境の未来についてシナリオ作成を行う。しかし、本書の読者が所属する業界と言ってもその範囲は多岐にわたるはずなので、日本の企業全般を取り巻く環境という形で、業界・市場よりも一段高い視点での事例を示す。

### 「発散」「収束」の5ステップを踏むことで精度がアップ

シナリオをつくるプロセスは、5つのステップからなる（図表1-7参照）。

詳細はこの後に解説するが、大事な点は前述の組織変革の「質」と「受容度」を意識して進めていくことだ。「受容度」の観点からは、プロフェッショナルサポートを得ながらも、自社のメ

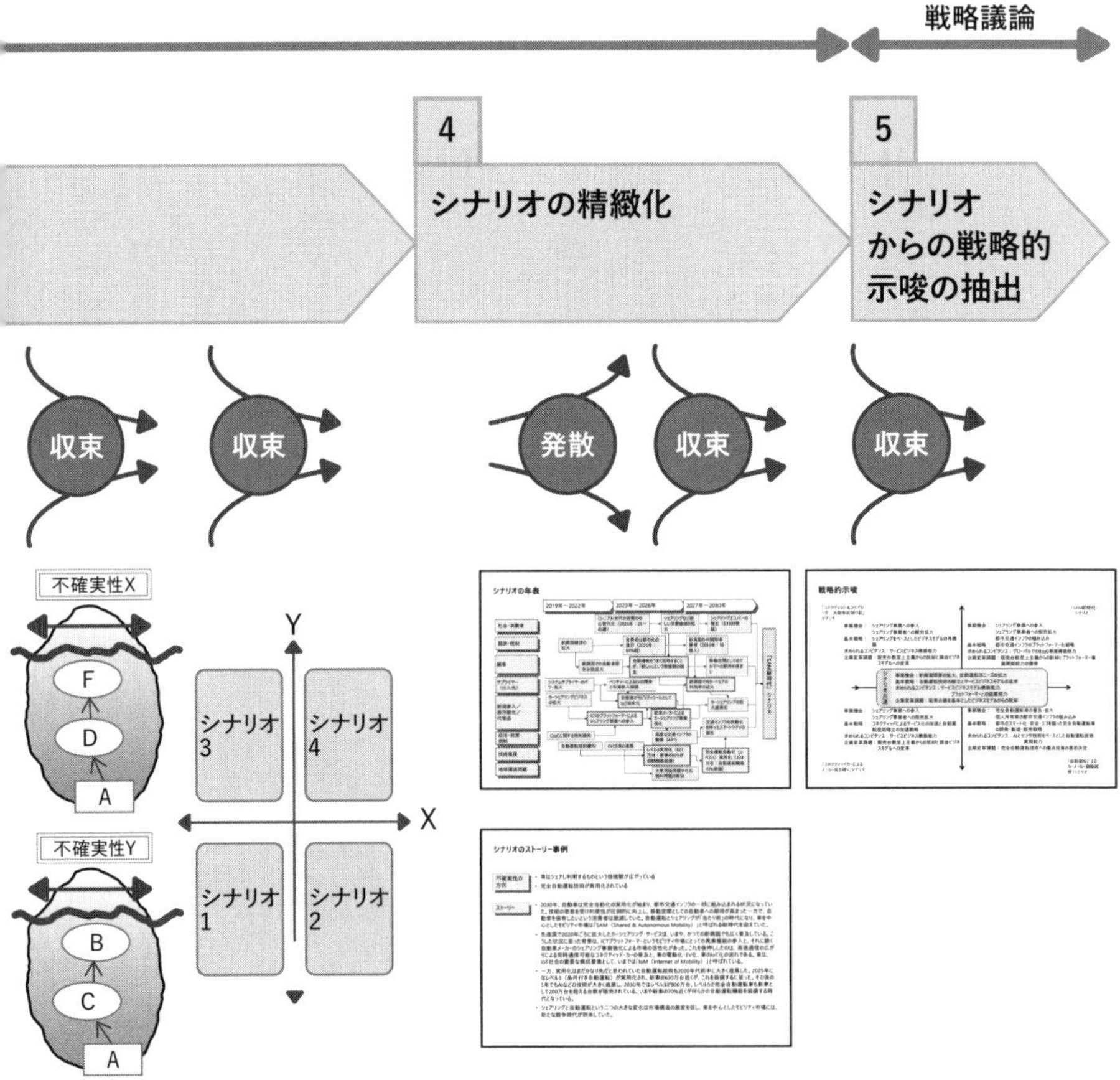


| | | |
|---|---|---|
| 4～8時間 | 4～8時間 | 2～3時間 |
| 1日～2日 | 1日～2日 | 1日 |
| 複数名 | 複数名 | 複数名 |
| ワークショップでの討議・合意形成 | ワークショップでの討議・合意形成 | ワークショップでの討議・合意形成 |
| 参加者全員で合議 | 参加者全員で合議 | 参加者全員で合議 |

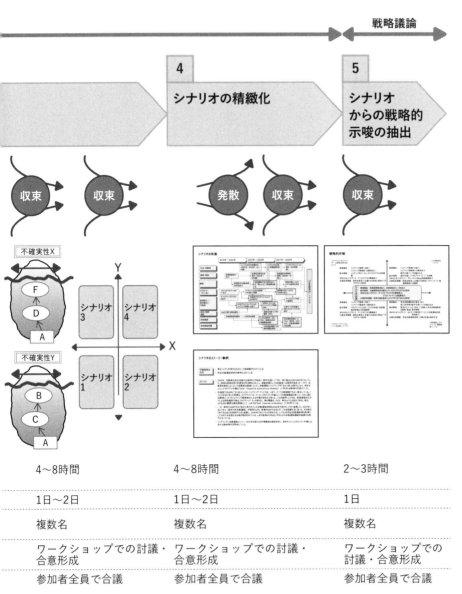

図表1-7 | **シナリオ策定プロセスのフロー概要**

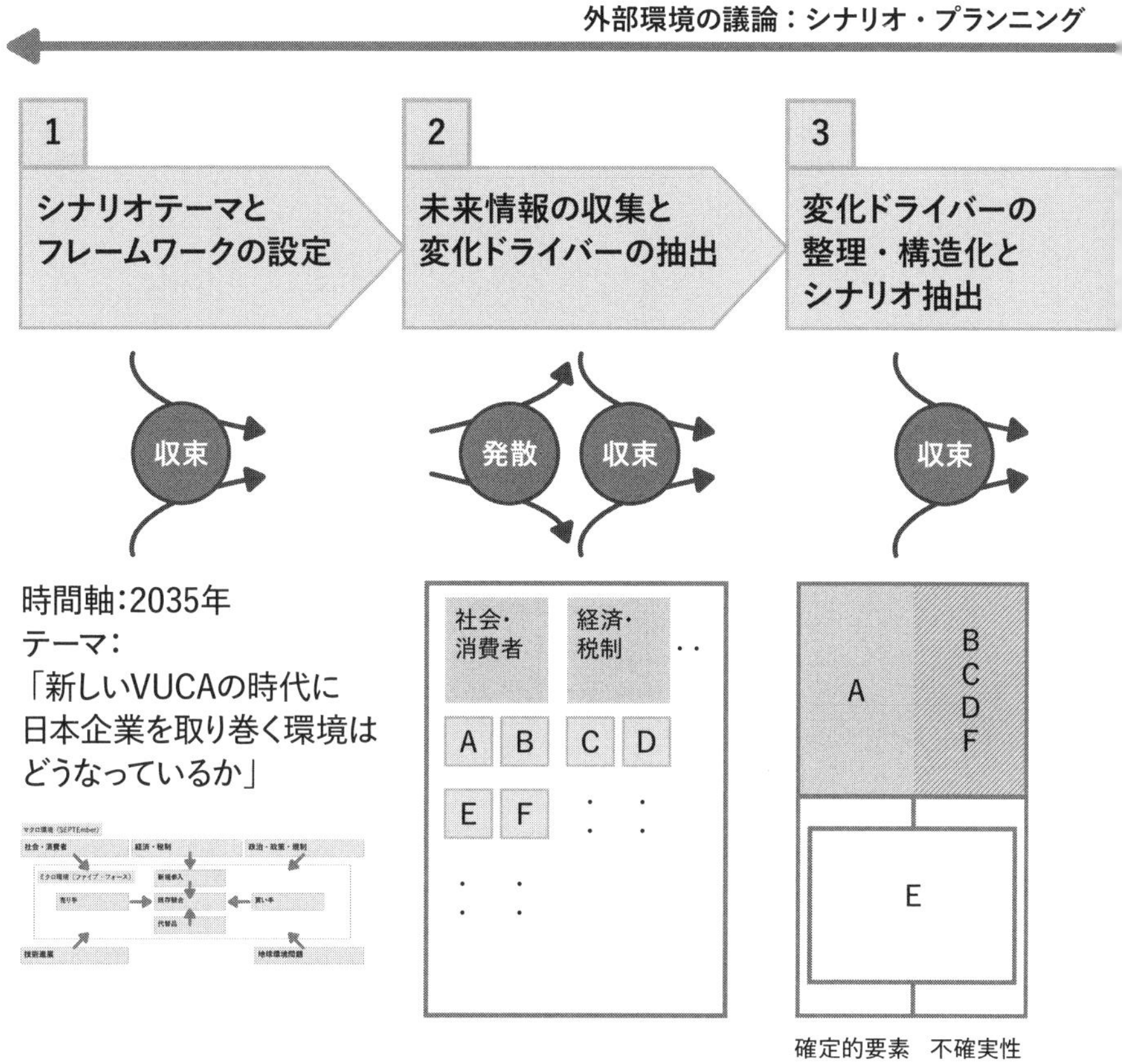


| | | |
|---|---|---|
| 実施時間目安 | 2時間 | 収集：2～4時間／カテゴリー<br>抽出：1～2時間／カテゴリー<br>グルーピング：4時間～6時間 |
| 経過日数日安 | 1日 | 業務時間の20%日安で1か月～1.5か月程度 |
| ワークスタイル | 1人または数名 | 収集：複数名で手分けして実施<br>抽出：参加者個々人で実施後、チームでグルーピング |
| 思考スタイル | 討議 | 収集・分析・討議 |
| 意思決定者 | リーダー | 参加者全員で合議 |

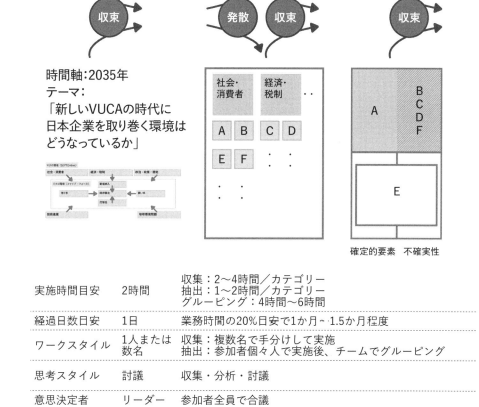

ンバーが中心となって進めることが望ましい。

一方で、受容度・納得性は高くても「質」が上がらず、全員がすでに想定している「予定調和型の未来」しか描けないのであれば、時間をかけて実施する価値も半減する。これを避けるには、発散と収束のプロセスをうまくマネジメントすることだ。私たちは普段、課題解決に関係ありそうな情報とその分析から「正解」を見出そうとする思考に慣れている。モードで言えば「収束」モードである。

しかし、不確実性の高い時代においては、一見関係なさそうな要素にも目配りし、遠因として自社を取り巻く環境に影響を与えないかを考察するため、世の中の変化にアンテナを立てておく必要がある。

つまり最初に「発散」をうまく取り入れる必要があるのだ。このプロセスを経ないと、誰もが知っていた予定調和型の未来議論に終始するリスクがある。このように、発散と収束のモードをしっかりマネジメントしつつ進めていくことが肝要だ。ここから具体的に述べていくことにする。その難易度を「★印」で示すので、進めるうえで参考にしてほしい。

STEP 1

## シナリオテーマとフレームワークの設定

難易度 ★☆☆☆

シナリオをつくる最初のステップは、「シナリオテーマとフレームワークの設定」である。まず何のためにシナリオを作成するのかを明確にする。ほとんどの場合、その目的は中長期の戦略を策定することになるだろう。

この目的に合致するように、うまくテーマを決めていく。ここでは、「2035年、新しいVUCAの時代に日本企業を取り巻く環境はどうなっているか」と約10年先に設定しておこう。

実際に特定業界の未来シナリオを作成する場合には、たとえば「2035年、日本の製薬産業を取り巻く環境はどうなっているか」「2040年、グローバルのモビリティ市場はどうなっているか」など、時間軸や地域軸などを特定して進める必要がある。その際、テーマの主語が「自社」ではなく「環境」であることに留意してほしい。アウトサイド・インを担保するためには、これが必須である。

STEP 2

## 未来情報の収集と変化ドライバーの抽出

難易度 ★★★☆☆

ステップ1で決めたシナリオテーマに沿って、適切なフレームワークを設定し、未来情報を収集する。シナリオテーマに影響を与えそうな未来情報を変化ドライバーと呼ぶ。たとえば、高齢社会の到来、介護人口の増加、AIの進展といったような要素のことである。

完璧には未来予測できないことを前提に複数のシナリオをつくるのだが、未来予測を含む未来関連情報の理解がないと、すべてが空想の議論になってしまう。それでは戦略的意思決定の役に立たない。大切なことは、未来予測情報の「読み方」であり、その意味の解釈によって複数のシナリオが得られるのだ。

未来の情報を集めるときのポイントは、情報の抜けや漏れを防ぐことだ。このとき、「戦略思考や策定時によく用いられるフレームワーク」が有効に機能する。社会・経済などのマクロ環境を漏れなく俯瞰するフレームワークと、業界などのミクロ環境を俯瞰するフレームワークのことだ。前者では**「SEPTEmber（セプテンバー）」**、後者では**「ファイブ・フォース」「産業のバリューチェーン」**を使うことが一般的である。

「SEPTEmber」は、PEST分析などとも呼ばれるので、ご存じの方も多いだろう。「**社会**（Society）」「**経済**（Economy）」「**政治・政策・規制**（Politics）」「**技術**（Technology）」「**地球環境**（Environment）」の英語の頭文字をつなげたものだ。

新聞の紙面構成と思えば、わかりやすいかもしれない。新聞の社会面に掲載されそうな未来関連の情報で、シナリオテーマに影響を与えそうなものは何か、経済面ではどうか、といった視点で情報を集めていく。

「ファイブ・フォース」は、業界の構造分析をする際に用いられる。業界構造に影響を与える5つの「力」について考察し、業界の今後の展望を考察する。自社は既存競合の1社という扱いなので、フレームワークの中心に位置する自社を取り巻く環境要素について広く俯瞰することが可能となる。「産業のバリューチェーン」は「ファイブ・フォース」の応用編とも言うべきものだ。どの事業プロセスが価値を創出しているのかを把握する顧客ニーズを起点にするのが、ここでは細かな説明を割愛する。

## 新VUCAの時代の変化ドライバーを考える

シナリオテーマである「新VUCA時代での日本企業を取り巻く環境」を念頭において、「SEPTEmber」と「ファイブ・フォース」の切り口で、未来についての変化情報を集め、変化ドライバーを考察してみよう。

この章の前半で、グローバルでの分断や地政学リスクの増大は、世界全体をますます不安定なものにしていくということ、また、企業が「経済人」という人格を超えて社会的存在として「社会人」であることを従来以上に求められる時代になってきているということについて言及した。

社会課題に関して、国連が2015年に提唱した「2030年をターゲットとした持続可能な開発目標（SDGs：Sustainable Development Goals）」は、企業にとっても注視すべき環境要素であろう。SDGsは、貧困や飢餓、気候変動、格差是正など国際社会全体で取り組むべき開発目標として2015年に国連総会で採択された。17ゴール・169ターゲットから構成されており、先進国も含めた世界共通の課題が掲げられている。ちなみに「持続可能な開発」とは、現世代のニーズを充足させつつそこで終わるのではなく、将来世代のニーズを充足する能力を損なわないような持続性を伴った開発と定義されている。

複雑化する社会課題の解決に向けて、多様な主体が協働する「マルチステークホルダー[7]・パートナーシップ[8]」が求められている中、企業を含む民間セクターの創造性やイノベーションへの期待も大きいのがSDGsである。これらの17ゴールを「SEPTEmber」に当てはめると図表1-8のようになり、比較的満遍なく、「SEPTEmber」をカバーしていることがわかる。

これを出発点にして話を進めよう。図表1-8にあるように、「SEPTEmber」と「ファイブ・フォース」で示される、少なくとも10個の切り口で情報収集を進めていくが、実際にはミクロの切り口をカスタマイズして増やしたりすることになるので、15個程度の切り口になることもある。

こうした社会課題に関する「世の中からの要求」に、各業界はどのように答えていくべきなの

7. 複数の利害関係者のこと。企業では株主、顧客・消費者、従業員、取引先、地域社会があてはまる。
8. 同じ目標や目的に向かいお互いが信頼し合い、協力しあうこと。

図表1-8｜「SEPTEmber」と「ファイブ・フォース」「SDGs」の17ゴールをプロット

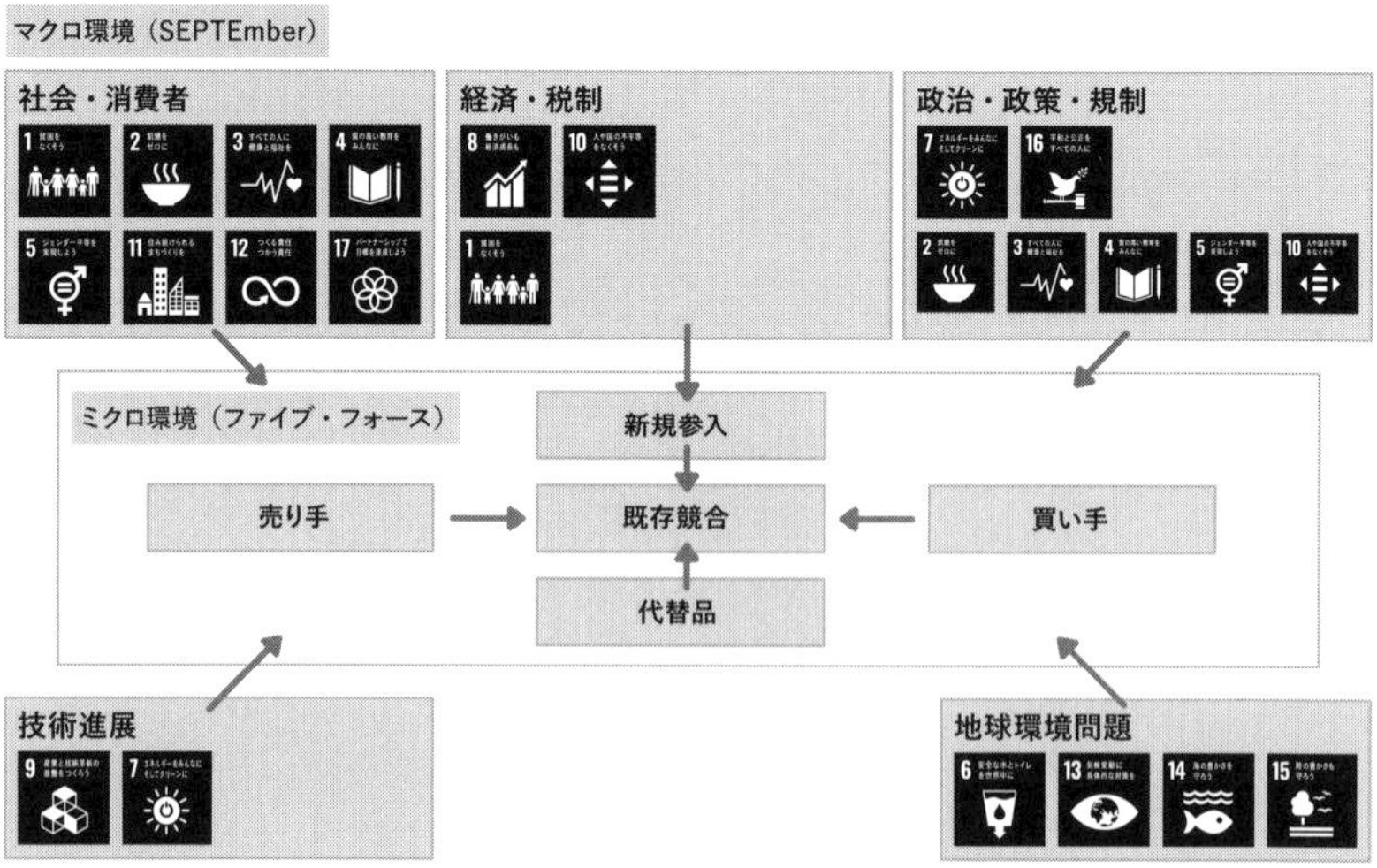




だろうか。二酸化炭素排出ゼロを意味するゼロエミッションやカーボンニュートラル、生分解性素材の活用や新技術への投資、廃棄物ゼロなど、それぞれの業界において多少内容は異なるものの、より良き社会的存在を目指して各社が取り組んでいることは共通しているはずだ。しかし、さらに共通しているものは何だろうか。それは「ヒト」ではないか。

「ファイブ・フォース」の「売り手」には、業界への供給源という意味で想像しやすい「素材・部材」だけでなく、業界内の各社でこれから働こうといった「人材」も含まれる。学生などの新卒者に限らず、キャリア採用で入ってくる転職者も含めての話だ。

人口減少社会の到来で労働人口減・人手不足が大きな課題となる中、学生や転職予備軍の価値観がどのようになっていくかは、業界を問わず注視しておくべき変化ドライバーだろう。

1981～1996年頃に生まれた、いわゆるミレニアル世代は社会課題への関心が高く、多様な価値観を重視しており、転職などへの抵抗感も少ないと言われている。また、その後に生まれたZ世代とともに、SNSを使いこなしている。

これらの世代は当然ながら「売り手」としてのヒトだけでなく、「買い手」としてのヒト、つまり顧客でもある。今後10年、15年を考えると〝顧客の企業を観る眼〟が「社会課題をきちんと解決しているか」という意味で、より厳しくなってくるのは確実であろう。

いまや社会的不祥事の対応へのまずさによって、あっという間に企業の信用が失墜する時代である。もし業界内プレイヤーがさまざまな社会課題への取り組みに熱心でないのであれば、売り手としてのヒトは、働く場の「代替」として「より社会課題に真剣に取り組んでいる別の企業や別の業界、またはNPO」などを選択することは十分にある。

また、顧客としてのヒトも「業界外に存在する『代替』的なサービス」や、ベンチャーなどの新規参入者が提供する「社会にとってより良い競合品」を選択していくだろう（代替品・代替的なサービスとは、同じ価値を別の手段で提供してくれるものを意味している。たとえば、移動手段に関して自動車と公共交通機関は、代替品の関係にある。しかし、公共交通機関は自動車業界に属しているわけではなく、業界の「外」で自動車顧客の一部のニーズを満たしていると考えられる）。

技術進展や規制の緩和などが進展する中で、新規参入者や代替品というのは増える傾向にある。もし、既存競合の1社であるみなさんの会社が、前述の社会課題に真剣に取り組まないのであれば、売り手と買い手の両方で大きな存在を占めていくミレニアル世代・Z世代を中心とした「ヒト」は、その会社やその製品・サービスを選択しなくなるかもしれないのだ。

もう1つの新しいＶＵＣＡで示したConnectedについては、どのようなことに着目しておくべきだろうか。これは、ＤＸをはじめとするデジタル化のことである。Ｗｅｂ3といった分散化の潮流、ＡＩ・ロボティクスなど人間の活動を超越する機能の社会への実装化の加速、情報・モノのデジタル化に止まらず、通貨といった社会システムの基盤や制度までを変えていくようなことが、今後ますます加速していくだろうと述べた。これら全体を「SEPTEmber」での「技術進展」だと広く捉え、話を進めよう。

未来に向かってデジタル系技術進展の変化ドライバーをまとめると、図表1-9のようになる。コンピュータが人類の知能を超えると、コンピュータ自身による未知の技術進化がはじまるという「シンギュラリティ（特異点）」が２０４５年という予測もある。人間の機能（認知・知覚、思考など）との対比でまとめたものを上部に示しており、その下部にはインフラ的なものを配置した。これですべてを網羅できているわけではないが、全体を俯瞰いただけるのではないかと思う。

これまでに述べた項目に加え、「新しいＶＵＣＡ時代での日本企業を取り巻く環境」に影響を与えそうな変化ドライバーを加えて一覧にすると、図表1-10のようになる。実際のシナリオ作成では、この1つずつのドライバーに定量的な予測情報をできる限り収集し、参加者が理解を深めたうえで討議を行う。

社会的な位置づけとしての企業の変化、ミレニアル世代・Z世代の価値観の就労者・消費者への広がり、デジタル周りの技術の進展といった視点だけでも、ここにあげた約30個の変化ドライバーとなる。実際の場面では、これが１００個を超えることもある。

このようにフレームワークを使って強制的に思考を巡らせることにより、発散をうまく進める

図表1-9｜「デジタル系」変化ドライバーの俯瞰図

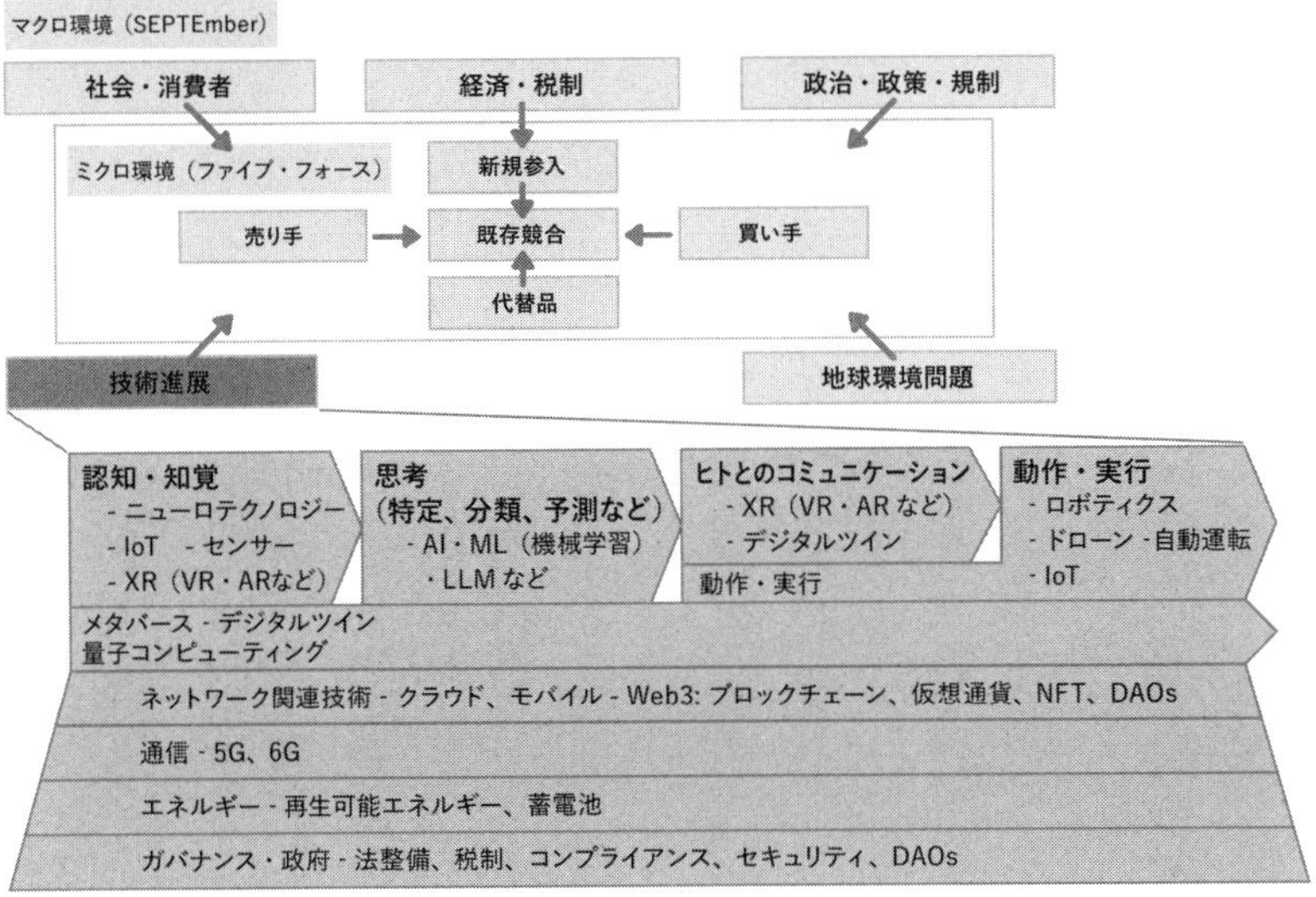




図表1-10｜新VUCAの時代の「日本企業を取り巻く環境」変化ドライバー

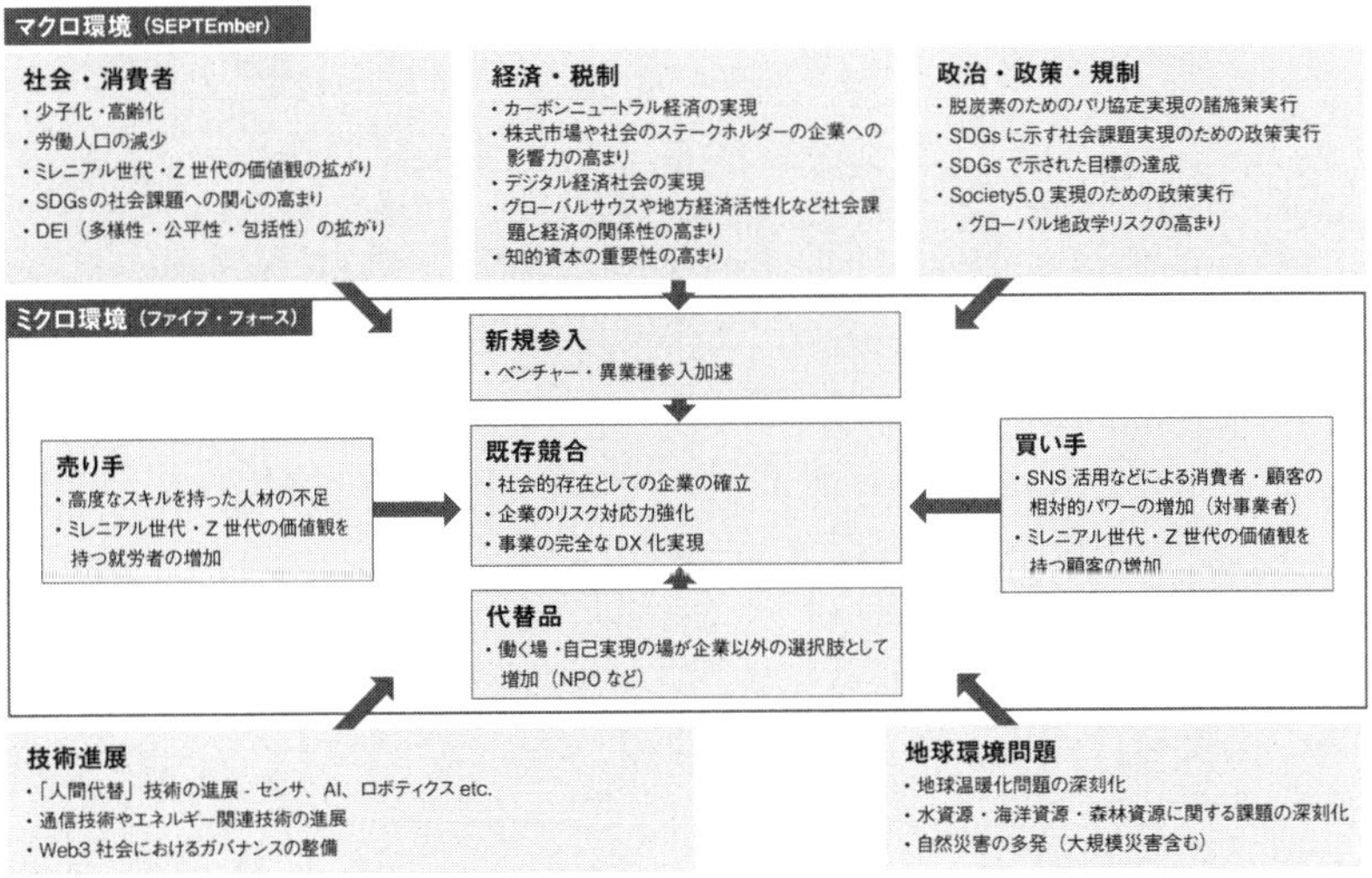

ことができる。当初は関係ないと思っていた情報が、実は大きなインパクトを持っていたということを「発見」するには、こうした「強制発想」が欠かせない。

STEP 3

## 変化ドライバーの整理・構造化とシナリオ抽出

難易度 ★★★★☆

強制発想のツールとしてフレームワークを使って発散してきたが、このステップでは収束モードに入り、複数のシナリオを抽出する。具体的には、変化ドライバーを「確実に起こる要素（確定的要素）」と「起こることは想定できなくはないが、その確率などが当てはめられない要素（不確実性）」に弁別し、さらにそれぞれの変化ドライバー間に因果関係を見つけることで、「真の不確実性」を抽出する。また、重要性にも着目し、相対的に重要な変化ドライバーに絞り込みつつ、シナリオの「幹」を探っていく。

こうした過程で「真の不確実性」が2つ発見でき、かつそれらの不確実性が相関関係にないのであれば、「2×2」の4つのシナリオが現れる。

シナリオテーマを設定する際に決めた時間軸（10〜15年といった未来）の視点で確実に起きそうな項目の代表例は、人口動態の変化だろう。たとえば、出生数を見ていれば10年後に10歳児がどのくらいの数いるのかということは、ほぼ確実にわかる。また、技術の進展などでも、すでに普及過程に入っていて価格低下が年々進んでいるような場合には、たとえば10年後に相当なレベルにまで価格が下がっていることなどは、想定が容易であろう。

特に技術の進展に関しては、「ムーアの法則」（ムーアは創業者の姓）についてしっかり理解しておく必要がある。米国半導体企業の創業者が発見したこのムーアの法則は、「一定コストあたりの演算処理能力がおおよそ18カ月ごとに倍増する」というもので、経験則的なルールではあるが、半導体の進化過程については長年にわたり当てはまる。「同じ処理能力であれば18カ月ごとにコストが半減する」と読み替えることもできる。仮にそれが10年続けば、複利計算でコストは約1000分の1となる。今、1000万円する半導体が、10年後には10万円のコストで手に入るということだ。

そして、ここが重要なのだが、デジタル系の技術進化はムーアの法則がほぼ適用可能で、それを上回るスピードで進化している技術も存在している。

このようなことも考慮しつつ、図表1-10に示された変化ドライバーを整理・構造化した結果を図表1-11に示す。図表内の左側には確実に起こりそうなことが配置され、右に行けば行くほど不確実性が高いドライバーが配置されている。また、各ドライバーを因果関係でつないである。

まず、上段について見てみよう。

地球温暖化、グローバル地政学リスク、ミレニアル世代・Z世代の価値観の拡がり、消費者・顧客の相対的パワー増加などの確実な変化を起点にさまざまなドライバーが絡み合い、不確実性につながっている様子がわかるだろう。これらの確実な変化ドライバーを前提としながらも、「カーボンニュートラル経済が本当に実現されるのか」「SDGsで示された目標が2030年までに本当に達成されるのか」。ひいては、「社会的存在としての企業がどこまで確立されるのか」については、不確実性が高いと判断した。

一歩引いて、こうした確定的要素・不確実性を俯瞰して見ると、次のようになる。「企業の社

図表1-11｜変化ドライバーの整理・構造化と「真の不確実性」の抽出

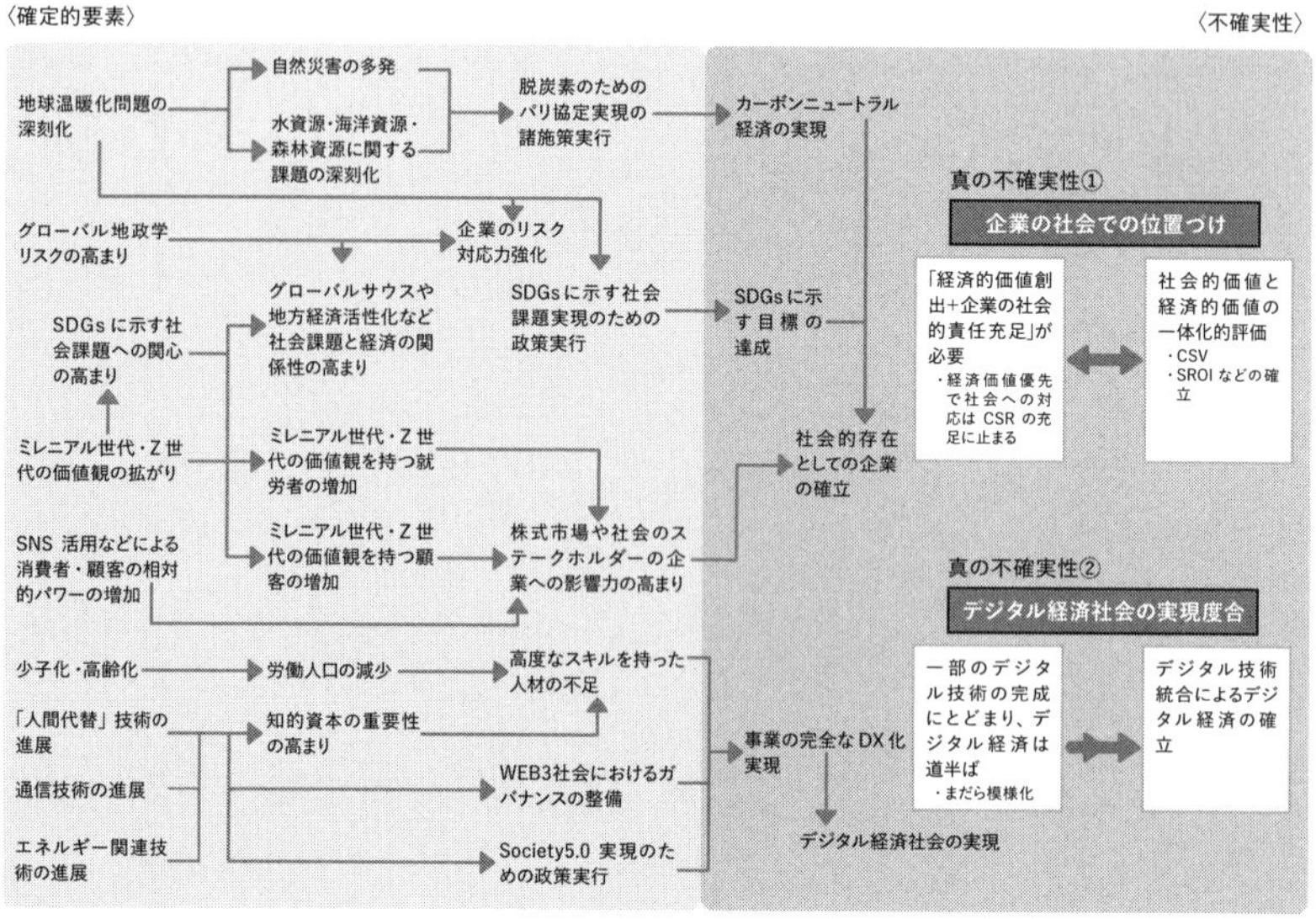




会的位置づけの高まり」は、ある程度確実だとしても、

・「経済的価値を創出することが最優先で、社会への対応は企業の社会的責任を意味するCSR（Corporate Social Responsibility）を充足していれば、それで大丈夫」なのか。

・「社会的価値と経済的価値が一体化し、CSV（共有価値の創造：Creating Shared Value）やSROI（社会的投資収益率：Social Return on Investment）といった新しい考え方や指標で企業が一体的に評価される」時代がやってくるのか。

このように「企業の社会での位置づけ」には「不確実性の振れ幅」があることがわかる[9]。そして振れ幅の両端の2つの状態は、どちらのケースもあり得る。しかも今、決めきることはできない。もちろん後者のSROIといった考

9. CSR、CSV、SROIなどの概念については、第3章で詳しく解説している。

え方や指標で見られる状況のほうが、より社会にとっては望ましいのであろうが、経済的価値を最優先する前者のようなことも十分にあり得るだろう。このようにしながら、「真の不確実性」を探っていく。

同様に下段のデジタル技術の進展に関して個々の要素技術が進展し、大きなインパクトを持つことは確実だとしても、「それぞれの要素技術が完成形に近づき、事業の完全なDX化が実現した結果としてデジタル経済社会が実現するのか」「それらが道半ばでとどまっているのか」も、不確実性の振れ幅とした。

これらの因果関係や図表1-11の一番右に集約された**真の不確実性**①と②は、全体を俯瞰したうえでの仮説である。仮説であるがゆえに、何度もつくり直すこともある。大切なことは、個々の変化ドライバーの因果関係の先に、**「起こり得るものの不確実でかつ重要なものは何か」**という視点を持ちつつ**「発見的に歩む」**ことである。

完璧に未来が見通せない前提で仮説をつくるのがシナリオ・プランニングであり、完璧なロジックを1つに決められるのであれば、そもそもシナリオには取り組んでいないはずだからだ。

実際のシナリオ作成を行うワークショップでは、こうした整理・構造化には半日ほどかかる。シナリオをグループで作成する場合、参加者によって、ある変化ドライバーが確実か不確実かの意見も分かれるし、同じ予測データを見ても意味の解釈が異なることもある。このような場合には、プロフェッショナル・ファシリテーターが参加し、参加者間の合意形成を図っていく。その詳細プロセスについて、ここでは割愛する。

ここで2つの不確実性が抽出できたので、これらを組み合わせた4つのシナリオを図表1-12

図表1-12｜**不確実性の組み合わせで示された起こり得る「未来シナリオ」**

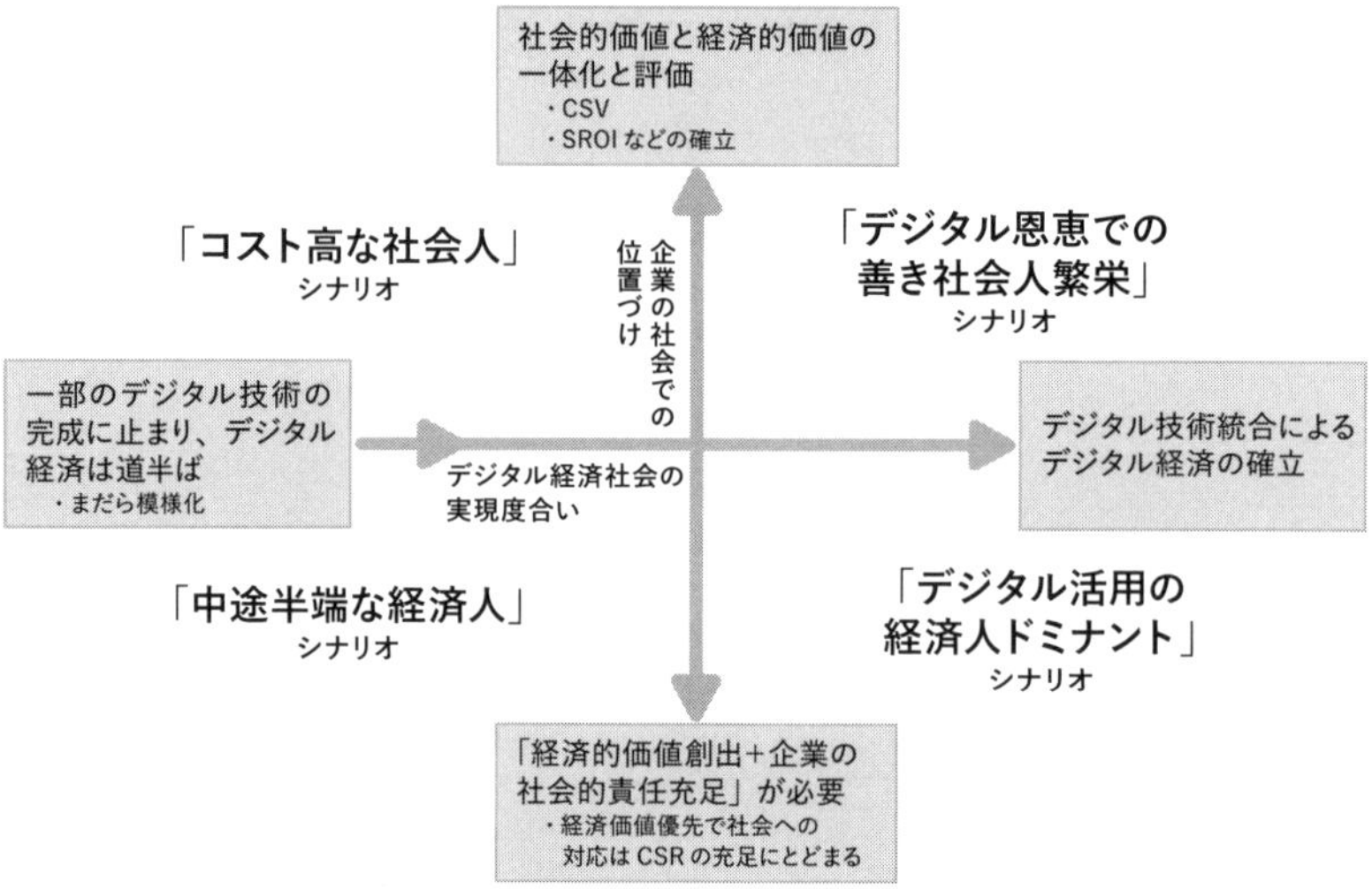


©2023. For information, contact Deloitte Tohmatsu Group.

に示そう。

4つのシナリオの概観を見てみよう。

まず、左下象限のシナリオは、企業の社会での位置づけ（縦軸）では、社会的責任は充足していないといけないものの経済的価値創出が優先されており、デジタル経済社会の実現度合（横軸）は、道半ばという未来である。

イメージで言えば、今の延長線上の未来像かもしれない。個々の要素技術は進展するので、個別技術のインパクトは大きいものの全体統合には至っていない。しかも経済価値が優先されるので、企業の評価指標はどうしても財務指標が中心である。

もちろん社会への関与や社会的に善いことへの取り組みは必須だが、前述の企業の擬人化表現で言えば、企業が「経済人」からは脱しきれてはいない世界である。世界観のイメージをつかみやすくするため、**「中途半端な経済人」**シナリオと名前をつけた。これと対照的なのは、右上象限のシナリオであろう。縦軸では、社会的価値と経済的価値が一体化し、企業はその指標のもとで評価されていく社会であり、横軸では、完全なデジタル経済社会が実現している。デジタル経済の恩恵を受けながら経済価値を創出し、社会的存在すなわち「社会人」として企業が多数存在している未来である。社会にとっては最も望ましい未来かもしれない。**「デジタル恩恵での善き社会人繁栄」**シナリオとした。

右下は**「デジタル活用の経済人ドミナント」**な世界だし、左上はデジタルの恩恵が広くおよんでいないので企業が**「コスト高な社会人」**化している世界だ。もちろん、右上の世界が実現し、大半の企業がそのような形になっていても事業のDXが進まない企業は、左上的なビジネスモデルを展開しているかもしれないし、右上の世界が来ても、社会的認知程度での「見かけの社会人」しか目指さず、右下を前提とした技術のインテグレーション（複数の異なるものを統合したり、連携させること）だけを行っているプラットフォーマー型企業などもいるだろう。

シナリオは、このようにすべてが完全に1つの世界に収斂《しゅうれん》するとは言っていない。しかし、あるシナリオが大半を占めるような世界なのか、別のシナリオが大半を占めると見るのかによって行動や戦略が変わるのは、前に述べたとおりであるし、とるべき戦略を明確にするために、あえて違った世界として複数の世界を描き出していく。

STEP 4

## シナリオの精緻化

難易度 ★★☆☆

ステップ4では、それぞれのシナリオが設定した時間軸の中で論理的に起こり得るのかを、手元データをもとに検証していくステップとなる。これを「精緻化《せいちか》」と呼ぶ。前述したように、未来のストーリーライティングと未来年表の構築で精緻に検証していく。詳細は割愛するが、概観だけ触れておく。

未来年表はバックキャスティングの発想で作成する。年表が論理的に書き上げられれば、ステップ3までの仮説を肯定するが、論理性の点で破綻した場合には、ステップ3に戻って仮説を修正することもある。

同様に未来のストーリーライティングも精緻化に役立つ。それぞれのシナリオで起こりうる事象を、目の前の事象を見ているかのごとく物語として書き記す。強制的に物語化することで論理のつながりもはっきりし、納得感の高いものとなる。シナリオの「登場人物」の視点で論理破綻はないかなどチェックしながら、検証作業を進める。

STEP 5

## シナリオからの戦略的示唆の抽出

難易度 ★★★☆☆

ステップ5では主語を自社に切り替えて、それぞれの未来が起こるとしたなら、どのようなことを「戦略という形で事前準備しておくか」を考察する。その際、シナリオごとに戦略の内容が異なるのはもちろんんだ。

一方で**「どのシナリオが起ころうとも、共通に行うべきこと」**が発見されることがある。自社が手がけていない戦略で、こうした共通戦略の存在に気づくのであれば、今すぐにでも着手すべき候補になるだろう。未来のことだからと言って夢物語のように放置するのではなく、できるだけ今日の行動につなげることが肝要である。

すでに説明した図表1-12の4つのシナリオからの示唆は何だろうか。この場合は自社に代えて、日本企業への示唆という形で考えたい。下の象限2つのシナリオでは、経済価値を優先させる世界が継続していく。その中でデジタル技術を活用しつつ、いずれはやってくる右下のデジタル化経済・技術のインテグレーションに備えていくことになる。

事業ドメインの話で触れた「誰に、どのような価値を、どんな実現手段で提供するのか」の切り口で語ると、**「どんな実現手段で」**という要素が最も大きな影響を受けるのが、この2つのシナリオであろう。左下シナリオであってもDXに関するデジタル技術の取り込みは必須であるし、右下シナリオではそれらが統合的に存在しうる世界なので、事業のバリューチェーン全体のDX化、それを活用した新しいビジネスモデルの構築などは必須となっていくであろう。

一方で、**「どのような価値を」**については、社会価値を加えながらも経済価値を追求する世界であるがゆえに、自社の業界内でのドメイン拡大などに主眼が置かれる世界なのではないだろうか。

M＆A戦略としては、デジタル系の企業の取り込みや自社のバリューチェーンを補完・拡大するような企業の買収などが考えられるだろう。一方、上の象限の2つのシナリオでは、社会価値創出を追求する多数の企業が従来のドメインに留まらず、大きく領域を拡張していくのではないか。従来への顧客への付加価値増大といった範囲に留まらず、社会的に「善き存在」となるために、従来では想像しづらかったM＆Aなどが次々に起きてくるのではないか。経済合理性だけでは説明がしづらいこのようなM＆Aは、すでに兆しとして起きつつある。これについては、この後の章で詳しく解説していく。

また、4つのシナリオすべてに共通するものとしては、先に触れた図表1-11の「確定的要素」に示した企業のリスク対応力の強化が挙げられる。この要素は不確実性につながっていないことに注目してほしい。グローバル地政学リスクの高まりや地球温暖化問題の深刻化、サイバーテロの多発などによって、このリスク対応力強化がより一層求められるのは確実であろう。


**ここに注目!!**

## 「事前の予防」「発生後の対処」が大切なリスク対応

リスク対応は、事前の予防と発生後の対処の大きく2つに分かれる。

起こり得るリスクを想定し、それらを予防するためのガバナンス・内部統制の整備・運用が、経営責任の一部を占めることはいうまでもない。多くの人がイメージする「リスク対応」もこちらだろう。その一方で、発生後の対処は意識から抜けがちだ。不祥事の発生確度やそれがもたらす危機の大きさを過小評価しているからだろう。

企業を取り巻く不確実性は増している。政情不安がもたらす地政学リスクはもちろんのこと、ESG（「**環境**（Environment）」「**社会**（Social）」「**ガバナンス**（Governance）」）が象徴するように、規制強化が世界規模で拡大する中で、グローバルサプライチェーン上の思わぬところで顕在化するリスクを常に抱える。実際に国内外を問わず、カルテル、品質偽装、贈収賄、情報漏洩などで、日本企業が当局から巨額の制裁金を科されるケースが増えている。

これらの不祥事が発覚した際に大事なのは、初動の質だ。たとえば、品質偽装は消費者の安全

図表1-13｜**起こり得るリスクを知る**

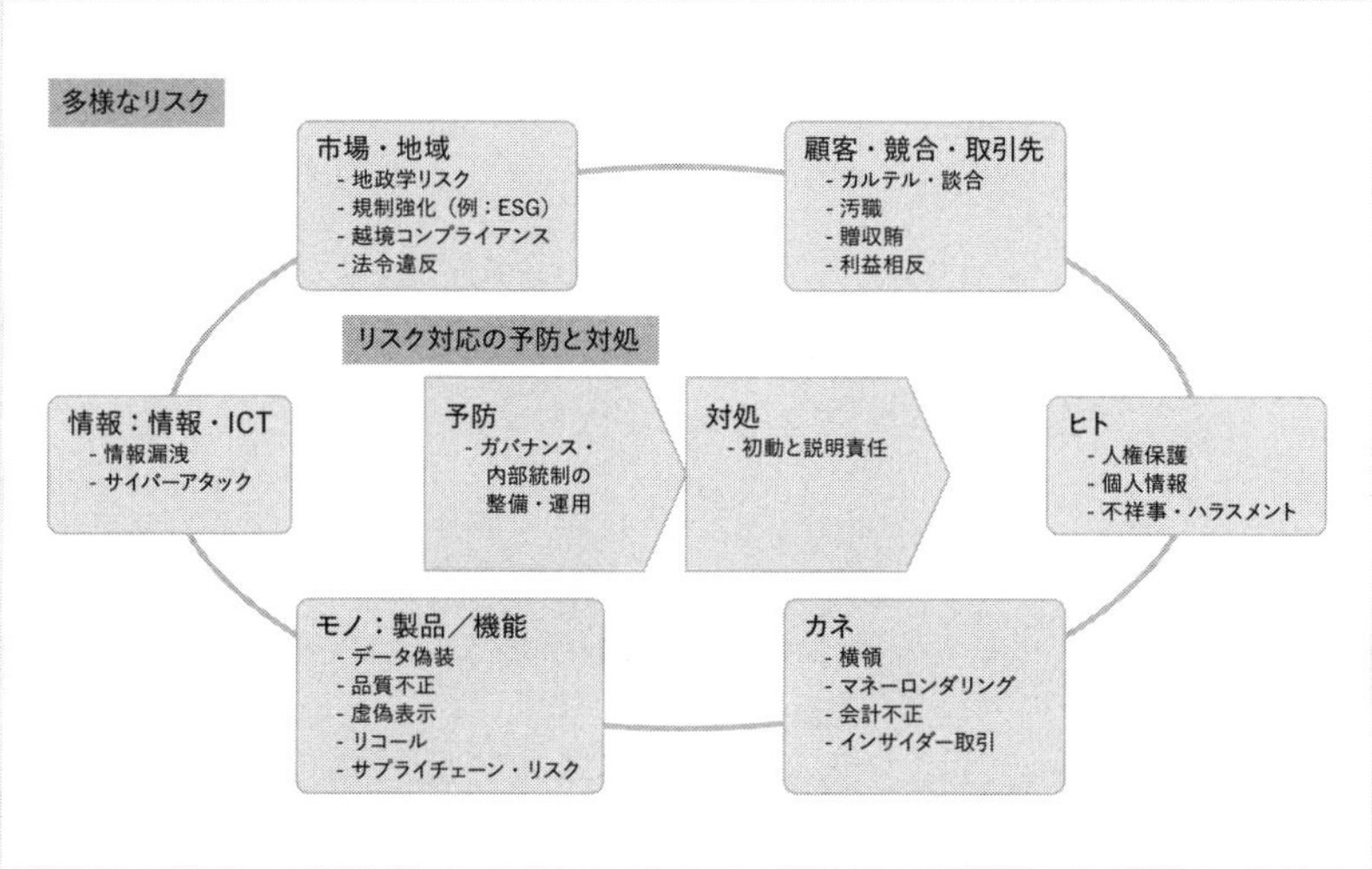


©2023. For information, contact Deloitte Tohmatsu Group.

や生命に関わる場合があり、出荷停止が遅れたり、情報開示が不十分・不正確など、初動を誤るとステークホルダーから厳しく糾弾されるからだ。顧客の離反につながりかねず、最悪の場合は従業員すらも離れて企業の存立基盤を脅かす。失敗への許容度が極めて低く、同時に説明責任を求められるため、発生後の対処はマネジメントによるトップダウンを要す。

したがって、不祥事は必ず起きると認識したうえで、マネジメントが率先して発覚を想定したガイドラインを準備し、記者会見を含めたトレーニングを定期的に実施して緊張感を高めておくべきだ。また、保身から現場で滞留しがちなリスク情報を、内部通報の匿名性や通報後の対応を強化することで迅速に検知し、スムーズな初動に移行できるようにしたい。

まとめ

01

# 企業の成長・革新に活かす未来図を描く

本章では、M＆Aを企業の成長・革新に最大限に活かすため、自社なりの「未来についての世界観」を持つ重要性と、そのための思考法・経営手法「シナリオ・プランニング」について解説してきた。

**要点①　未来を考察する際の３つの視点とシナリオ・プランニングの方法論**

企業の行動特性を考慮すると、意思決定の質（Q）だけでなく、その意思決定についての組織メンバーの納得度（A）がとても重要となる。この両方を高めるためには、客観性の高い「未来についての世界観」を組織内で培う必要がある。このような客観性を高めるために持つべき視点は、次の３つである。

・アウトサイド・イン――自社の強みからではなく、外部環境の変化を先に考える
・バックキャスティング――大胆に未来に跳んで、そこから振り返る形で考える
・構造化による意味解釈――未来の変化要素間の因果関係の構造を探り、未来を洞察する

こうした構造化の際に、「現時点でその『行く末』が断定できない不確実性」が複数存在すると、その組み合わせで「複数の未来（未来シナリオ）」が現れる。この複数の未来シナリオについて拙速に確率を当てはめたり、優先順位づけで絞り込んだりするのではなく、それぞれの未来が起きた時の対応策（戦略）までを考察しておくこと重要だ。

こうした一連の考え方・プロセスを「シナリオ・プランニング」と言う。

**要点②　シナリオ・プランニングにおける未来シナリオ作成のステップ**

既知の情報の整理から収束させるような進め方では「予定調和型の未来」しか生まれず、不確実性を織り込んだ有意義な未来の議論には至らない。一見関連なさそうなものまで、強制的に視野を広げていく進め方、つまり発散と収束のバランスのとれた進め方が重要となる。そのステップは次の5つである

STEP1　シナリオテーマとフレームワークの設定（収束）
STEP2　未来情報の収集と変化ドライバーの抽出（発散と収束）
STEP3　変化ドライバーの整理・構造化とシナリオ抽出（収束）
STEP4　シナリオの精緻化（発散と収束）
STEP5　シナリオからの戦略的示唆の抽出（収束）

**要点③　未来シナリオから生まれる事業ドメインの再定義とＭ＆Ａ戦略の示唆**

未来シナリオから自社の事業のドメインや持つべきコンピタンスの議論が自然と生まれてくる。コンピタンスが企業内にないのであれば、Ｍ＆Ａも重要な手段になり得る。

**要点④　公共のシナリオ・プランニングへの適用**

ここまでは、本書を読む方を「企業で働く人」と想定してきたが、公共のシナリオ・プランニングでは考え方が少しだけ異なる。公共のシナリオの場合には、マルチステークホルダーの協働により「望ましい未来」を実現していこうというスタンスを取ることが多い。図表1-12の場合で言うと、右上のシナリオを目指すための施策・戦略はどのようなものかを検討することになる。

この場合、それ以外の３つについては「望ましい未来に至らないリスク」として認識し、それらの未来にとどまることのないように、事前にマルチステークホルダー間でしっかりと課題を共有しておくことが重要である。

不確実な未来に対処するシナリオ・プランニングの考え方と筆者なりの未来仮説に基づいた事例で解説を進めてきた。不確実性が消えてなくなることはなく、ずっと向き合わなければいけない大きな課題であることは間違いない。本章を参考に、自分たちなりの「未来についての世界観」をつくりあげ、不確実な未来を乗り切っていただきたい。

# 第2章

# 「ブランディング」からM&Aを考える

事業の発展に向けて新たな視点を身につけよ

読み方のポイント

## 自社の将来の成長・発展を見据えて何を強みにするのか

第1章で説明したように、「これからの未来はどうなるか」という自社なりの「未来についての世界観」を持つことが必要な状況となっている。そうした中で、企業としての〝未来のありたい姿〟と〝なぜ自分たちがそれを行うのか〟を描き、それを多くのステークホルダーと共有しながら、一貫性を持ち、現在から未来へと進んでいくことが求められている。

その実行に向けて、「ブランディング」という考え方が役立つ。創造力を働かせ、取り組むべき方向性を明確にし、具現化するときの礎《いしずえ》になるからだ。

また、企業や組織のありたい姿について社員が理解を深め、それが行動変容や企業文化へと昇華させることができれば、ブランド強化や事業成長にもつながる。こうした結果、社会の変化に強い組織になれる。

そして、企業成長の変換点ともなるM＆Aを行う際にも、ブランディングを通してステークホルダーから共感を生み出すことで企業価値を高める効果が期待できる。しかし、現状ではブランディングの手法が、M＆Aには十分に活用されていない。

本章では、多くの企業や事業で広がっている**総合的なブランディングの取り組みや効果、実行にあたっての手法などを紹介するとともに、M＆Aでブランディングを活用すると何ができるのか**について解説していく。

# 1 なぜ「ブランディング」の活用が求められているのか？

「ブランディング」と聞いて、皆さんはどのようなことが思い浮かぶだろうか。企業や商品のロゴマークやネーミングのことを「ブランド」として捉え、これに関する活動をブランディングだと思う人が多いのではないだろうか。

ブランドの語源は中世の北欧で風習として行われていた「牛に焼印を押す（Brander）こと」から来ていると言われている（諸説ある）ため、その観点から見れば間違いではないだろう。たとえば、外出先でコンビニエンスストアへ行くとき、馴染みのある看板の色やロゴマークのお店を探して入店する。街角で飲料を買うとき、印象が薄いメーカーの自動販売機より、広告などでよく知っているメーカーの自動販売機のほうを選ぶといった具合だ。

このようにブランドの基本的機能には、探索・選択時の目印としての役割がある。しかし、社会環境や消費者のニーズ、ライフスタイルなどが大きく変わった現代では、ブランドの果たす役割も変化しており、識別するための〝焼印を押す〟だけでは、「ブランディング」として不十分となっている。

商品・サービスの差別化や識別性を高めるために、名称やデザイン、広告などの対外的なコミュニケーションのみを実施するようなブランディングは、あくまでも狭義のブランディングである。今、注目されているのは、**企業・事業そのものが持つ価値や組織のあり方、そして企業経営にも直結するような取り組みまでを包含する、広義な取り組みとしてのブランディング**のほうである。

具体的には、**「従業員エンゲージメントを高める組織づくり」「人材獲得・採用に関わる取り組み」「新しい事業開発や事業転換に際しての実行支援」**など、企業価値を高める取り組み全般にブランディングの視点が必要とされており、実際にさまざまなシーンでブランディング活動が実行されている。

皆さんも、このようなブランディングに携わる機会が増えたり、直接携わらなくとも、ブランディングという言葉を目にしたりする機会が増えているのではないだろうか。

ここからは、広義のブランディングが求められる背景を解説し、後半のM＆Aプロセスにおけるブランディングの重要性の解説につなげていきたいと思う。

## 「広義のブランディング」が有益とされる背景とは？

第1章で述べた「2つのVUCA」で示した社会的・経済的な背景と、それに伴うステークホルダーの意識の変化に対応することが、今日の企業にとって重要な戦略アジェンダとなっているのは、これまで述べたとおりだ。急速なグローバル化やデジタル化の進展により、生活者は多様な商品やサービスにアクセスできるようになった。

このような状況下では、企業や製品のブランドが生活者に対して企業の独自性や差別化をもたらす重要な要素となる。この場合、目印としてのブランドにとどまらず、企業が提示する価値観や社会性といった点までも生活者が選択する際の基準となっている。さらにステークホルダーに社会的な価値、存在意義を伝えることで、地域社会や投資家の期待に応え信頼を獲得し、また従業員の参画意識を高めることが求められてきている。こうした役割を担う取り組みとして、ブランディングへの注目が高まっているのだ。

こうした傾向は、現代の生活者が購買を決定する要素として価格や品質だけでなく、企業の社会的責任や環境への配慮にも関心を持って判断していることに表れている。

ある海外のアウトドア用品メーカーの場合を言えば、環境保護と社会的責任を中心に据えたブランド戦略を展開している。環境への影響を最小限に抑えるための取り組みとして、リサイクルポリエステルや有機コットンなどのサステナブルな素材の使用を推進し、プロダクトライフサイクルを延ばすために修理やリサイクルプログラムも率先して提供している。

さらに、中古製品の販売や交換プログラムなどのサービスを他社に先駆けて実施。加えて、フェアトレード認証を受けた製品の提供や、売上の1％を環境保護活動のために寄付するプログラムへの参加など、徹底した社会的責任を果たす取り組みを行っている。

こうした社会的意義の高い行動や環境への取り組みは、ブランドのフィロソフィーを具体的に伝えることとなり、それが特定の生活者からの高い支持を受け、企業のブランド価値を高め、結果的に売上と利益の向上につながっている。実際にこのメーカーでは売上に応じた金額を環境保護への寄付を行うという活動や、SDGsの目標の1つである「つくる責任 つかう責任」を打ち出したマーケティングを行ったことで、それぞれの取り組みで予想よりも5倍以上を売り上げるとともに、SNSをはじめとする多くのメディアにて拡散されるという実績をあげている。

## ブランディングを考えるときの「3つのターゲット」

### ターゲット①　生活者・顧客

ブランディングを考えるうえで重要になるのは、まずは生活者や直接の顧客であることは間違いないだろう。これからの企業と生活者・顧客との関係は、単なる購買やサービス享受などの商取引を超え、愛着や親密さを伴う信頼を構築する関係へと広がっている。

企業が提供する商品やサービスが、**自らの考えやライフスタイルに合致する場合には、率先してそのブランドを支持し、さらに「推し」といった形での共感や愛着を深めるエモーショナルなつながりや体験を求める**のは、その一例であろう。「推し」が生まれる背景は、現代の生活者は自らが選んだ商品やサービスに自己を投影し、自己アイデンティティを求める動きが加速しているからだと言えないだろうか。

たとえば、スマートフォンや電子タブレットなどのデバイスの場合、自己アイデンティティを反映しやすく、一度使いはじめると共感性が高まる。すると、機能性や操作性の判断だけではなく、そのブランドが持つイメージやサービスの姿勢などを基準に共感を高め、機種変更などの際にもブランドスイッチを検討することなく、継続して使い続ける傾向がある。

あるいは、コーヒーショップチェーンにおいても、提供される商品のみで判断するのではなく、ブランディングを通してつくり出された空間全体の演出や接客などから得られる体験価値を通して、お気に入りのブランドを選んでいる。さらにこうした体験価値は、「ここで働きたい」という思いを抱かせるきっかけとなり、アルバイト・スタッフの採用活動にもプラスの影響を与える。こうした意識と行動は今後も高まると想定される。

一方で、生活者や顧客からの共感やロイヤルティを高めることができなければ、継続的な関係はもちろん、有効な接点の創出にさえつなげることができず、競争上の優位性の低下からビジネスの継続にも大きく影響をおよぼす可能性がある。

具体的には、顧客の愛着などを無視したロゴマークやスローガンの変更などを行った結果、ステークホルダーからの反発を招き再変更を余儀なくされたことや、社内の不適切な労働環境の露呈、SNSなどでの不用意な発言など、ブランド価値の毀損《きそん》から売り上げなどにも悪影響を与えた事例もある。

重要なのは生活者・顧客の視点、さらにはその先にある社会の視点を持つことである。そのうえで、自分たちが持つコアバリューを理解し、一貫性を持った商品・サービス提供やメッセージを発信することである。そのためには、マネジメント層・従業員に共通した価値基準が必須となる。

## ターゲット②　従業員

従業員にとっても、ブランディングは重要な意味を持つ。従業員からの求心力と参画意識、働きがい、会社へのエンゲージメント（愛着・思い入れ）を高めることができなければ、生活者・顧客とのより良い関係性などは生まれようがないからだ。先に述べたSNSでの従業員の不要な発言などは、まさに従業員のエンゲージメントが確立できていない例だと言えるだろう。

従業員が企業のブランド価値やビジョンに共感し、誇りを持って働くことができれば、組織内の一体感や従業員エンゲージメントの高まりを促し、さらに生産性やイノベーションの向上などにつながるなど、組織全体の成果に寄与できる。これは、優秀な人材の獲得・確保といったことにもつながり、ブランディングを通した人的資本（人材価値）の向上にまで影響していくものと言えるのではないか。

たとえば、ある飲食ブランドでは、**従業員の多様性・包摂《ほうせつ》性の尊重や個性を発揮できることを約束し、ともに顧客サービスを高めようというブランドカルチャーを明示するために、従業員を「パートナー」と呼び、組織の一員としての誇りと責任感の醸成と優先すべきブランドの価値観を提示**している。それと平行して、従業員のスキルやキャリア開発を促すプログラムの提供や魅力的な労働環境づくりのための特典の提供、さらに既存の従業員が信頼できる人脈を新しい採用候補者として推薦するリファラル制度を積極的に導入するなど、パートナー同士が協力し合い、お互いに助け合うことが推奨される文化形成を推進している。

これらの活動を実行することで、従業員がブランドの持つ価値観を深く理解し、共感できるようになっている。その結果、一人ひとりがブランドを体現した一貫性のあるポジティブな顧客体験の提供者となっており、従業員にとっても魅力的な働き先となっているのだ。

また、別の海外のEコマースブランドでは、「顧客満足度」と「従業員満足度」の2軸に焦点を当てた取り組みを実施。従業員満足度の向上では、ブランドの価値観や文化・社会的責任を浸透させるためのカルチャーブックの作成や継続的なトレーニングを提供しており、従業員がブランド理念を理解・実践できるように支援している。

こうしたトレーニングとカルチャーの体現により、従業員は自らの判断で業務上の問題を解決する権限を持つことができる。その結果、個々の従業員の判断による柔軟かつカスタマイズされたサービスを顧客に提供することができ、さらなる顧客満足度につながっている。また、フレキシブルな労働環境も実現されていることも含めて、顧客と従業員双方の満足度が向上する成果を生み出し、カルチャーとブランディングの一貫性が実現されている。

さらに、この企業は、社会からも「家族のような雰囲気を持つ組織」として認知されるようになり、顧客と従業員の強いつながりを築いたブランドとして成功を収めている。

こうした事例からも、ブランディングを効果的に行うことが、従業員のモチベーションを高め、組織全体の目標に共感を呼び起こす効果を生むことがおわかりいただけるだろう。

## ターゲット③ 投資家・社会

今日、投資家も企業のブランド価値を重視するようになっている。ESG（Environmental, Social, and Governance）投資に対する投資家の意識の高まりにも表れているだろう。

持続可能性（サステナビリティ）の実現や社会的責任に適合した投資の実行など、一貫性を持った取り組みは投資家などからの信頼やエンゲージメントを高めることができる。そして、この姿勢をブランディングを通して明快に示すことで、企業の存在意義の認知向上から、資本市場での競争力の強化へとつながっている。

言い換えると、社会的責任への理解や取り組みが不十分な企業は、社会・顧客から信頼や共感が得られにくいだけではなく、従業員の採用・雇用時の安心感の低下といったリスクが生まれることが想定される。さらに大胆に言えば、投資対象から外されるなど企業活動の継続性にも、リスクを生じさせることにもつながりかねない。

図表2-1 | **ESGの取り組みに関する調査**

**EGSに関する企業の訴求力が株式リターンにおよぼすインパクト**

〈2,000件を超える調査結果〉より

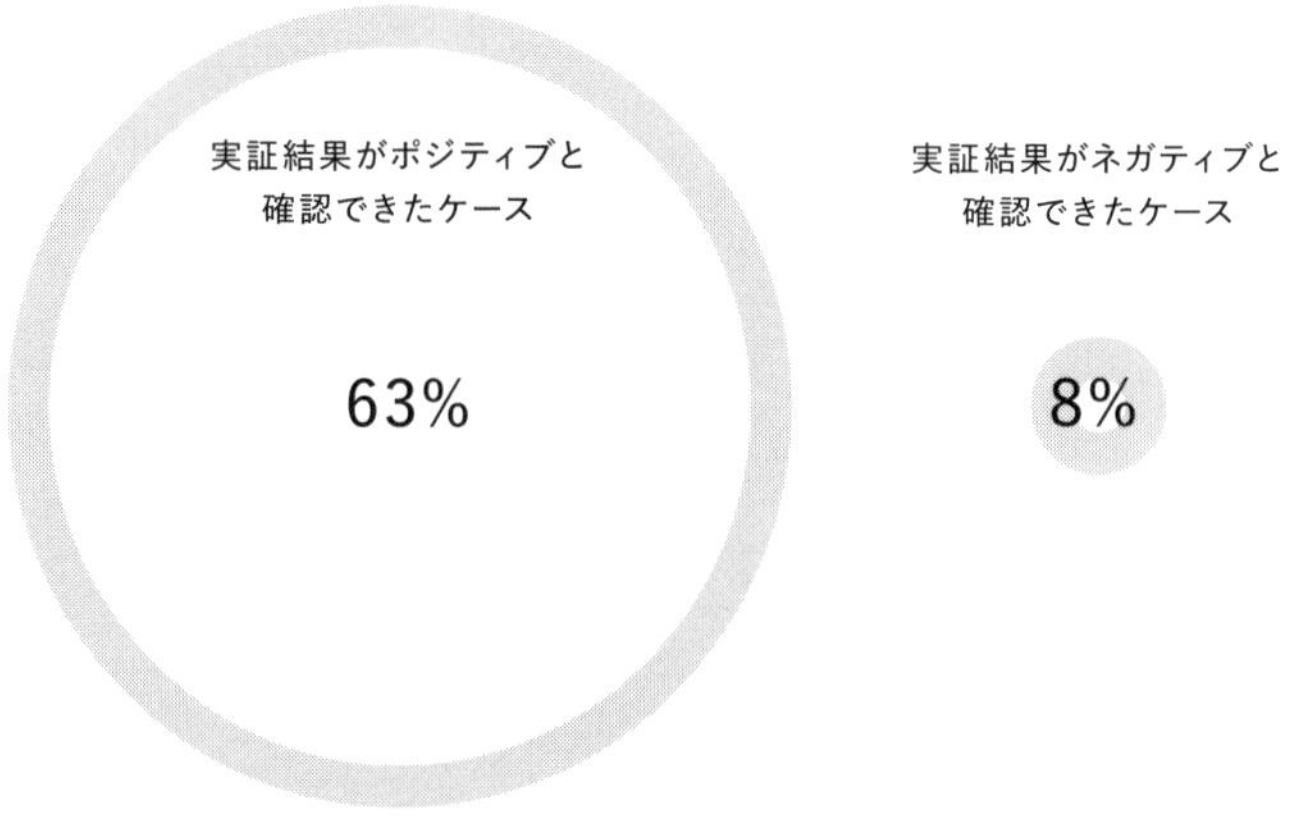


出所：ESG and financial performance: aggregated evidence from more than 2000 empirical studies. Journal of Sustainable Finance & Investment, 5(4), 210–233.

ＥＳＧ投資の取り組みとその訴求をしっかりと行っている企業は、そうでない企業と比べて株式価値の向上につながり、対象企業の６割程度にはポジティブな成果が生まれているとのデータもある。

たとえば、ある化学メーカーでは、コーポレート・ガバナンスの充実を経営の最重要課題の１つと位置づけ、基本的な考え方や取り組み方針などをガイドラインとして取りまとめ、対外的にも公表している。また、持続可能性（サステナビリティ）経営には、社会価値と企業価値の両方が不可欠であるとしてＥＳＧ推進室を設置し、「ＥＳＧを経営戦略に組み込む」のと同時に、「ステークホルダーへの情報開示強化」を行っている。

ＥＳＧ情報の開示にあたっては、機関投資家や顧客、ＥＳＧ評価機関に対する訴求力向上と、ＥＳＧ対話の強化という2点に力を入れている。こうした取り組みと事実（ファクト）に基づく情報発信をブランディングの一環として実行していくことで、企業の認知・理解度の向上と取引機会の創出など企業価値の向上につなげている。

## 2 「ブランディング」を通して企業は何ができるのか

社会環境や生活者のニーズ、意識の変化からブランドの果たす役割が大きく変わった現代では、目印をつけるだけのブランドでは不十分となっていることは、これまでお話ししてきたことからも明らかであろう。

求められている「広義のブランディング」への役割を示すとすれば、「企業や製品、サービスなどのイメージや認知を形成し、その存在や価値を市場や顧客に伝えるための戦略的な取り組みを超えて、**企業の存在意義や提供価値を明確にし、目指す姿を構築・提示していく活動**」であると言えるだろう。

そこにはブランドの「ありたい姿」を明確に提示・共有していくことを含みつつも、「ありたい姿」の具現化を目指したさまざまな活動・施策を通じて、ステークホルダーとの信頼や共感をともなった関係構築を行い、競合との差別化や競争力の確保、人材の獲得と維持、そして成長と拡大の支援を行うといったことまでが含まれている。

繰り返しになるが、ブランディングを通して、企業の存在意義や目指している「ありたい姿」を示すことは、持続可能な成長と意義の追求につながる。企業・組織が自身の存在や社会的な価値を明確にし、その実現に向けて努力することは、組織の持続的な成長と社会的な影響力を高めるために不可欠なのである。

さらにこうした価値の明確化を行うことで、変化する市場や環境に柔軟に対応し、持続的な成果を上げることにつながっていく。危機や困難に直結した際にも、存在意義や目指す姿を持っていることで、組織が目標に向かい、団結し、危機を乗り越える力を発揮することが可能となる。さらには、持続可能なビジネスモデルや社会課題への取り組みは、顧客や社会から支持を得ることにもつながるとともに、組織メンバーの「エンゲージメント」と「モチベーション」を向上させる効果につながる。

このようにブランディングが関わる領域は大きく拡大しているのだ。

## 「ブランディング」のステップと領域とは？

ブランディングを実施する際には、その実行の指針であり設計図となるブランド戦略を策定することからはじまる。近年、このブランド戦略の起点として企業の**「パーパス」**や**「ビジョン」「ミッション」**そして、**「バリュー」**などを改めて明確にすることが求められている。

特に企業の社会的な存在意義を示すパーパスはブランドの核ともなり、そのパーパスを明確に伝えることで、顧客との絆を深め、ブランドの成長と成功を支える役割も担っている。パーパスを持つ企業は、社会的な使命や価値観に基づいて働くことができる環境を提供しているとも言え、これからの消費活動の中心となっていくジェネレーションZなどの若い世代には、企業のパーパスへの共感が商品やサービスを購入したり、就職先を選択するときなどの判断基準の1つになっている。

図表2-2｜**ブランディングが果たす役割・ステップ**

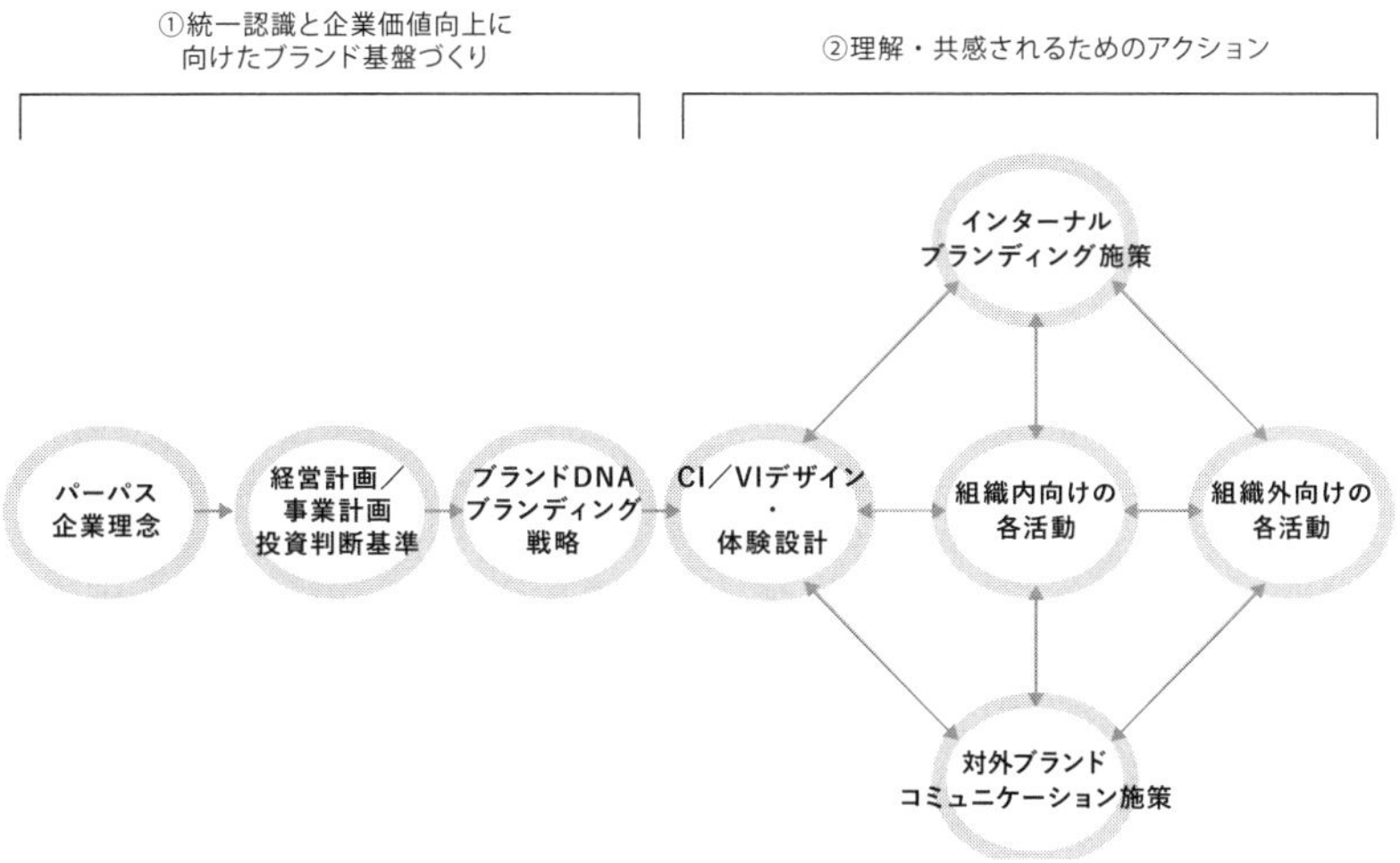


そのためにブランド戦略の起点となるパーパスや企業理念を定めたあとには、社会やステークホルダーに理解・共感されるように発信していくことも大切となる。

たとえば、ブランドの価値観を可視化していくためにブランドメッセージやロゴ、ネーミングなどの表現に置き換えてブランドアイデンティティとして伝えていくこと。

さらにブランドが提供する価値を多面的に体験してもらうために、ＷｅｂやＥＣサイトなどのデジタルタッチポイント、店舗やショールームなどのリアルタッチポイント、事業に関わるマーケティングやコミュニケーション活動など、ブランドと触れるすべてのエクスペリエンス要素への反映までブランディングの範疇《はんちゅう》となる。

組織内においても、社員のエンゲージメントを高める継続的な活動としてインターナルブランディングを行い、社員一人ひとりにパーパスや価値観、行動規範を染み込ませることで、意識変化から行動変容へとつなげ、さらに企業文化・風土の形成へと導くことが重要である。

ブランディング活動は、企業が社会的な存在としての信頼性を構築し、消費者、投資家、従業員などのステークホルダーの期待に応えるための重要な手段であり、ブランディングを通じて企業の社会的責任や持続可能性への取り組みを伝え、ステークホルダーとの信頼関係を築くための役割を果たしている。

## 〝How〟のマーケティングと〝Why〟のブランディングとの違い

ブランディングとマーケティングはよく混同される。この2つは、いったい何が同じで、何が違うのだろうか。

まず共通点としては、ブランディングとマーケティングの双方とも企業や製品、サービスの成功を目指して提供価値向上や差別化を促進し、顧客の関心や需要を喚起しながら売上や利益を最大化するという目的を持っていることだ。

次に相違点は、マーケティングが製品やサービスの開発、価格設定、プロモーション、流通など、市場での取り組みを包括的にカバーする戦略となり、比較的に短時間での成果や売上の向上に焦点を当て、効果的な販売や顧客獲得に取り組むことが目標となる。

つまり、マーケティングは「商品・サービスを売るための戦術」と言え、マーケット（市場）の言葉のとおり、「市場を分析する」「市場をつくる」「市場に届ける」ための一連の行動と定義できる。

活動の視点は〝How〟であり、**「どうやって売るか」「どのように伝えるか」「どのように市**

**場に広げるか」**などがポイントとなり、取り組みのベクトルは、活動や届く範囲の「広さ」にあると言える。

一方でブランディングは、前述のとおり、パーパスやビジョンに基づきながら「ありたい姿」の実現と、企業・製品、サービスのアイデンティティやポジショニングを明確にすることを主眼とする。そして、ブランドイメージや認知を形成するための総合的に取り組む活動であり、長期的な視点でブランドイメージや認知を構築し、信頼と忠誠心を育むことが目標となる。

言い換えると、ブランディングは**「人の心を動かす体験価値を創造するための戦略」**であり、〝Ｗｈｙ〟という視点が重要だ。つまり、その企業活動やサービス提供を、「なぜ、行うのか」「どのように社会や顧客に貢献するか」を表す部分であり、**取り組みのベクトルは、「なぜ」を突き詰める「深さ」**であると言える。

こうした視点から、ブランド戦略は経営戦略と密接に連携しながら取り組むべきものだということが浮かびあがる。特に、企業・事業の転換点や新たな取り組みを行うときには、早期段階で着手すべきものだということがおわかりいただけるであろう。

ブランド価値を高める活動を成功に導くためには、ブランディングとマーケティングを連携させながら実行することが必要であるが、その役割と目的の違いを理解し、取り組むことが相乗効果を出すうえで大切である。

## ブランディングが創出する「6つの価値」と「4つの上位概念」

ここでこれまで解説してきたことを振り返りつつ、ブランディング活動の成果としてのブラン

図表2-3｜**ブランディングの６つの価値**

ドが生み出す価値には、どのようなものがあるかをまとめておこう。この価値は今後増加や変化することもあり得るが、現時点で私たちは大きく6つの価値があると考えている。改めてブランディングの主な効果・役割をまとめると以下のようなことが挙げられる（図表2-3）。

それは、**「社会的価値」「論理的価値」「機能的価値」「情緒的価値」「未来実現価値」「倫理的価値」**である。それらの組み合わせによって、大きく4つの上位概念にまとめられるとのではないかと考えている。

その4つとは、「パーパスやブランド戦略の明確化」「差別化とブランド価値の向上」「エモーショナルなつながりの構築」「企業・ブランドに対する要求への対応」だ。

1つずつ見ていこう。

### ①パーパスやブランド戦略の明確化（論理的価値／社会的価値）

論理的価値とは、そのブランドが持っている背景や歴史、ブランドが培ってきた文化や土台となる考え方である。

また、社会的価値とは、社会にとってブランドがどのような存在であり、どのような役割や姿勢を持って貢献できるのかを示すものである。社会環境の変化やニーズから求められる価値となるため、ブランディングをとおして企業の目標や方向性を明確にし、ステークホルダーに発信・共有することが大切となる。また、パーパスを定めることは、ステークホルダーに対してブランドとしての存在意義を宣言することでもあり、社会に対しての提供価値を明確にできる。

組織内部に目を向けると、従業員や関係者と共有したい目標や目的を一貫性を持って示すことができ、企業としての一体感を醸成することが可能となる。

### ②差別化とブランド価値の向上（機能的価値／情緒的価値）

ブランディングは、企業や製品を他社と差別化するための手段でもある。機能的価値として、前述のブランドの語源にあたる商品やサービスを識別するための目印としての機能であり、商品やサービスが具体的に提供する品質・性能や使用感を示すものとして必須である。また、ブランドが提供する体験から、どのような感情や記憶を得られるかを明確にし、伝えていく情緒的価値が大切となる。

この2つの価値は、明確なブランドアイデンティティやブランドストーリーを構築することで、生活者に対して独自性や付加価値として提示することができる。強力なブランド力は、市場での評価や企業価値に直結する。一方でブランドが毀損したときにはその成長の減速が免れないなど、企業の持続的な成功と競争優位性に大きく影響する。

### ③エモーショナルなつながりの構築（情緒的価値／未来実現価値）

ブランディングは顧客をはじめとするステークホルダーとのエモーショナルなつながりを築くことに役立つ。共感できるブランドの姿勢・活動やブランドイメージは、顧客の信頼や愛着を促進する。それは、企業ブランドとしての「ありたい姿」を共有し、実現にむけた道筋を描き、共に歩む未来実現価値を約束する。

顧客にとっては、顧客自身のアイデンティティとの合致性や未来に向けた自己実現の伴走者となり得ることを見出すことで、長期的な顧客関係を構築することが可能となる。

また、組織内に目を向けると、従業員がブランドの目的や意義を理解し、自身の仕事とブランドのつながりを感じることで、企業やブランドに対するエンゲージメントやモチベーションを向上させる効果もある。

### ④企業・ブランドに対する要求への対応（倫理的価値）

社会的な意義への関心の高まりとともに、企業・ブランドが社会的な課題の解決に取り組むことへの期待感が高まっている。それは、顧客みずからの倫理観に合うものを見定めたものを選択するという考えの定着が背景にある。

たとえば、エシカルと言われるような、倫理的価値の要求へとつながっている。パーパスやミッションに沿った一貫性のある活動を実践することで、そうした期待に応えるとともに、ブランドへの信頼性と共感につながり、ブランド価値を向上させることが可能である。

こうした効果や役割は、優良なブランディング活動がもたらす効果の一部と言えよう。一方で、企業や業界によってブランディングの目指す目標や目的は異なるが、優先すべきことを明確にしながら、継続的な取り組み・活動と包括的な戦略が必要であることは共通点と言える。

## 3 M&Aでブランディングを取り入れる意味

ここから本書の主題であるM&Aとブランディングの関係について見ていこう。

M&Aのプロセスで、これまで解説してきた重要な点はどのように検討されているだろうか。たとえば、ビジョンや理念、パーパス、統合時の企業文化やブランドパーソナリティなどは、どこまで検討されているだろうか。また、第1章で触れたシナリオ・プランニングの活用を含めた「本来のありたい姿」を描き、共有するといった点についてはどうだろう。

これらの問いかけに対して、多くのM&Aプロジェクトでの検討状況は「ノー」というのが実態ではないだろうか。なぜなら、M&Aのプロセスでは、まずはディールの完結、つまり企業統合を成し遂げることが優先され、それに必要な経営面・事業面に関わる各企業のブランド資産（知名度、顧客基盤、特許など）の評価・検討が優先されるからである。統合後の企業文化やビジョン、価値観などのすり合わせといった「新しい組織のアイデンティティ構築」に避ける時間が、十分にないケースがほとんどだからだ。

こうした不十分さの結果として、内外のステークホルダーに対する「明確で一貫したメッセージ」の発信などのコミュニケーションが後回しになり、従業員の統合後の変化への適応やブランドの一貫性などに不具合が生じる。このようなケースを筆者は多くみてきた。

そこでM&Aプロセスのブランディングの活用を解説する前に、今述べたようなブランディング視点でM&Aの課題をまとめておこう。

## 典型的なM&Aプロセスの課題——「合意形成にかける時間」が不足

少々、基本的な話に立ち戻るが、M&Aの目的にもさまざまあることは明白なことだろう。たとえば、買い手としてのM&Aに臨む場合、「売上・市場シェアの拡大」が最も高く、次いで「新事業展開・異業種への参入」「人材の獲得」「技術・ノウハウの獲得」などが上位に挙げられる[1]。

いずれにしても、M&Aとは将来の成長・発展を実現するための経営手段であると言えるだろう。将来の成長・発展をするということは、細かく言えば、成長を前提とした事業計画を達成することであるし、そのためには事業環境も整備していかなければならない。

合併や買収のケースであれば、こうした計画の達成や整備は当然のこととしつつ、買収後に行われることとなるプロセスも十分に考慮する必要がある。この買収後のプロセスをPMI（Post Merger Integration／ポスト・マージャー・インテグレーション）と呼ぶ。

**PMIはM&A成立後の目指す姿を具現化し、効果を最大化するためのプロセスであり、PMIにおいて必要な事業環境を整備していくことになる。**

このように、一般的なM&Aのプロセスは、Pre-M&A Phase（プレM&Aフェーズ）の市場動

1. 中小企業庁：2021年版「中小企業白書」第2節　M&Aを通じた経営資源の有効活用 (meti.go.jp

向を含めた調査・分析や戦略・計画策定からはじまり、ディール（Deal）フェーズでのデューデリジェンス（DD）・交渉などを踏まえ、PMIフェーズへと進むプロセスから構成される（図表2-4を参照）。

それぞれのフェーズで出てくる課題は、潜在的なものも含めてどのようなものがあるのだろうか。

プレM&Aフェーズで出てくる課題は、M&Aの目的を企業もしくは事業の戦略に照らし合わせながら定める必要があるものの、案件（投資）ありきのM&A取引であるような場合には、目的が不明確になったり、経営層と担当者間で考えのズレが生ずることがある。このような場合には、その後のプロセスへの影響も大きくなり、対処を誤るとM&A取引の失敗にとどまらず、事業、さらには会社全体の業績へ影響を与えるリスクが高まる。

ディールフェーズでは、前述のPMIでの事業環境整備を見据えた対応が必要であり、DDで、事業運営・継続における懸念点を洗い出し、対応方針を策定する。

ここで問題になるのが、先に述べた「時間の不十分さ」というM&A特有の状況である。ディールフェーズに限らずM&Aプロセス全般においては、限られた時間・リソースという制約条件のもと、人事・経理・財務・ITシステム・業務オペレーションなど多岐にわたる検討事項に対して即時の判断・対応が求められる。つまり、目先の課題への対応が最優先となってしまうことだ。

目指す姿の検討や合意形成など、定量的な判断に影響を与えないような検討事項については手が回らず、あっさりとすましてしまうことが多いのが実態だろう。

図表2-4｜「プレM&A」から「PMI」までの流れ

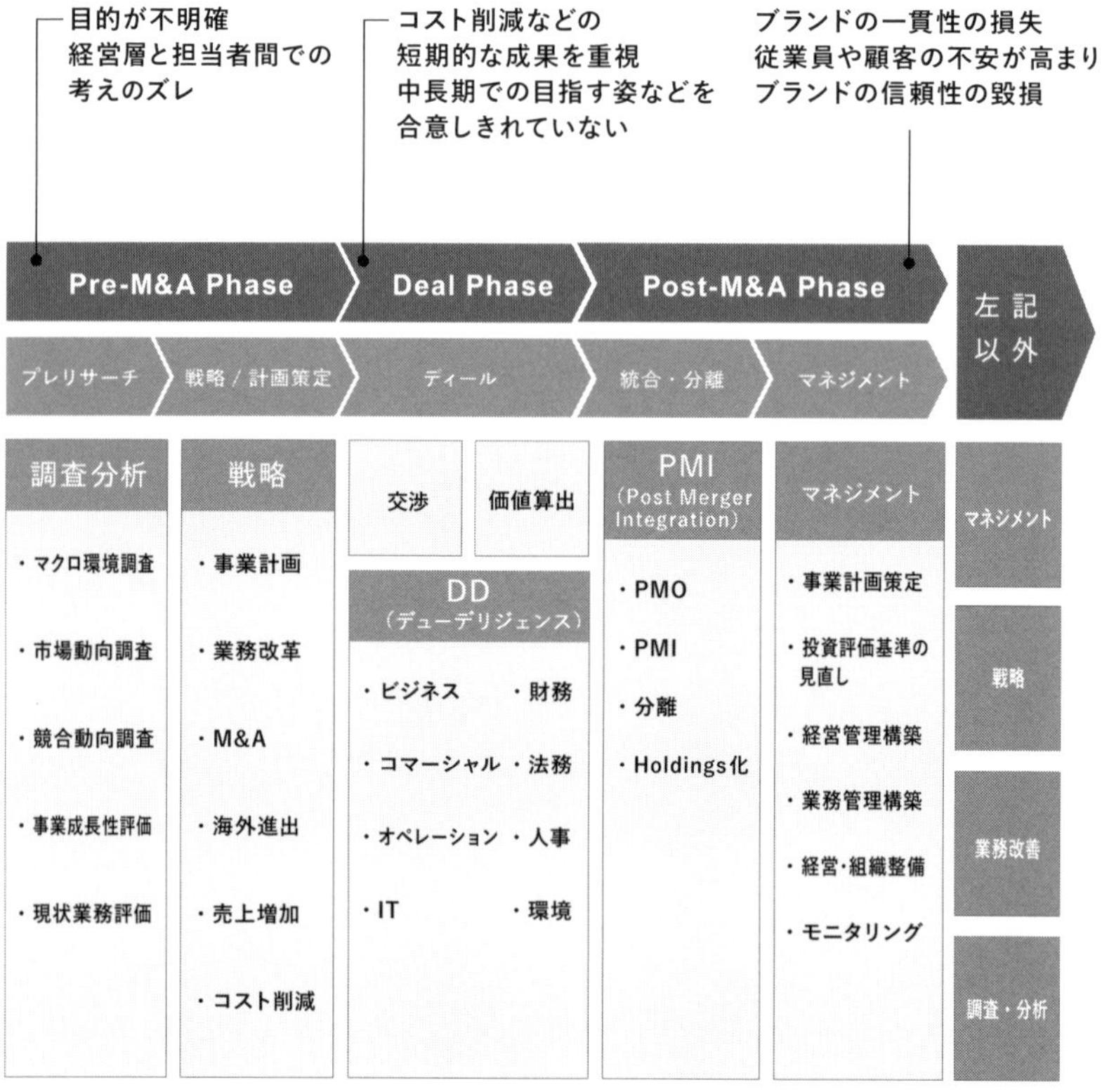

しかし、そもそもM&Aという手段で「何を目指しているのか」「組織の目指す姿とは何か」という基本骨格を形成しないまま進めてしまうと、コスト削減などの短期的な成果は出せたとしても、その先の「伸びしろ」としての成長を描くことが困難になる。仮にM&A後に成長を描けたとしても、それに至るまでに多大の時間が必要となるといった課題が残る。

また、時間の問題だけでなく、「定量的な判断に影響を与えないような検討事項」のうち、企業活動の根底にある「文化と風土」、企業が培ってきた「ブランドDNAの把握・理解」の重要性が見落とされがちな点は特筆に値する。これらが抜け落ちると、統合後の変化への理解や適応に従業員層とマネジメント層とのあいだでズレが生じるリスクが高まる。

実際のズレが生じると、特にPMIフェーズでは、それまで培ってきたブランドの一貫性の損失、従業員や顧客の不安が高まり、ブランドの信頼性の毀損といった「ドミノ倒し」のような悪い連鎖が起きかねない。

当たり前のことだが、それぞれの企業には独自の文化・風土が存在し、組織の価値観、行動様式、コミュニケーションスタイルが存在する。こうした点について理解が不足した状態で、一方的な方針転換や戦略変更を実行しようとした場合、組織は一体性を失い、従業員の抵抗や不満が生まれ、パフォーマンスの低下などが生じるリスクが高まっていく。その結果、組織の硬直化や従業員の働き方やモチベーションの低下、重要な人材の離職リスクの高まりにまでつながりかねない。

M&Aプロセス特有の「時間の不十分さ」という状況において、買収・合弁後に重要となる「文化と風土の把握」「M&A成立後のブランド戦略やコミュニケーションアプローチ」という

「定量的な判断に影響を与えないような検討事項」が、実は後に大きな重要性を持つことについて解説してきた。こうした課題の解決方法は、とてもシンプルである。

これまで述べたような潜在的な課題を十分に理解したうえで、**「ブランド戦略構築に早期に取り組む」**ことだ。これがM&A後のブランド価値の維持・向上に向けて最も重要かつシンプルな処方箋である。

## M&Aプロセスに必要な観点とその効果とは？

では、M&Aプロセスにおいて、どのような観点が必要になるのであろうか。

M&Aに限らず、前述のような「定量化しづらい資産」の重要性は、経営管理の中で近年、ハイライトが当たってきた分野である。

たとえば、『ハーバード・ビジネス・レビュー』が調査した過去100年の経営理論の変化によると、「財務資源の配分や生産体制の構築といった経営の有形的側面から、持続可能な戦略の構築方法や価値ある顧客体験の開発といった無形の側面へと徐々に焦点を移してきた」とのことである[2]。ここで押さえておきたい点は、すでに確立している定量化の手法では捉えることがむずかしい価値の要素（理念・ビジョン、企業風土・文化、ブランド・知財など）に、どのように取り組むのか、という点である。

そこで活用できるのが、よりクリエイティブ目線でのブランディングという創造力の活用である。この想像力の活用が、M&Aプロセスでも活きてくる。ブランディングは前述のように「人の心を動かす体験価値を創造するための戦略」として、常に〝Why〟という視点を持つもので

2.『ハーバード・ビジネス・レビュー』第48巻第2号

あり、その企業活動やサービスを経営戦略と結びつけていく俯瞰性が高い取り組みだ。

これはもちろん**組織内部に向けても適用可能なものであり、ブランディングの考え方を活用することで、社会の変化に強い組織をつくりあげることが可能となるし、PMI以降における成果を加速することができる**。

この特徴は、統合や事業多角化検討段階においても活かすことができる。ブランディングの視点からもろもろの指針を掲げるように進めるのだ。

実例として、複数社での合弁会社設立において、定量目標を設定することと平行して、新会社の提供価値および社会への貢献について、経営層および合弁会社設立プロジェクトの推進者を中心に議論を深めたケースがある。その結果、新会社の方向性および旗印としてのイメージやメッセージが可視化され、共通認識が築き上げられた。これらをさらに社内全体に浸透させた結果、社員の一体感や新会社への愛着が醸成され、PMI以降における施策実行に、はずみをつけることができた。

ブランディングは、組織・事業の新たな取り組みに大きく貢献することができるという特徴を持つが、これは組織・事業の転換点ともなるM＆Aプロセスにも同様に当てはまる。今触れた実例のように、早めにブランディングに取り組むことで、M＆Aの効果（ディール後の成長）を加速させる礎を築くことができる。

## ブランディングに早期に取り組む価値と効果

ブランディングに早期に取り組むことによって、具体的にはどのような効果が得られるのだろうか。前述の「ブランディングが創出する価値」で触れた6つの価値との関わりについて整理しておこう。

**①パーパスやブランド戦略の明確化（論理的価値／社会的価値）→M＆A実施後の「一体感」を醸成しやすくなる**

論理的価値と社会的価値の組み合わせから生まれる「パーパスやブランド戦略の明確化」は、前にも述べたとおりだ。統合を目的とするM＆Aに固有な状況としては、企業がそれぞれ異なるパーパス（存在意義）やブランド戦略を有しており、特に異業種M＆Aや多業種連携では企業文化や組織形態が大きく異なることが多い。さらに、ビジネスのアプローチや意思決定のスタイル、価値観なども異なることで、コミュニケーションやシナジー創出のむずかしさが露呈することがある。

早い段階からブランディングに取り組むことで、双方のパーパスやブランド戦略、企業文化・風土などが確認され、統合後の目標や方向性が明確になり、統合企業としての一体的なブランドアイデンティティを確立することが可能となる。

**②マーケット競争力・シナジー効果の早期発揮（機能的価値／情緒的価値）→顧客に対して創出される価値を共有しやすい**

機能的価値と情緒的価値の組み合わせで「差別化とブランド価値の向上」が生まれることは前にも触れた。M＆Aにおいても、これらは当てはまる。

もっと言えば、早い段階でブランディング活動を開始することにより、マーケット競争力・シナジー効果の早期発揮につなげられる。具体的には新組織の独自性や差別化ポイントを明確にし、顧客に対して競合他社との違いやあらたに創出される価値を伝えていくことができる。さらに、組織の融合を前倒しで実施することで、ビジネスパフォーマンスの向上やシナジー創出の加速にもつながっていく。

### ③適切なリーダーシップと組織文化の調整（未来実現価値）→社内外へ一貫したメッセージの発信が可能に

前述の「エモーショナルなつながり」に加えて、ブランディングの未来実現価値は、適切なリーダーシップや組織文化の調整役としての効果を生むことができる。

成功するM&Aには、適切なリーダーシップが不可欠である。異なる業界や文化を理解し、組織文化の融合・調整が必須な状態で、リーダーは、自らが異なる文化や価値観を尊重し、統合的な組織文化を築き上げる旗振り役でなければならない。

ブランディングは、「ありたい姿」を明確にしながら、早い段階から社内外のステークホルダーに対して一貫性のあるメッセージを設定・発信し、コミュニケーションを円滑に進めることに貢献できる。こうした活動により、統合プロセスの円滑さと成功への下地を迅速につくりあげることが可能となる。

ブランディングがこうした効果を生むという言い方もできる。そしてリーダーがブランディングを早期にうまく活用することで、統合のプロセスを円滑に進めることができるという見方もできることだろう。

### ④ステークホルダーの不安や負担の軽減（未来実現価値／倫理的価値）→共感や協力を得るために大事なプロセスへ

倫理的価値が、「企業・ブランドに対する要求への対応」を可能にするということは前に述べたとおりである。この倫理的価値と未来実現価値を組み合わせることで、M&Aに固有の新たな価値を生み出すことが可能となる。

M&Aは組織や従業員、顧客、株主などのステークホルダーに対して大きな変化をもたらす。たとえば、従業員の間では、組織や経営層の変化、雇用条件・環境などの変化が不安を生みやすい。これらを払拭するためには、組織の意義・方向性・価値への共感や協力を得ることが必須となる。

取引先を含む顧客も同様であり、顧客との関係変化への対処や、事業のさらなる成長のためにも、顧客との信頼関係の再構築が欠かせない。企業価値の向上や株価上昇を見込んで投資している株主やその他の投資家に対しても、適切なコミュニケーションが必要である。

このように多様なステークホルダーに対しても、早期のブランディング活動によって、ディール後のブランドの方向性や価値を明確に伝えることができる。

従業員に対しては、新組織のビジョンや文化を社内に明示し浸透させることで、結束力とモチベーションの向上にも寄与することができる。従業員以外のステークホルダーに対しては、組織もしくは事業としてのアイデンティティの確立・体現が可能になることで、変化に対するステークホルダーの不安や不透明さを軽減し、ディールに対する理解や共感、支持を得ることが可能だ。

## 4 M&Aプロセスで「ブランディングを活用する」手順

ここではM&Aプロセスにおいて、どのようにブランディングを活用するかを解説していく。ブランディングの目線で整理すると4つのステップがある。

**STEP1** ありたい姿とM&A戦略の紐づけ
**STEP2** 組織もしくは事業の理解深化
**STEP3** 成長の基盤づくり
**STEP4** ブランド価値の創出・向上

それぞれについて解説を進めていこう。

### STEP 1 ありたい姿とM&A戦略の紐づけ

難易度 ★★★★★

**〈期待効果〉 パーパスやブランド戦略を明確化する**

最初のステップは、「ありたい姿とM&A戦略の紐づけ」である。M&Aを成功させるために

図表2-5 | M&Aを成功させるためのポイント

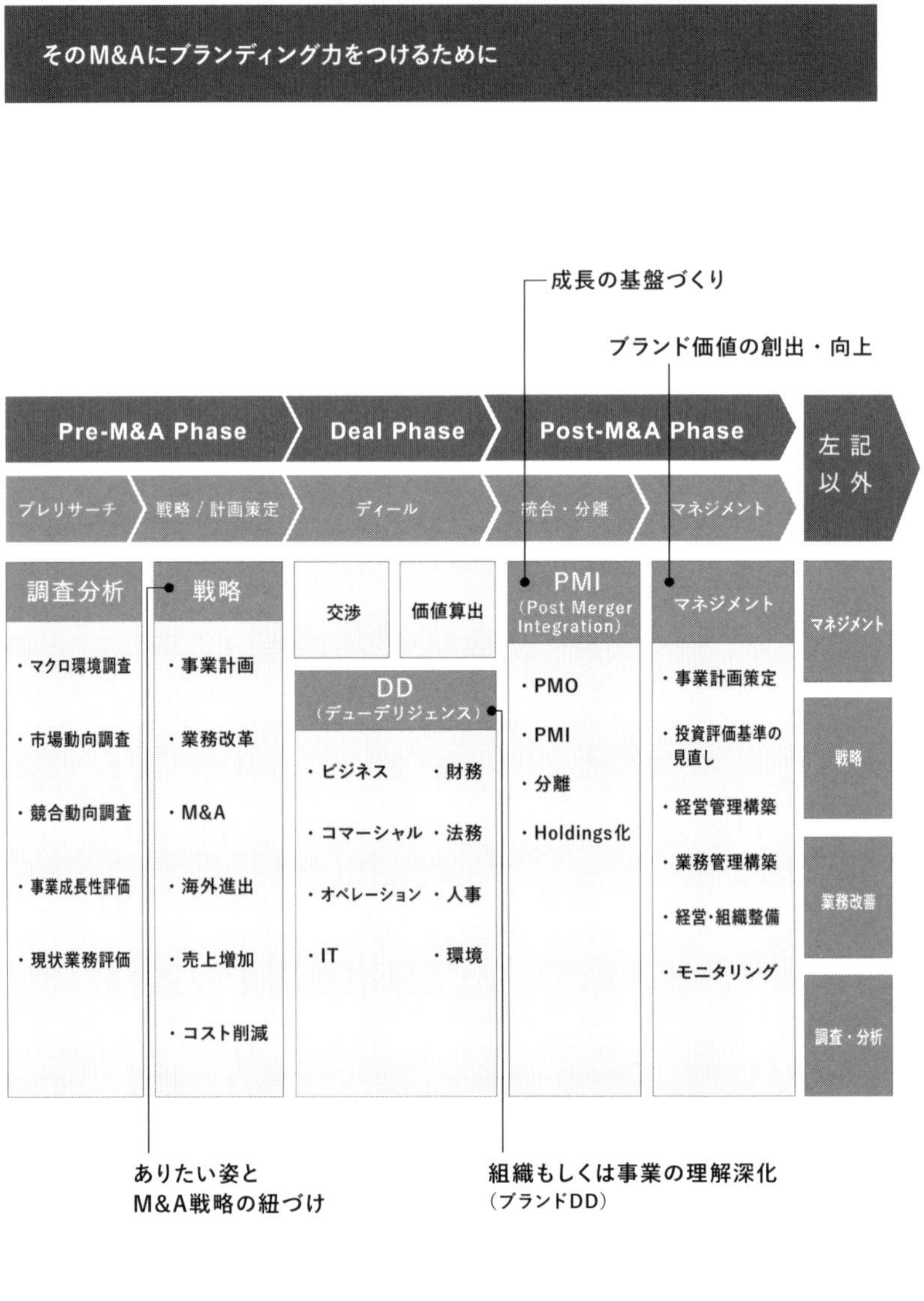

図表2-6 | **経営・事業戦略とブランド戦略の関係性**

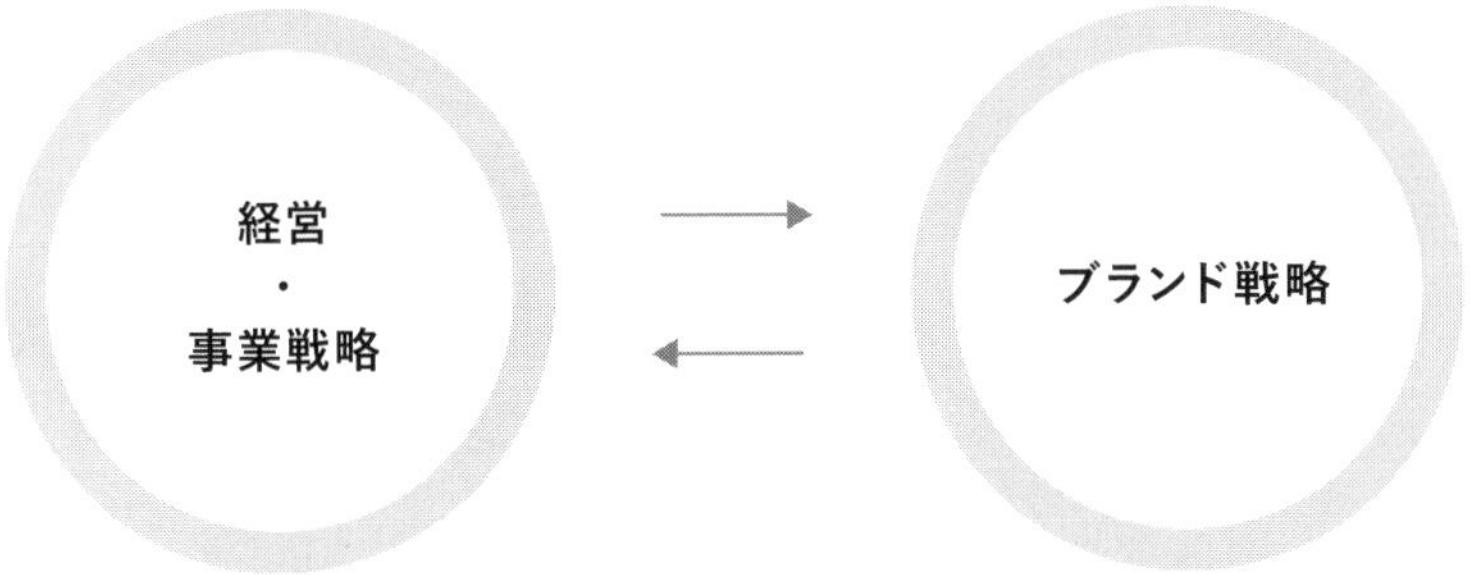


**相互に影響し、ブランディングの両輪になる**

は、**どのようなＭ＆Ａであれば、自社のありたい姿を実現できるのか、道筋を整理する必要がある。**

つまり、Ｍ＆Ａ戦略とブランド戦略を紐づける必要があり、紐づけにおける重要な視点が、ブランドＤＮＡ（ブランドが育んできた志であり、提供するコアバリューと言えるもの）とブランドストーリー（ブランドのコンセプト、価値観、こだわりなどを伝える一連の物語）である。

たとえば、Ｍ＆Ａにより、ブランドＤＮＡを棄損せずに進化させることができるのか、ブランドストーリーに必要な要素（価値観、個性〈アイデンティティ〉、ありたい姿への筋道、訴求対象など）がそろうのか、という検討をする。

では、そもそもありたい姿が不明瞭である場合はどうするのか。もしくは、ありたい姿が明確であるとしてもＰＭＩを見据えた場合にどうするのか。ここはとても大切な視点であると言える。

そこでブランドＤＮＡやブランドストーリーへの理解を深め、どのように進化させていくのか、ＳＴＥＰ２以降で述べていくことにしよう。

STEP 2

## 組織もしくは事業の理解深化

難易度 ★★☆☆☆

**〈期待効果〉　統合に向けた相互理解・ステークホルダーの視点を合わせる**

このステップは、「組織もしくは事業の理解深化」である。図表2-7のディールフェーズにおけるブランドDDが、これに該当する。通常、M&Aプロセスにおいて、ビジネスDDを実施し、対象企業もしくは事業について、外部環境（市場環境、競合動向など）の分析、また、対象企業もしくは事業の強み・課題を分析して、事業計画の妥当性を検証する。**ここにブランディングの観点を組み込むことで、市場や競合他社などはもちろん、会社もしくは事業自身をより深く理解できる。**具体的には、次の観点で、分析をする。

**①自分たちを知る**

・経営・事業戦略の把握
・リーダー・マネジメント層が目指す姿・志の把握
・組織の成り立ち・文化の把握
・ステークホルダーからの声を把握　など

**②顧客を知る**

・顧客の声を把握

図表2-7｜**ブランドについて知るための3つのポイント**

**ブランドを知る**
リサーチ

**①自分たちを知る**

・経営・事業戦略の把握
・リーダー・マネジメント層が目指す姿・志の把握
・組織の成り立ち・文化の把握
・ステークホルダーの声を把握　など

**②顧客を知る**

・顧客の声を把握
・カスタマージャーニーにおけるタッチポイントの把握
・顧客インサイト（ディープインタビュー）　など

**③市場を知る**

・社会動向・市場データの把握
・競合他社の把握
・ベンチマーク企業の把握　など

・カスタマージャーニー（商品の発見から購入後までの顧客の購買行動の流れのこと）におけるタッチポイントの把握
・顧客インサイト（ディープインタビューをする／インタビュー側と対象者が1対1で行うインタビューのこと。深層心理を引き出すことができる）　など

### ③市場を知る

・社会動向・市場データの把握
・競合他社の把握
・ベンチマーク企業（自社を分析するために選んだ競合他社）の把握　など

ここまで読んで、ビジネスDDではいつも確認している内容だと感じた人もいるかもしれない。では、お尋ねしたいのだが、その分析に皆さんはどれだけ時間を割いているだろうか。

重要なのは、とりあえず網羅的に確認し、報告書などの書類に記載することではなく、対象企業もし

くは事業のＤＮＡへの理解を深め、存在意義や社会的な目的を見定めることである。ここが大切なポイントだ。

というのも実際の例として、統合を前提にしたＭ＆Ａにおいて、ビジネス上での統合のメリットや必要性は理解されていたものの融合が進まなかったケースがある。その原因を探ると、双方に創業者の自社への深い愛着や長年、培ってきた歴史があった。そのため企業文化や従業員の行動基準などにおいて、なかなか共通点を見出すことができず、対話が進まないという課題が根底にあった。

そこで、こうした違和感を放置せず、まずは両社の歴史や理念などの改めて掘り起こすことに時間を割くことにした。創業期の企業活動やアイデンティティ、さらに現在までのミッションや企業文化の棚卸しを行った。多くの従業員が参画するワークショップやディスカッションを実施しながら、改めて両社の違いと共通点などの深堀りを進めたのである。それにより、創業時から黎明期にかけて企業活動やアイデンティティに共通点があるという思いがけない成果もあった。

こうしたワークショップを、「マネジメント層から現場」までに実施することで、各階層で現状と将来への目線を揃えることにもつながった。また、それぞれの会社が仕事以外で自慢できることなどパーソナリティを知る機会を設定して、より親近感と深さを持てるような仕掛けで相互理解を深化させていった。

こうした活動の最後に、新組織に向けてそれぞれが継承していくべき姿勢を考え、遺棄すべきこと、新たに持つべきことなどを合わせて、新組織としての相応しいビジョンの検討を実施した結果、目指すべき方向性が明らかになり、両者間の心理的な抵抗感が弱まり、統合前に結束が生まれて一気にプロジェクトが推進できたと言う。

このように平常時には当たり前のように実施しているリサーチやコミュニケーションがM&Aという特別な環境になると見落とされてしまう傾向に留意し、丁寧な組織や事業の理解を行うことは必須である。

STEP 3

## 成長の基盤づくり

難易度 ★★★

**〈期待効果〉パーパスやブランド戦略の明確化、適切なリーダーシップと組織文化を調整する**

STEP3は、「成長の基盤づくり」である。本来、PMIのフェーズにおいて取り組む内容であり、PMIのテーマの1つとして取り組むことになる。筆者の経験において、遅いケースでは「M&Aが完了して数年たつのだが、組織融合ができておらずシナジーらしいシナジーがない」、という相談があった。**M&Aの効果創出を加速したいなら、早めにSTEP3に着手することが重要であり、そのためにはSTEP2を前倒しで完了することが望ましい。**

では、STEP3では何が大切なのだろうか。大きく2つに取り組む。「ブランド戦略の策定」と「ブランド表現構築」である。状況に合わせながらも早期に着手することで、内部ステークホルダーの結束や目指すべき方向性の共有が早まる。

最初の柱であるブランド戦略の策定は、ブランドのあるべき姿を定めることと、ブランドのメッセージを定めることの2つの要素から構成される。

図表2-8｜**ブランドを定めるための２つのポイント**

**コアとなるブランドDNA「あるべき姿」を明確にし、未来に向けたビジョンとポジショニング、ブランドが提供する顧客体験価値などを策定していく**

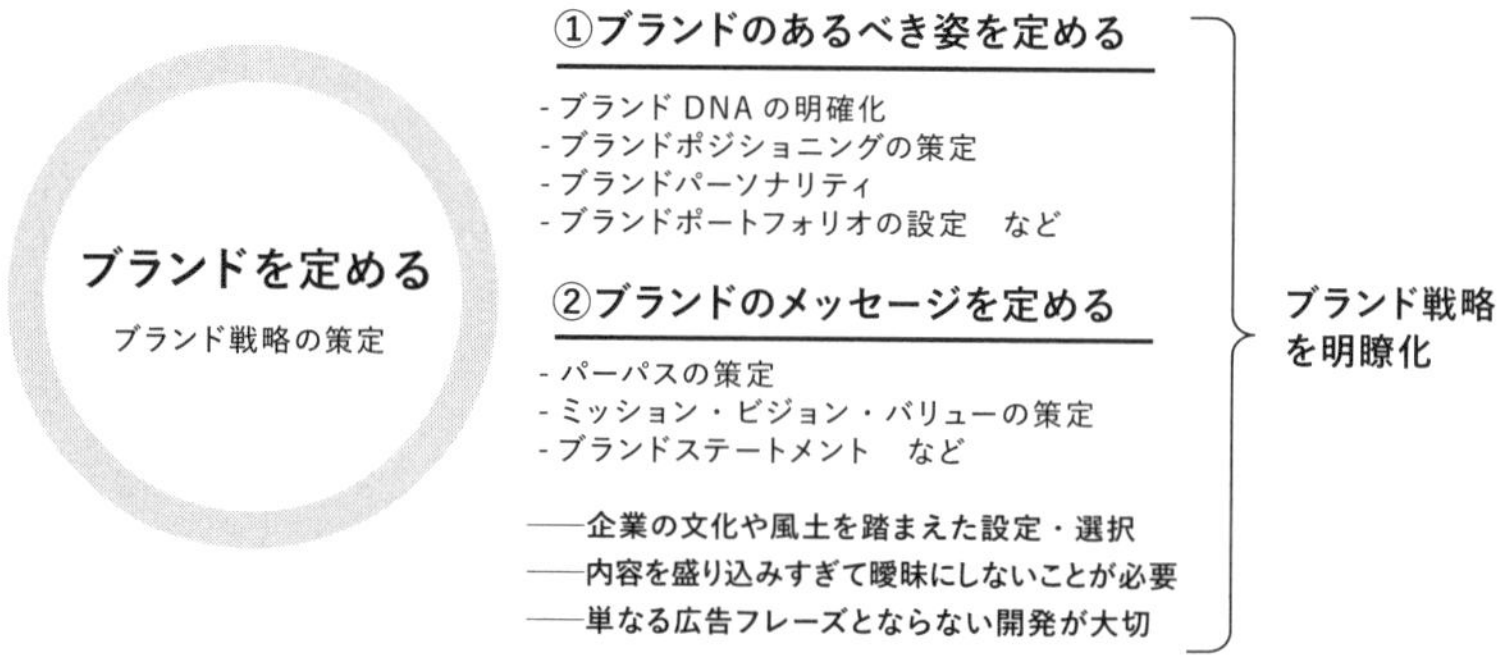
ブランドを定める
ブランド戦略の策定
①ブランドのあるべき姿を定める
-ブランドDNAの明確化
-ブランドポジショニングの策定
-ブランドパーソナリティ
-ブランドポートフォリオの設定　など
②ブランドのメッセージを定める
-パーパスの策定
-ミッション・ビジョン・バリューの策定
-ブランドステートメント　など
——企業の文化や風土を踏まえた設定・選択
——内容を盛り込みすぎて曖昧にしないことが必要
——単なる広告フレーズとならない開発が大切
ブランド戦略を明瞭化

**①ブランドのあるべき姿を定める**

・ブランドDNAの明確化
・ブランドポジショニングの策定
・ブランドパーソナリティ
・ブランドポートフォリオの設定　など

**②ブランドのメッセージを定める**

・パーパスの策定
・ミッション・ビジョン・バリューの策定
・ブランドステートメント　など

「成長の基盤づくり」という意味において将来、どのようなブランドにしていくのかを定めるためのブランド戦略策定は必須である。

STEP2で組織について棚卸ししたことやビジネスDDなどのリサーチ結果をベースにしながら、「コアになるブランドDNA」や「ブランドとしてのあるべき姿」を定めていく。

ブランドDNAに基づきながら未来に向けたビジョンとポジショニング、ブランドの人柄を表すようなパーソナリティを設定し、ブランドの全体像を設定する。その思いを集約させたパーパスやミッション・ビジョン・バリューなどの理念体系を策定する。ここで整理されたメッセージはステークホルダーと共有できる表現クオリティを保つとともに、ブランドステートメント（ブランドが目指す方向性や価値観を明確に文書として書きあらわすこと）という形で明瞭化していく必要がある。このようにしてできた体系化された理念はブランドが進むための指針であり、達成する目標を共有するためのブランド戦略そのものでもある。

そして、柱の2番目である「ブランド表現構築」は、ブランドの可視化と体験の提供という2つの要素から構成される。

**①ブランド（旗印）を可視化する**

・ブランドストーリー、タグライン
・ネーミング、VIサイン（ロゴマーク、カラー、グラフィックなど）
・ブランドトーン&マナー　など

**②ブランド体験を提供していく**

・プロダクト／サービスおよび接客対応
・空間・環境（店舗デザイン、サインデザイン、イベント）
・コミュニケーション（広告、広報）

図表2-9｜**ブランドを可視化・具現化するための２つのポイント**

**顧客や社会に対して、ブランド体験を提供していくために**
**クリエイティブ面からブランドの可視化・具体化を行っていく**

**ブランドを**
**可視化・具現化する**
ブランド表現を構築

**①ブランド（旗印）を可視化する**

- ブランドストーリー、タグライン
- ネーミング、VI サイン
（ロゴマーク、カラー、グラフィックなど）
- ブランドトーン&マナー　など

**②ブランド体験を提供していく**

- プロダクト／サービスおよび接客対応
- 空間・環境（店舗デザイン、サインデザイン、イベント）
- コミュニケーション（広告、広報）
- デジタル（WEB サイト、SNS、アプリ）　など

・デジタル（WEBサイト、SNS、アプリ）　など

ブランド戦略に沿って、ブランドを可視化していくためのブランド表現も、統合への共通目標を明確にし、一体感を高めるために効果を生む。

ここで開発・実行していく内容が、それぞれのM&Aの取り組み状況に応じて変化する点に触れておきたい。

たとえば、一方の存続会社に集約するのか、持ち株会社などの新体制を構築するのか、また、企業体だけでなく、共同でのプロダクトブランドの立ち上げや既存ブランドの刷新などを行うのか、などで開発項目や取り組み方が変わる。そのためそれらを明確に定める必要がある。

また、新しい事業体を立ち上げる場合は、ネーミング、ロゴマークなどのVI（ヴィジュアル・アイデンティティ）デザイン、ブランドトーン&マナー、タグライン、ブランドストーリーなど、トータル的にブランドアイデンティティ構築が関わることにな

る。

さらに、事業によっては、ブランドの体験価値を提供するために、プロダクトデザインやパッケージデザインなどプロダクトづくり、店舗づくりやサインデザイン、イベントなどの空間環境設計、広告広報などのコミュニケーション施策、ユニフォーム・接客対応などの運営まわり、Ｗｅｂサイト、ＳＮＳ、アプリなどまで包含した検討が必要となってくる。

ＳＴＥＰ３の成長の基盤づくりで大切なのは、**ブランドオーナーとなるリーダー層の関与**であろう。ブランドを可視化していくステップを単にブランドイメージをつくるためのデザインを行うものと解釈してしまい、進行時にリーダーが関与せず、形になってから初めて承認を得る目的でリーダーが参加するというケースがある。

しかし、早い段階からのリーダー層の不関与は、リーダー自身の思いやメンバーとのすり合わせなどが、きちんと整理・伝達されないまま進行してしまうリスクをはらむ。

「明らかな間違いではないが、目指している姿と合致していない」「ブランドアイデンティティとして、不十分な気がする」などの意見や、「ピンとこない」と言われるような感性的な評価が生まれると、納得感が得られないまま進行し、非効率なやり直しなどの問題が発生することにもつながりかねない。

感性的なこのような評価は当然ながら軽視できない。組織融合や未来像への旗印であり、成長の基盤ともなる内容について納得感を持った発信ができないと、そのあとに続くユーザーエクスペリエンスや組織文化の構築に一貫性を持たせることが期待できるはずもないからだ。

こうした事態に陥ることを避ける必要がある。そのためにも、ブランドオーナーとなるリーダー層の初期からの関与は必須である。

STEP 4

## ブランド価値の創出・向上

難易度 ★★★★☆

**〈期待効果〉 ステークホルダーの不安や負担の軽減、マーケット競争力・シナジー効果を早期から発揮する**

最後のステップは、**「ブランド価値の創出・向上」**である。重要な点は2つある。社内外の観点（社内・インナーと社外・アウター）を持つことと、チェックし、改善するプロセスを構築することである。

M&Aプロセスでは、とりわけ社内や内部関係者へはブランドへの理解とブランド構築に向けて行動につなげるためのコミュニケーションが必要だ。これは**「インターナルブランディング」**と言われるもので、ブランド浸透ツールやワークショップ、セミナーなどの施策を継続的に実施することが大切である。

**①社内の理解と行動につなげる**

・ブランディング戦略の社内浸透
・ブランド表現の理解・共有の促進
・自分ごと化につながる機会の提供

## 図表2-10｜ブランドを伝えるための２つのポイント

**ブランドを正しく、魅力的に発信するには一貫性のあるブランドコミュニケーションを行う**

### ①インナー（社内・関係者）の理解と行動につなげる

- ブランディングの正しい情報共有
- ブランド戦略の社内浸透
- ブランド表現の理解・共感の促進
- 自分ごと化につながる機会の提供

→上記につながるブランド浸透ツールや施策の継続実施
　ブランドブック、社内ツール、セミナー、ワークショップなど

### ②アウター（対外）にブランドの「らしさ」を蓄積していく

- ブランド起点での情報発信
- ブランドの「らしさ」をシンプルに感じさせるクリエイティブ
- ブランド体験を促進させるタッチポイントの創出

→一過性の効果や話題性だけではなく、ブランド体験の質と
　一貫性を持ったトータルマネジメントへ
　広告・広報、WEB／SNS、空間・環境など

## 図表2-11｜ブランディングを成功させる４つのSTEP

・各種施策の整理、浸透ツールの整備

**②社外に「らしさ」を蓄積する**

・ブランド体験の質と一貫性を確保するための全体マネジメント
・「らしさ」をシンプルに感じさせるクリエイティブ性
・ブランド体験を促進させるタッチポイントの創出

**③チェックし、改善するプロセスを構築する**

・施策を実行し、定期的に状態をチェック（客観的な評価も活用）
・理想と現実のギャップを把握
・ＳＴＥＰ１～３を繰り返す体制・しくみの構築

前述のとおり、Ｍ＆Ａプロセスではステークホルダーの不安や負担を軽減するとともに、従業員の「自分ごと化」につなげるためのインターナルブランディングが必須となる。

ＳＴＥＰ３でつくりあげたパーパスなどの理念体系の策定を、まずは従業員をはじめとするステークホルダーに認知・理解してもらうことが肝要となる。そして、変化すべき理由と方向性を頭に入れたうえで、Ｍ＆Ａという段階が改革の段階であることを理解してもらうことが重要だ。何より「自分ごと化」として納得感を持って、実際に日々の行動を変え、フィードバックを受けることで行動をブラッシュアップし、定着してもらわなくてはならない。

このようにインターナルブランディングは、**「理念の理解からはじまり、行動変容が起こり、企業文化としての定着までを図る一連の活動」**にまでおよぶ広範なものだ。そして、M＆Aはすべてを刷新してスタートできる良い機会をもたらしてくれる、とも言えるのではないだろうか。

統合の際のこうしたコミュニケーションが不十分なことで、従業員が疎外感を感じて離職などにつながるケースも筆者は多く見てきた。M＆Aのような組織内で変革がはじまるようなときには、たとえSTEP3のブランド戦略の策定やブランド表現の構築がきちんと行われたとしても、現場レベルまで情報共有をせずトップダウンのみで物事が進んだような感覚にとらわれると、そこに参画している感覚が持てない。そのため不安感や不信感が先行し、発信されるメッセージさえもネガティブに受け取られる傾向が生まれる。ここは注意が必要だ。

一方で、双方の従業員が全員参加できるような施策を実行することで納得感や両社感の交流が現場レベルではじまるとともに、従業員自身が統合について家族や取引先に前向きに語られるような場面にも、実際に立ち会ってきた。

実際に著者が関わった事例では、内部での理解・浸透を図るために、保有するオウンドメディアやツールを使ってパーパスなどの**「理念の体系を発信する」**だけでなく、従業員の行動に結びつけられるように、**「BI（ブランド・アイデンティティ）の定着」**に向けて、しくみをあわせたアクションプランを実施した。具体的には、参加型の表彰イベントや社員同士が評価・賞賛し合い、それが人事評価にもつながる制度の設定を行った。さらに社内コミュニケーションを高めるオフィス空間をつくったり、ワークショップを実施したりするなどして、社内の機運にあわせた段階的かつ継続的な取り組みも行った。こうした取り組みが大きな効果を生んだのは言うまでもないだろう。細かな点も含めた設計や配慮なくしては、有効なインターナルブランディングは生まれてこないというのが、筆者の実感である。

ここに注目!!

## 買収候補先企業の〝感性（ブランド）〟を理解し、M&Aに成功

ケースを参考に、M&Aにおける〝感性（ブランド）〟の活用の可能性を提示しよう。

買い手候補のA社は、高級日用品の有名ブランドを全国で卸・小売展開するB社の買収を検討し、オークションに参加していた。A社はビジネスDDに加えて、ブランドにフォーカスを当てた分析とその結果を踏まえた買収後の改善・成長施策を検討するために、ブランドDDも実施した。ブランドDDでは、定性面も含めた多様な観点により、本質的な価値を捉えることができる。ブランドDNA（ブランドが育んできた志であり、提供するコアバリューと言えるもの）や事業コンテンツ（商品・サービスや顧客とのタッチポイントなど）の本質的な価値を明確にすることで、定性的な観点も含めた現状分析やリスク抽出が可能となり、事業の成長余地や未来に対する可能性など、将来に向けた価値創造の施策検討が可能である。

**ブランドDDがもたらす効能**

ブランドDDを実施することの最大のメリットは、現在の事業価値・ブランド価値の源泉を明確にすることで、定性的な観点も含めた現状分析やリスク抽出が可能となる。また、事業の成長余地や未来に対する可能性など、将来（PMI）に向けた価値創造の施策検討が可能になること

だ。加えて、ブランドDDをクリエイティブワークと連動させることで、PMIにおいて施策を迅速に具現化でき、経営のPDCAサイクルを加速することで事業計画の達成の確度を高めることが可能となる。

**対象企業が選定する〝ベストオーナー〟**

対象企業のオーナーは、A社の最終意向表明を受けて、A社であれば出資後も事業（ブランド）を大切に育ててくれると確信し、売却先をA社に決めた。実は入札価格はほかの買い手候補よりも低かったようだが、ブランドDDでの施策提案がオーナーの意思決定を後押しすることができた。

ビジネスDDに加えてブランドDDも実施したことに対して、買い手のFA（ファイナンシャル・プランナー）からはこれまでのディールとは違うユニークな提案を売り手側にできたとの言葉もいただいた。後日談として、対象企業のオーナーは「A社が当社のブランドへの想いを奥深く理解してくれ、課題と改善策も明確にしてもらえた。A社が当社のことを真剣に検討してくれていることが伝わった。ブランドDDではそれができる」と語ってくれた。

このように、対象企業の〝感性（ブランド）〟を理解することは、対象企業のオーナーへ真剣にM&Aを検討してくれていることを伝えることが可能だ。対象企業のオーナーの心を動かすことができる。

まとめ
02

# ブランディングを上手く活用する

本章では、「M&Aでブランディングを活用すると何ができるのか」、について解説してきた。

**要点①　ブランディングを活かしたM＆Aの4つの価値**

なぜ、ブランディングという創造力の活用が今、求められているのか。それは社会的に意義のある行動や環境への取り組みがブランド価値を高め（「パーパスやブランド戦略の明確化」）、独自性や付加価値の提示により顧客から支持を獲得することが期待されるからである（「差別化とブランド価値の向上」）。また、持続可能なビジネスモデルや社会的な課題への取り組みは、顧客や社会からの支持を得ることにもつながるとともに（「企業・ブランドに対する要求への対応」）、顧客との長期的な関係構築や組織メンバーのモチベーションとエンゲージメントを向上させる効果があるからである（「エモーショナルなつながりの構築」）。

**要点②　早期からのブランディングで実現できる４つのこと**

組織・事業の転換点ともなるＭ＆Ａプロセスにて、早めにブランディングに取り組むことで、Ｍ＆Ａ後の一体感を醸成しやすくなる（「パーパスやブランド戦略の明確化」）。そして、新組織の独自性や差別化ポイントを明確にすることでビジネスパフォーマンスを加速でき（「マーケット競争力・シナジー効果の早期発揮」）、リーダーがブランディングを早期にうまく活用することで組織文化の調整役としての効果を生む。M&A後のプロセスを円滑に進めることができることで（「適切なリーダーシップと組織文化の調整」）、組織の意義・方向性・価値への共感や協力を得やすくなり（「ステークホルダーの不安や負担の軽減」）、M&Aの効果（ディール後の成長）を加速させる礎を築くことができる。

**要点③ 「ブランディング」を成功させるための4つの手順**

ブランディング目線では、M&Aプロセスを４つのステップに整理できる。

STEP1　ありたい姿とＭ＆Ａ戦略の紐づけ
STEP2　組織もしくは事業の理解深化
STEP3　成長の基盤づくり
SETP4　ブランド価値の創出・向上

M&Aの場面に限らず、ブランディングへの取り組みは広く認知されはじめているものの、一過性のブームとしてではなく、継続的かつ包括的に取り組むことが大切である。是非とも、根気よく継続して取り組んでいただきたい。

# 第3章

# 「右脳的発想のM&A」と「経営統合プロセス」の進め方

M&A戦略策定の基本ステップを押さえ、柔軟な戦略を考えよ

読み方のポイント

# M&Aの成功率を上げる「M&A戦略」と「PMI」の実際

多くの企業がM&Aを経験してスキルアップしているはずなのに、いまだにその成功率は高くない。なぜ、M&Aの成功率を高めるのがむずかしいのだろうか。いろいろな要因が考えられるが突き詰めると、

①正しいプロセスに沿ったM&Aができていないこと
②新しい潮流を理解したうえでのM&Aの検討がなされていないこと

この2つの要因にたどり着く。第3章では、この2つの要因に留意しながら、あるべきM&A戦略やPMIについて解説をしていきたい。

ところで、M&Aを検討する中でよく聞くフレーズがある。「M&Aは目的ではない」ということだ。M&Aが目的化してしまい、残念ながら失敗に至る事例が多く存在する事実があるからだろう。そんな失敗を防ぐために重要な道標となるのが、「M&A戦略」である。また、戦略で見込んだことが絵に描いた餅にならないように取り組むのが、「PMIの役割」である。M&Aを成功させるには、やはり基本的なポイントを押さえておく必要がある。

昨今、SDGsの普及や生成AIの進展により、企業を取り巻く環境も急速に変化している。売上成長や利益追求が企業活動の主軸であるだけでなく、環境負荷の低減や社会への貢献も含めた企業活動が求められる時代にもなった。このような状況下でM&Aの新潮流を押さえておく重要性も高まっている。

具体的には、環境配慮や社会課題の解決を目指す企業にM&Aを行うケースや、従来の思考の枠組みでは捉えきれない「右脳的」M&Aのケースも増加している。たとえば、本業からは遠いスポーツチームへのM&Aを行うようなケースだ。

ただ、こうした「一見、事業との関連性が薄く感じられるM&A」も、うまく行えば企業の競争優位性の構築につながる可能性が高いため、「新たなM&Aの潮流」としてしっかり理解しておく必要がある。

特に、「右脳的」発想のM&Aについては、社内での合意形成やシナジー効果を出す難易度が高まるため、M&A戦略やPMIの準備・実行の重要性がより増す。

第3章では、こうした点を踏まえて、今後、どのように対応していくのが望ましいのかを、M&A戦略とPMIについて掘り下げていく。

## 1 M&A戦略の位置づけ・役割とは何か

M&A戦略は、「M&Aプロセスの中では上流に位置する」が、実は「最」上流のプロセスではない。全社戦略（事業戦略や経営戦略）が、さらに上流に位置づけられるからだ。

この考え方をベースにして、シナリオ・プランニングなどを活用し、まずは企業が目指す方向性と全社戦略を構築する。次に、全社戦略を踏まえたうえで、M&A戦略として自社のポジションを定めていく。こうしたステップで説明していくが、順番を間違えると、その後の軌道修正がむずかしくなる。また、第2章でも触れたが、M&A戦略の構築には社内の主要メンバーを巻き込む検討プロセスもあるため、合意形成を意識した進め方も必要だ。

さらに、新たな動きである右脳的発想のM&Aの概念も解説する。一見、考え方が飛躍したように見えるこのM&Aのニーズは、徐々に高まってきている傾向にあり、必須の視点である。右脳的発想のM&Aは、既存事業の延長のM&Aとは着眼点が異なるうえ、多くの企業では経験値が積みあがっておらず、社内の合意形成を得るまで難易度は高くなりがちだ。

だからこそ、事前に全体戦略を踏まえてM&A戦略を策定し、個別に社内の主なメンバーと対話の機会を持ち、理解を深めておくようにする。

### M&Aは「プレM&A」「ディール」「ポストM&A」のプロセスで構成

M&Aのプロセスは、一般的に**「プレM&A」「ディール」「ポストM&A」**というフェーズに

図表3-1｜「プレM&A」から「ポストM&A」への流れ

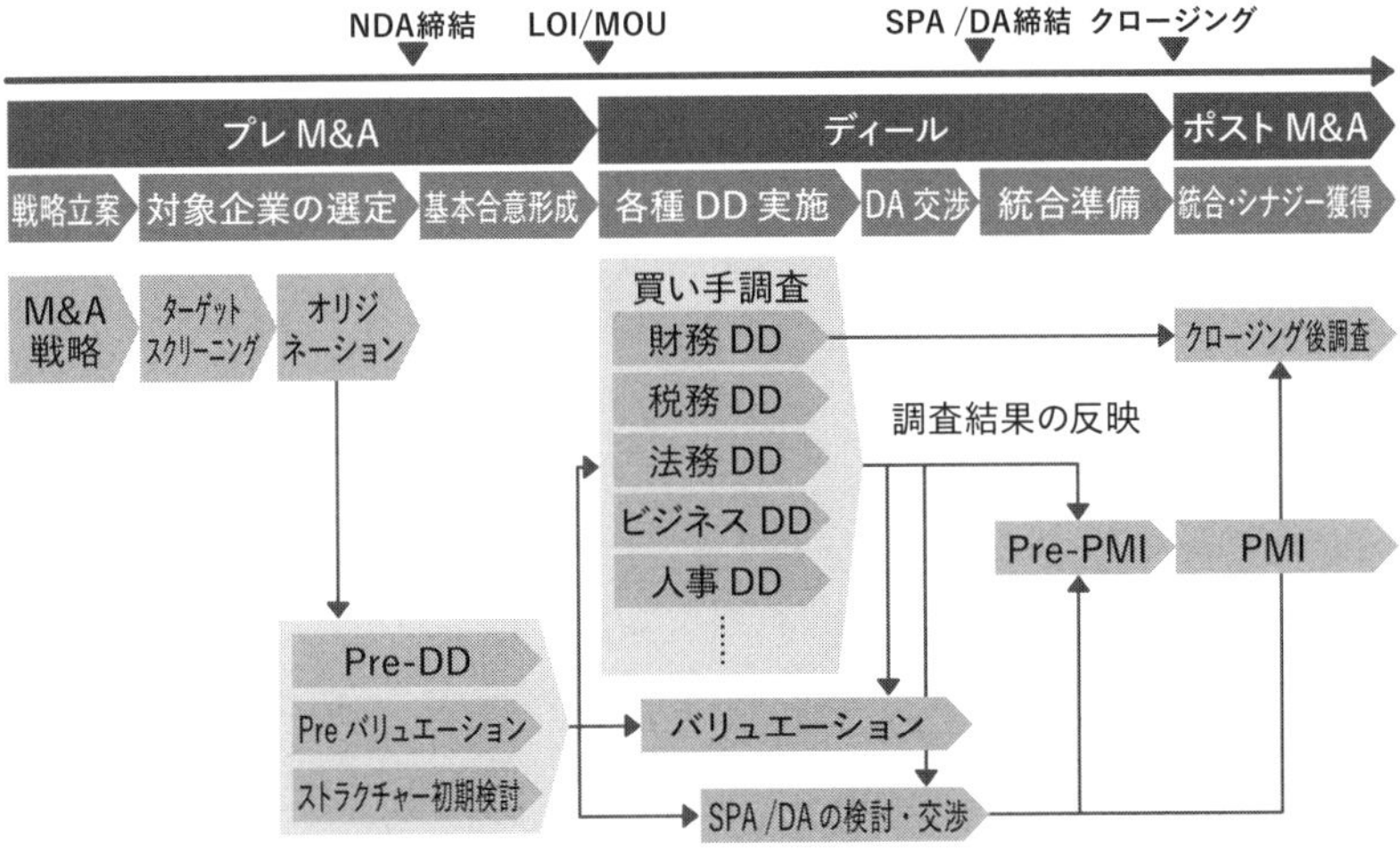


出所：デロイト トーマツ ファイナンシャルアドバイザリー合同会社

分けられる。プレM&Aは、LOI（Letter of Intent／意向表明書）[1]やMOU（Memorandum of Understanding／基本合意書）[2]を締結するまでを指し、M&A戦略やターゲットスクリーニングが該当する。

そのほかにもディールに入る前の段階においてNDA（Non-Disclosure Agreement／秘密保持契約）を結んで、対象企業から初期的な情報開示を受けつつ、簡易的なPre‐DDやPreバリュエーションを行うケースも多い。ディールのフェーズは、デューデリジェンス（DD）、バリュエーション、契約交渉などの最終契約書締結まで、さまざまな対応が含まれる。

ポストM&Aは、クロージング後のDay0（合併の前のプロセスで、子会社化するなど関係を結ぶ日）以降の対応が該当する。

3つのフェーズについて少し補足しておくと、PMI[3]の準備を「プレPMI」という形でディールのフェーズで実施したり、プレM&Aにおいて統合後のイメージを大まかに考えたりするなど、それぞ

1.「意向表明書」を指し、買い手企業が売り手企業に対し、買収の意向がある旨を示す書面のこと。
2.「基本合意書」を指し、買い手企業と売り手企業間にて、買収に関する合意が成された旨を示す書面のこと。
3. 買収後に行う買収先との統合プロセスや作業を指す。

図表3-2｜M＆Aプロセスの概観

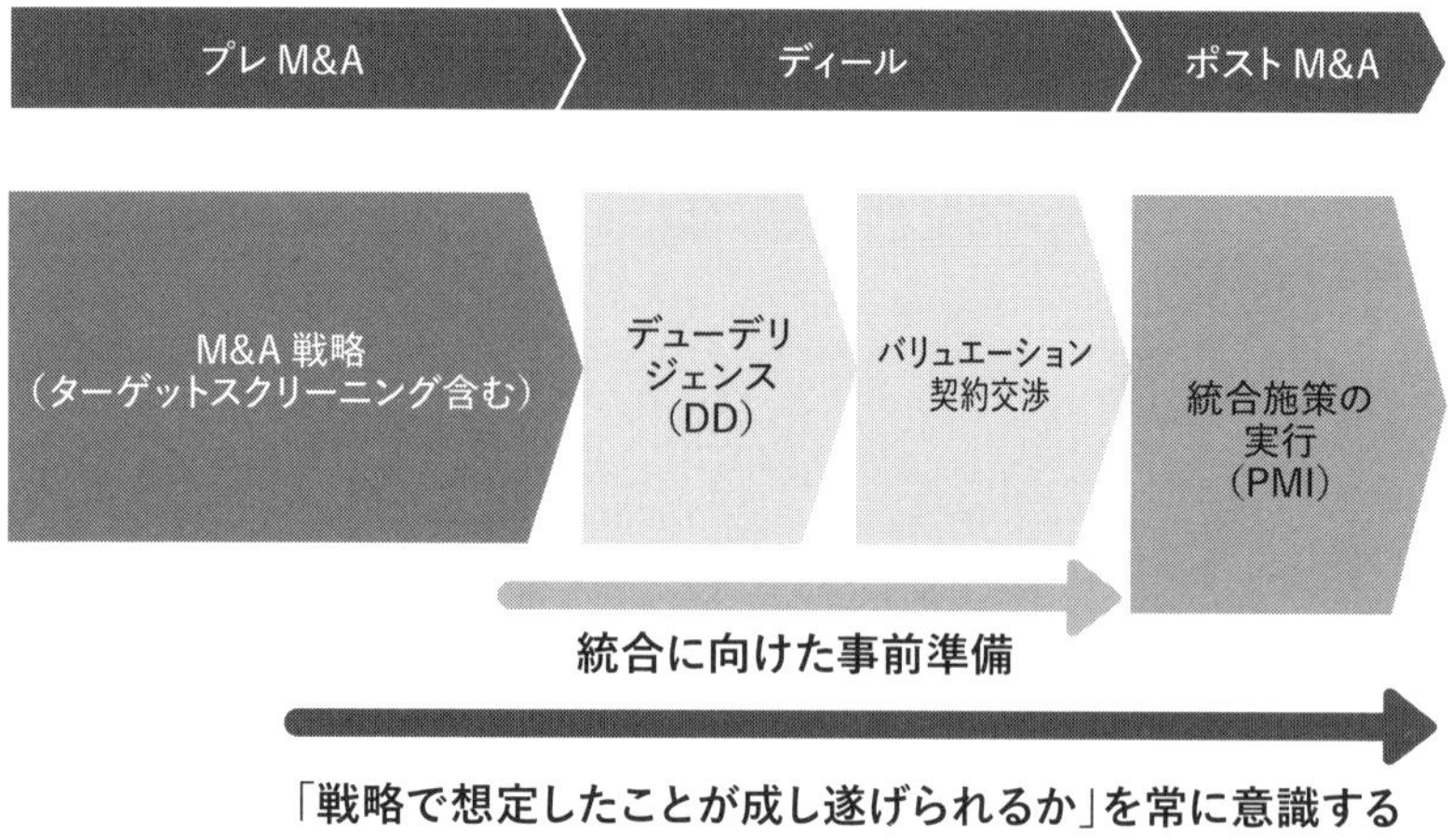


出所：デロイト トーマツ ファイナンシャルアドバイザリー合同会社

れのフェーズは被っており、連動していると理解しておく必要がある。

M＆A戦略についても、DDを行う過程で発見事項を踏まえて、内容を軌道修正する場合もあり、「社内で戦略をつくっておしまいではない」点には、くれぐれも留意しておこう。

前述のプレM＆Aのフェーズで実施されるM＆A戦略の策定について、順番にSTEPを追いながら解説していくことにしよう。進め方だが、

**STEP① 将来ビジョンの確認**

**STEP② 成長シナリオ・戦略オプションの検討**

**STEP③ M＆A戦略の検討**

これらの3つについて、基本に沿って取り組むことが肝要だ。

図表3-2のプレM＆Aのフェーズを見ると、即

座にM&A戦略を検討するように思えるかもしれないが、図表3-3にあるように、その前にSTEP1「将来ビジョンの確認」とSTEP2の「成長シナリオ・戦略オプションの検討」を行う。

M&A戦略の現場では、戦略的に全社方針に合っているかについて確認する必要が出てくる。ターゲットスクリーニング（買収候補先としてふさわしいターゲット企業や事業がどこなのかを検討し、明確化すること）の結果がオプション選定に影響を与える場合もあり、そうすると、この選定が戦略的に全社方針に合っているか確認する必要が出てくるからだ。当たり前のことを言っているように思われるかもしれないが、意外とこれらのSTEPを飛ばし、M&Aの検討を進めるケースが多く見受けられる。

たとえば、ターゲットスクリーニングをするプロセスで、市場の現状を正確に理解せずに進めたことで、もう一度、外部環境を分析し直すことにつながるケースがある。買収候補先として企業を選んでも、社内からは「そもそも業界が成長市場なのか？」という意見が出る。そのため、市場を調査する必要性が出てきて、調査の結果で市場としては魅力度が大きくないという場合には、再度ターゲットスクリーニングを行う必要が出てくる。

あるいは、そもそもM&Aが戦略オプションとして妥当なのか検討ができていないケースもあり、そもそもM&Aを行うべきなのかも含めて、ディール期間中に検討を行うこともある。ただでさえDDやバリュエーションなどの対応で忙しい中で、「そもそもM&Aの実施意義は何か？」から考えることに時間を使うと、本来買収候補先とのシナジーの検討などに使うべき時間が削られることになる。

なぜ、そんなことが起こるのか、さまざまな理由が考えられるが、たとえば、外部からの持ち込み案件で深い検討がなされずにプロセスが進んでしまうことなどが挙げられる。いずれの場合も、M&Aの成功確率はグーンと下がる。

つまり、「M&Aをする」行動を目的化することで起こるため、面倒に見えても一つひとつ段階を踏んでM&A戦略の検討を進めることが重要だ。

M&Aの目的化は、M&Aを行うことが推進する担当者「自身」のインセンティブにつながる場合や、社内で権力を持つ方が買収意欲を強く持ってトップダウンで進めている場合などでM&Aが目的化する傾向がある。

また、M&Aの失敗パターンには買収前に見込んだシナジー効果が絵に描いた餅になるようなケースも多いが、この背景として、M&Aが目的化し、過度なシナジー効果を見込むということにつながることも起こりがちである。M&Aを成功に導くためには、可能な限りM&Aの目的化を防ぐことが望ましい。

図表3-3としてまとめたが、この内容に沿ってSTEPごとに取り組むべき内容について詳しく説明していくことにしよう。

STEP 1

## 将来ビジョンの確認

難易度 ★★☆☆☆

経営戦略・事業戦略などの確認、外部環境分析、自社の内部環境分析を踏まえつつ、戦略オプションを検討するプロセスで描き出される選択肢の1つがM&A戦略だ。冒頭でも述べたが、M&A戦略は目的でなく手段であり、あくまで全社戦略（経営戦略）を実現するプロセスにすぎな

図表3-3 | M&A戦略の策定ステップ

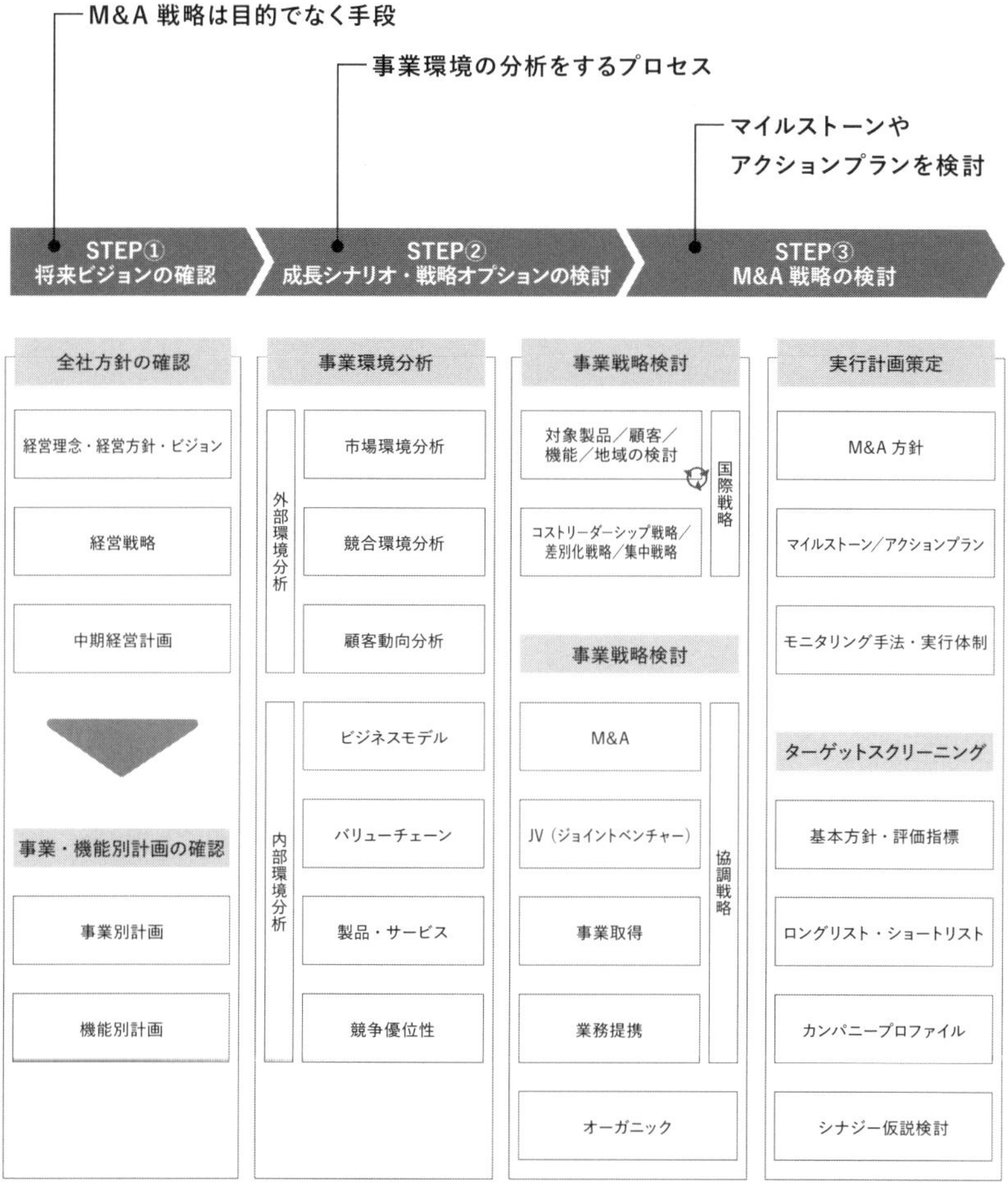


出所：デロイト トーマツ ファイナンシャルアドバイザリー合同会社

図表3-4｜経営・事業戦略上のM＆Aの位置づけ

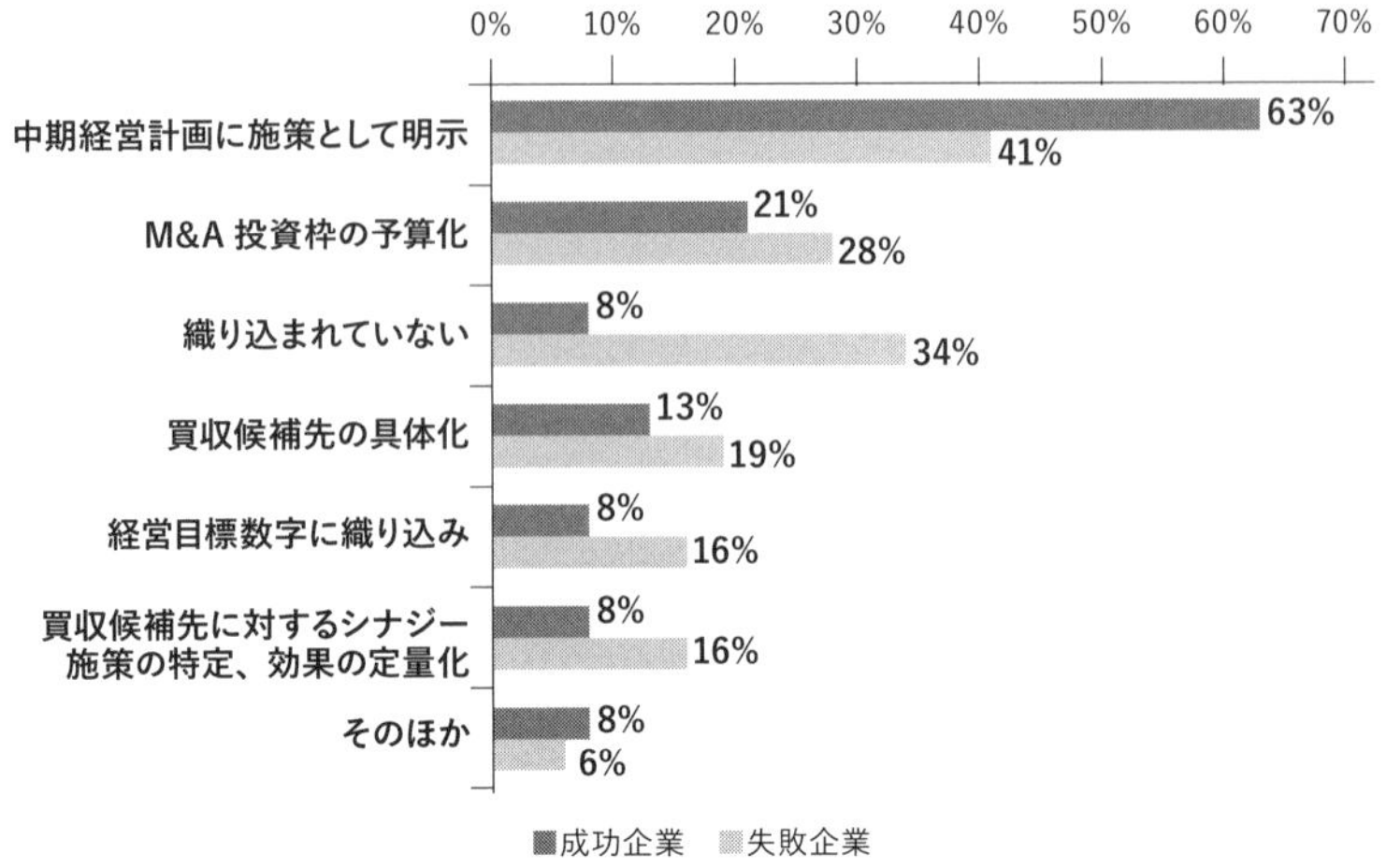


出所：デロイト トーマツ コンサルティング合同会社「日本企業の海外M＆Aに関する意識・実態調査（2017年）」

いとの理解が重要である。

全社戦略とかけ離れたM＆A戦略を検討すれば、最終的な経営陣による意思決定時にストップがかかることもあるからだ。それまで費やした時間を考慮すると、非常に効率が悪い結果を招きかねない。

M＆Aで成功した企業の63％がM＆Aを「中期経営計画に施策として明示」しているという結果が、デロイト トーマツ コンサルティング合同会社で行ったアンケート「経営・事業戦略上のM＆Aの位置づけ」（図表3－4）でも示されている。中期経営計画を立てるプロセスで、「どのような分野でM＆Aを検討するのか」は、その目的や方向性を社内で一定の検討を行ったからこそ、成功に至ったと言えるのではないか。

## 「投資枠の予算化」は何のために設定するのか留意する

ここで、投資の予算化についても触れておきたい。

図表3－4で、「M＆A投資枠の予算化」に関して、

M&Aに成功した企業は21%にとどまるものの、失敗した企業は28%である。ここから次の示唆が得られる。ぜひ、大切なポイントとして押さえてほしい。

「M&A投資枠の予算化」ができていれば、M&Aはうまくいく可能性が高まると思うかもしれないが、ことはそう単純ではない。もし、その予算が消化できなければ、担当者は「できない理由」を社内説明のために用意する必要がある。また、周囲に「検討を怠っているかのような印象」を与えないように「少し無理があるM&Aも推し進めるインセンティブ」が生じる可能性もあるということだ。

そのため、予算枠の事前設定は、M&Aの目的化の誘因や予算消化が目的になってしまうという点で留意が必要になる。たとえば、筆者が相談いただく中に、「M&A予算枠が○億円で、今後M&Aを行うことを考えている」という話をされることがあるが、こうした行動に出るのは予算枠がすでに決まっていることが原因となっている。

もちろん、明確にM&Aの方向性が決まっていれば問題ないだろう。だが、「どのようなM&Aを想定しているのか、戦略的意義はどのように考えればよいのか」という点を確認しても考えが固まっていないケースがある。

このような状態では、買収候補先の選定でも方向性が曖昧であるため、決定までに右往左往することにつながるし、買収候補先との交渉の過程で、先方に買収の意義を説明することもむずかしくなる。

「そんなに留意点があるならば、はじめから予算枠は設定しなくてもいい」という単純なことでもない。予算枠を外部に公表することでM&Aに積極的な企業であるという姿勢を示したり、情報を対外的に発信することができる。

また、企業の取り組みを公にすれば、持ち込み案件の増加につながるメリットもある。したがって、予算枠を設定する場合には「何のために予算枠を設定するのか」、その目的を意識して決めていくことが大切だ。

整理すると、「M&Aの目的化は失敗を招く根本的な原因」である。M&Aを検討する各プロセスで目的化のトリガー（きっかけ）を引いてしまいかねないことは、理解してもらえたのではないか。常に留意しながら進めていきたい。

STEP 2

## 成長シナリオ・戦略オプションの検討

難易度 ★★★☆☆

成長シナリオ・戦略オプションの検討を行う際には、M&Aの対象となり得る事業環境の分析からはじめる。成長シナリオとは、今後、自社がどのように成長していくのかを示した道標のことだ。また、戦略オプションとは、成長シナリオを実現するために取る手段という意味だ。

事業環境分析には、「外部環境分析」と自社の「内部環境分析」の2つがある。

外部環境分析は、市場環境分析、競合環境分析、顧客動向分析を行う。調査の手法としては、デスクトップでの調査、外部の有識者へのインタビュー、買収候補先の企業のマネジメントなどへのインタビューを通じて調査・分析を行うわけだが、M&Aで想定する市場が参入に値する魅力を有しているかどうかを検討するのが目的だ。

留意点は、調査業務全般に言えることだが、目的が曖昧な調査は作業量が膨大になり、かつ調査結果が適切に論点を掘り下げ切れないことにつながりやすい。そのため調査をはじめる前に、はっきりとその目的および調査論点を定めておく。

分析手順について、もう少し詳しく説明することにしよう。

## 市場環境分析――「対象市場の魅力度」を確認する

市場環境分析は、市場規模、成長性、成長要因／抑制要因、マクロトレンド、参入障壁、法規制などが調査範囲に含まれる。M&Aを検討している対象事業の市場規模が大きいのか、成長性があるのかを分析しつつ、参入の魅力度を検討する。

特に海外展開、新規事業を検討する場合は土地勘がないため、海外であれば現地で実際に事業に関わっていた方などに話を聞いたり、かつ海外で非英語圏であれば、現地語での調査などを行うことで正確に市場を理解し、事業戦略を検討することが求められる。市場環境分析は、将来予測も行うが、「予測可能なもの」と「予測不可なもの」に分けて分析する。

なぜなら、予測ができないものに執着しても、効率性が良くないからだ。もちろん、どのようなシナリオが想定できるのかについて考えることに意味はあるが、予測できないものは検討の優先順位を下げてもいい。ある程度予測ができる部分について焦点を当てるほうが、調査の精度という面では効率性が高い。

たとえば、COVID-19は発生前には予測不可だった。しかし、一方で生成AIの登場はガートナー社のハイプ・サイクル（新技術に消費者が関心を持ち、期待と誇張「ハイプ」が高まり、失望を経て安定するサイクルのこと）で、数年後に技術として安定期に入ると予測していたことを参考にすれば、予測可能であったであろう。

予測が不可なものと言えば、たとえば為替の動向もある。一定の範囲（レンジ）内で起こり得る影響度を分析しつつ、どのような影響が市場の中で想定されるのかの検討であれば、一定程度の分析は可能であろう。また、未来動向の分析には、第1章で紹介したシナリオ・プランニングを取り入れるという手法もある。

後ほど解説する「右脳的発想のM&A」は、多くの場合で土地勘がない業界の調査を行うことになるが、その際にはデスクトップ調査（メディア、インターネットで公開されている調査）に加え、業界事情に詳しい人にインタビューしながら理解度を深めることが望ましい。また、生成AIを用いて、業界の初期的な理解を行うのも調査時間の短縮ができるので、1つの手であろう。

生成AIは、調査業務には向かないとの意見もあるが、プロンプト（指示文）の出し方を工夫すれば、きちんと出所を明示してくれるため、ハルシネーション（生成AIが嘘をつく現象）の一定程度の防止策となる。

## 競合環境分析――参入後に「競争優位性を発揮できるか」を押さえる

対象とする業界内にどのような企業が存在するのか、その企業の特徴や財務情報、各企業の今後の戦略などを分析するのが、「競合環境分析」のポイントである。分析する目的は、自社がその市場に参入した場合に業界内のプレイヤーが競合になるため、「自社の競争優位性を築けるのかどうか」を検討・検証することにある。

競合環境分析は、競合企業を特定しながら進める必要がある。同じ業界に属していても、実は競合していない企業もある。簡単な例では、高価格帯の商品を製造・販売する企業と、低価格帯の商品を手がける企業は、中心となる顧客が異なるため競合しない。

そのほかにも地域、顧客属性（個人向けなのか、法人向けなのか）によって競合が激しい業界か、そうでない業界かは異なるため、その特性を明確に定義しながら、競合関係の整理が求められる。

## 顧客動向分析——顧客の購買要因を特定し、「参入後の顧客ニーズ」を検証する

これから参入する業界の顧客に対しても、分析を行う必要がある。分析の内容は、顧客セグメント別（たとえば、法人・個人、業種別、地域別、年齢別という顧客の分け方がある）の規模や顧客セグメントの成長性の把握、顧客セグメントがどのような購買決定要因を持っているのか、その購買決定要因を当該市場参入後に満たせるのか否か、という観点で実施していく。

たとえば、製薬業界・学習塾・ペットフード業界のように消費者と意思決定者が異なる場合は、意思決定者の考えを重視する。なぜなら、事業がスタートしたときに、消費者にとってはメリットがある商材やサービスであっても、購買の意思決定者に訴求ができないと、商材やサービスの販売が困難になるケースがあるからだ。

また、顧客の動向をデスクトップ調査のみで把握するのは困難だが、自社の顧客層と買収の対象となる企業の顧客層が異なっているBtoC事業のケースでは、積極的に「消費者アンケート」も行いながら、顧客の実態を把握することが望ましい。実際に調査を行ってみると新たな発見があり、顧客の動向をデスクトップ調査のみで把握するよりも理解も進みやすい。

M＆Aでは、シナジー仮説を用いて検討するケースも多い。そのときにクロスセル（顧客に購

入しようとする商品と別の商品を提案し、検討の依頼をする方法）が案として出てくることも多く見られるが、顧客動向分析をきちんと分析しておかなければ、シナジー仮説が正しいのか否かの判断がつきにくい。そのための注意も必要だ。

## 内部環境分析――自社の強みや付加価値を知る

戦略検討にあたっては、自社のケイパビリティ（組織固有の強み）やビジネスモデル（事業を通して生まれる付加価値や収益を得るしくみ）などを整理しておく。「自社の事業については、すでにわかっている」と思うかもしれないが、意外と詳細まで理解や整理されていないことが多い。なぜなら経営者や経営戦略立案に関わる担当者などを除けば、普段の業務の中で自社のビジネスを深く分析する機会がほとんどないからだ。

後続のＳＴＥＰでシナジー仮説を考える際にも、内部環境分析の結果を活用できるため、この時点で想定されるシナジーに関する自社のオペレーション部分については整理しておきたい。どの程度まで詳細に整理するかはケースバイケースのため決まったルールはないが、戦略オプションの検討で必要となる情報は、最低限は整理しておこう。

## 戦略オプションの検討――Ｍ＆Ａありきではない「オプション」も用意する

事業環境分析の結果に基づき、どのように市場に参入するのか、その戦略オプションを検討する。「オーガニック（既存事業の延長線上での成長）とインオーガニック（非連続的な成長）のどちらで事業に参入するのか」「インオーガニックだとしてもＭ＆Ａなのか」「複数の企業が出資しあうJV（ジョイント・ベンチャー）なのか」「ほかの企業の株式を取得し、資金、技術、ノウハウを共有し、単体で取り組む以上の成果を目指す資本提携なのか」など、いろいろな選択肢がある。どの選択肢が自社にとって望ましいのか考える際の基準は、**「将来、目指す戦略を実現するために何が望ましいのか」**の視点で考えることだ。そのためにも、M&Aで何を成し遂げたいのか、言葉にして周りに説明ができるように明確に決めておく。

なお、この段階での戦略オプションは、優先順位を決める程度にとどめておく。なぜなら、ターゲットスクリーニングのプロセスで実際に買収対象企業を選定し、アプローチして見ると、望ましい売り手に戦略オプションを拒絶されるということも起こり得るからだ。そうなれば、交渉ができない。さまざまなケースに対応できるように、戦略はバッファ（余裕）を持って進めることが肝要であろう。

STEP 3

## M&A戦略の検討

難易度 ★★★★★

M&A戦略策定においては、**「具体的に予算はどうするのか」「具体的にどんなターゲット企業を選定するのか」**などを検討する。M&A戦略を実行するためのマイルストーンやアクションプランなども検討する。

PMIは買収後のプロセスのため、戦略策定時には詳細検討はできないものの、モニタリングや推進体制をどのように推進するのか、その方針は、戦略策定時に検討しておく。ディールのフェーズに入ると、相手企業との調整や交渉そのものの検討に多くの時間が割かれるためだ。実務的なＰＭＩ検討プロセスは、決めたことはすぐに行動に起こすべき内容が多い。そのため急を要しないものは、どうしても先送りされがちになる。だからこそ、推進体制などの方針は、事前に検討しておくことが望ましい。

また、後述する「右脳的発想のＭ＆Ａ戦略」は、通常のＭ＆Ａとは異なる戦略的意義を見出しつつ進める必要がある。この「戦略的意義」が十分でないと、社内外のステークホルダーから常に問われる「なぜ、この企業を買収するのか？」に的確に答えられない。また、反対意見が出た際に、事業のＭ＆Ａが有益であることを正当化するのがむずかしい。

一見して既存事業に関係ないように見えるＭ＆Ａでも、たとえば、ＩＴ企業のスポーツ事業のＭ＆Ａのように一見関係ない事業に投資を行っているようで、知名度アップやスポーツ事業を通じてまわりにまわって、既存事業に波及してポジティブな効果をおよぼすことも多い（詳しくは事例で述べる）。近年、特に、事業転換を狙うＭ＆Ａは、成長に向けた多くの可能性を秘めている。

このように、どのようなケースであっても戦略的意義を説明することは、Ｍ＆Ａをスムーズに進めるためには欠かせない。社内外のステークホルダーから要望があったときは、いつでも提示できるように、一連の考え方をまとめた資料は用意しておこう。

## 2　M&A実施後の要となるのがPMI

ここで再度、図表３‐２を見てほしい。ポストＭ＆Ａフェーズで発生するＰＭＩについて触れておきたい。よく考えられたＭ＆Ａ戦略を策定して、結果的に優れた企業をＭ＆Ａできたとしても、買収後のPMIを上手く実施しないと、膨大な時間を費やしたにもかかわらず、果実を得られなくなるので注意が必要だ。**PMIは、M&Aを成功に導くために非常に重要な役割を持つ。**

では、PMIとは何かだが、Post Merger Integrationの略称であり、日本語で言えば、「M&A後の経営統合プロセス」と表現できるだろう。言葉の印象からなのか、クロージング後に取り組むことのようなイメージを持たれがちだ。だが、実際はクロージングが完了してからではなく、クロージング前から対応する必要性がある。それも可能な限り、早めに検討するのが望ましい。

理想を言えば、プレM&Aの段階からスタートしたいところであるが、ディールの期間中に検討を進めるケースが多いDD期間からPMIに関する論点を洗い出し、検証しながら対応をして準備しておく。そのためにはM&A戦略の段階で目指す姿を描きつつ、PMIでは何が求められるのかまで構想しておく。

もちろん買収の対象企業が決まっていなかったり、スキームが決まっていない状態では、細かな部分まで考えることはむずかしいだろう。しかし、大まかな構想であれば、仮説を立てて検討を進めておくことはできるはずだ。

## シナジー効果を目指すM&A戦略

PMIは、M&A戦略で描いていたシナジーの実現を成し遂げることが目的であり、買収の目的をきちんと達成することが優先される。そのときに、対象企業自身の価値向上も重要であり、M&Aによって対象企業の価値が毀損してしまわないようにする。

このようにPMIで検討したり、調整すべき項目は多く、思ったよりも時間もかかる大変な工

図表3-5｜PMI「買収決定日から300日まで」の全体像

| | | In Deal | Post Deal (PMI) | | |
|---|---|---|---|---|---|
| | | DA（最終契約日）→ ClosingDay1 | Day1 → Day100 | Day100 → Day300 | PMI EXIT |
| | | Day1 対応 | Day2 対応 | Day3 対応 | |
| PMO | | ・進捗管理／課題管理 | | | |
| シナジー/ガバナンス | | ・シナジー検討<br>・ガバナンス設計 | ・シナジー検討<br>・ガバナンス設計 | ・シナジー検討<br>・ガバナンス設計 | |
| コーポレート部門 | 経営企画 | ・統合方針策定 | ・事業計画見直し | ・事業モニタリング | |
| コーポレート部門 | 経理・財務 | ・経理体制構築<br>・経理規程／会社方針策定 | ・決算対応<br>・管理会計／J-SOX（内部統制） | | |
| コーポレート部門 | 人事 | ・リテンション設計<br>・人事制度検討 | ・人事制度検討 | ・N／A | |
| コーポレート部門 | IT | ・システム移行／切替<br>・ドメイン取得／メールバックアップなど | ・システム統合対応<br>・セキュリティ／BCP等対応 | ・システム統合対応 | |
| コーポレート部門 | ⋮ | ⋮ | ⋮ | | |
| 事業部門 | 研究開発 | ・研究開発方針など擦り合わせ | ・シナジー創出に向けた対応 | | |
| 事業部門 | 調達 | ・取引先・条件確認など | ・シナジー創出に向けた対応 | | |
| 事業部門 | 製造 | ・製品／ロゴ切り替えなど | ・シナジー創出に向けた対応 | | |
| 事業部門 | ⋮ | ⋮ | ⋮ | | |

出所：デロイト トーマツ ファイナンシャルアドバイザリー合同会社

程である。しかし、Ｍ＆Ａの成否に大きな影響をおよぼすため、十分なリソースを割きながら対応するのが肝要であろう。

図３‐５では、ＰＭＩの買収の決定日から３００日までに取り組むべきことを示すが、この流れに沿って解説を進めてみたい。

## Day1対応　法令遵守やガバナンス設計を行う

ＰＭＩにおけるＤａｙ１対応（買収完了後の１日目以降の対応）では、事業継続に必要なものとして法令順守に向けての対応、ステークホルダーとの関係性を継続するための対応が最も重要だ。Ｍ＆Ａで交わす契約関係や許認可の確認などは、支障が出てしまえば事業継続をするうえで大きな損失につながってしまうからだ。

そのためＤａｙ１以降でスムーズに事業が継続できるように、すみやかな対応が求められる。また、法令順守には、制度対応ということで決算や税務なども含まれる。そのためＤａｙ１後に、上手く運営

図表3-6｜Day1対応における7つの実施事項

| | |
|---|---|
| 1 PMI体制構築 | ・PMO設置、PMIリーダー任命などを行う |
| 2 統合方針策定 | ・全体／機能別統合方針を策定する |
| 3 ガバナンス設計 | ・ガバナンスを効かせるための会議体の見直しを行う<br>・本社／子会社の決裁基準を明確にする |
| 4 経理財務対応 | ・経理体制を構築する<br>・経理規定／会計方針を策定する |
| 5 ITシステム対応 | ・事業継続上、必要最低限のIT対応を行う<br>（システム移行／切替、ドメイン取得／メールバックアップなど） |
| 6 契約・許認可 承諾対応 | ・契約・許認可承諾の確実な対応を行う<br>・社名変更にともなう手続きなどを実施する |
| 7 リテンション設計 | ・地域の特性、パーソナリティを理解したうえでリテンション設計を行う |

出所：デロイト トーマツ ファイナンシャルアドバイザリー合同会社

できるような準備も行う。

これら以外にもシナジーを見込んでいる場合には、Ｄａｙ１時点から具体的な施策がはじめられる体制づくりをする。また、モニタリングやガバナンスも、Ｄａｙ１から実際に業務をスタートできる体制やしくみづくりを行っておく。

なお、Ｄａｙ１以降には、当初検討していたシナジー仮説も、再度検証することが大切だ。ＤＤ期間中に受領した情報や対象企業のマネジメントに関する議論で、シナジーの仮説検証を行っている。しかし、すべての情報で合意されているわけではないからだ。

## Day100対応　各機能の統合を達成する

Ｄａｙ１００は、クロージング後から１００日目までに行うタスクのことである。具体的には、この日までに各機能の統合が行われることが望ましく、かつシナジー効果が期待でき、短期間で実現可能なものはＤａｙ１００までの達成が必要だ。

図表3-7｜**Day100対応における6つの実施事項**

| | |
|---|---|
| 1 Day1からの継続タスク | ・全体／機能別統合方針を策定する<br>・経理財務／IT対応などを行う |
| 2 ガバナンス確率 | ・業務・業績モニタリング、経営マネジメントのしくみを構築する<br>・内部統制調査を行う |
| 3 統合シナジー最大化 | ・シナジー実現に向けた施策・体制を検討する<br>・バリューチェーンやバックオフィス機能統合に向けた施策・対策を検討する |
| 4 統合コスト・ディスシナジー最小化 | ・統合コスト/ディスシナジーへの対応を行う<br>（システム回収コストの対応など） |
| 5 ステークホルダー対応 | ・取引先との取引条件の確認、改訂を行う<br>・人事制度の整備、従業員への説明を行う |
| 6 リテンション設計 | ・リテンション設計 |

出所：デロイト トーマツ ファイナンシャルアドバイザリー合同会社

Ｄａｙ１００が重要な理由は、クロージング後は変革に対してまわりからの受容度が高いからだ。買収側および被買収側ともにＰＭＩの取り組みに対するモメンタム（意欲）がある。

「鉄は熱いうちに打て」という言葉があるが、ＰＭＩで取り組むべき事項に関しての事前準備を行って、Ｄａｙ１からＤａｙ１００までの間に効率的に進めることだ。

Ｍ＆Ａなどのディール・フェーズでは相手企業との交渉ごとを進めるため、限られた時間の中で検討されることが多い。

ＰＭＩのタスクの内容によっては（たとえば、実施をしなくても既存の事業に影響はしないシナジー効果の実現など）、優先順位が下がるケースもある。そうすると手がつかないまま放置され、さらに期限を決めないまま先送りが続く。

Ｄａｙ１００という区切りを設けるのは、確実に決まりごとを意識して遂行することが肝要だからである。

## Day300対応 Day100のタスクの定着を

Day300の対応は、Day100で検討を行ってきたことを全社的に定着させる、またDay100ですべて対応ができなかった部分について継続して行っていく。Day300で留意すべき点は、買収側および被買収側ともに熱が冷めはじめる時期であり、かつ本来の業務も忙しく、PMIへの対応の優先度が下がってくる時期であることの意識だ。

そのため、本来実施すべきPMIの作業が行われているか管理を行うPMO（Project Management Office[4]）の役割が重要となる。必要に応じて買収会社および被買収会社の関連部署との定例会を実施したり、課題が放置されていないか、買収会社と被買収会社の間で何か調整が必要ではないかを確認し、きちんとPMIが完了できるように対応するためにPMOを行うわけだ。

## 人材確保で妥協をせず「適切な人材」を配置する

PMIは、M&Aを推進するための人材確保が重要である。適材適所で人材を割り当てることだ。そのためには、難易度の高いものや知見が必要となるので、自社内に適切な人材がいない場合は、外部アドバイザー（コンサルティング会社、M&Aのアドバイザリー会社など）を活用する。

一見、当たり前に思えるかもしれないが、こうした基本的な課題を段取りすることで、PMIを成功に導くことが可能になる。また、PMIのプロセスが重要である意識を役員も含め、担当者全員で常に持ち続けることも必要であろう。ところが、往々にしてM&AプロセスでPMIは、

4. プロジェクト全体管理を行うチームのことを指す。

後回しにされがちだ。

なぜなら、ディール期間中は案件成立に向けて、調査や対象企業との交渉などで多忙を極めており、後続プロセスであるPMIは重要だとは思いつつも、後回しにされてしまうためである。しかし、PMI実行時に準備が不十分であると、最終的に上手く統合作業が進められないという形でツケが回ってくる、というのが筆者の経験から言えることだ。

適材適所とひと言でいうが、これに関しては状況を適切に理解しながら配置を決めなければならない。たとえば、クロスボーダー案件（海外の企業とのM&A）の場合は、対象企業側のメンバーと意思疎通を取れる語学力が必要になる。加えて、海外の商習慣を踏まえながらコミュニケーションを取り、PMIを進めることができるスキルも求められる。

また、PMIは業務オペレーションにおいて、拠点の統廃合などのような大きな変更（決断）を余儀なくされることがある。その影響範囲が大きく、かつさまざまな部門に影響を与えると考えられるときは、**発言力のある人材をPMIチームに配置しておくことが望ましい**。これまでと違った新たなことを導入しようとすると、反発する人が出てくることも想定されるからで、その抑止効果にもなる。

## M&Aの「対象企業の特性」でPMIの難易度は変わる

PMIは、M&Aを成功に導くためのパターンや進め方の型が決まっているわけではない。むしろ案件ごとでやるべきタスクを細かく洗い出し、優先順位を決めて対応していくケースがほとんどだ。対象企業の業務内容や企業風土、買い手側の買収目的や業務内容などで、その考え方が

図表3-8｜**PMIの難易度を把握する**

| 項目 | 難易度「低」 | → | 難易度「高」 |
|---|---|---|---|
| 案件のストラクチャー | 株式取得 | 株式取得（グループ離脱） | 事業買収（カーブアウト） |
| 対象企業を含む売り手の規模 | 小規模、グループ企業がない（少ない） | | 大規模、グループ企業が多数存在 |
| 人材などのリテンション | 必要性が低い | | 必要性が高い |
| 対象企業を含む売り手の過去のM&A実績 | 過去あまりM&Aを実施していない | | 過去M&Aを多数実施している |
| ITシステムの大規模リプレイスなど | 予定していない | | 進行中（予定している） |
| 対象国／対象地域 | 国内 | クロスボーダー（先進国） | クロスボーダー（新興国） |

出所：デロイト トーマツ ファイナンシャルアドバイザリー合同会社

大きく変わるからである。

また、M&Aの対象企業の状況や取得方法でも（たとえば、株式取得なのか、事業買収なのか）で、その難易度は異なる。難易度で言えば、事業買収のほうが圧倒的に高い。なぜなら、株式取得であればバックオフィスも含めて、スタンドアロン（M&Aの対象企業や事業が独立した状態）でオペレーションを決め、そのまま取得することになるため、Day1でのオペレーション上の大きな変化はない。

しかし、事業買収では一部事業のみを取得するため、場合によってはオペレーションが欠落した状態もあり、不足している箇所の充足がDay1までに求められる。PMIの難易度が高くなるのが理由だ。ここは注意が必要であろう。

## PMI推進体制の構築をする

通常、PMIの体制づくりには、ステアリングコミッティ（運営委員会）、PMO（統合の準備や推進を行う事務局）、各分科会を設置する。たとえば、分科

図表3-9｜**PMI体制づくりの一例**

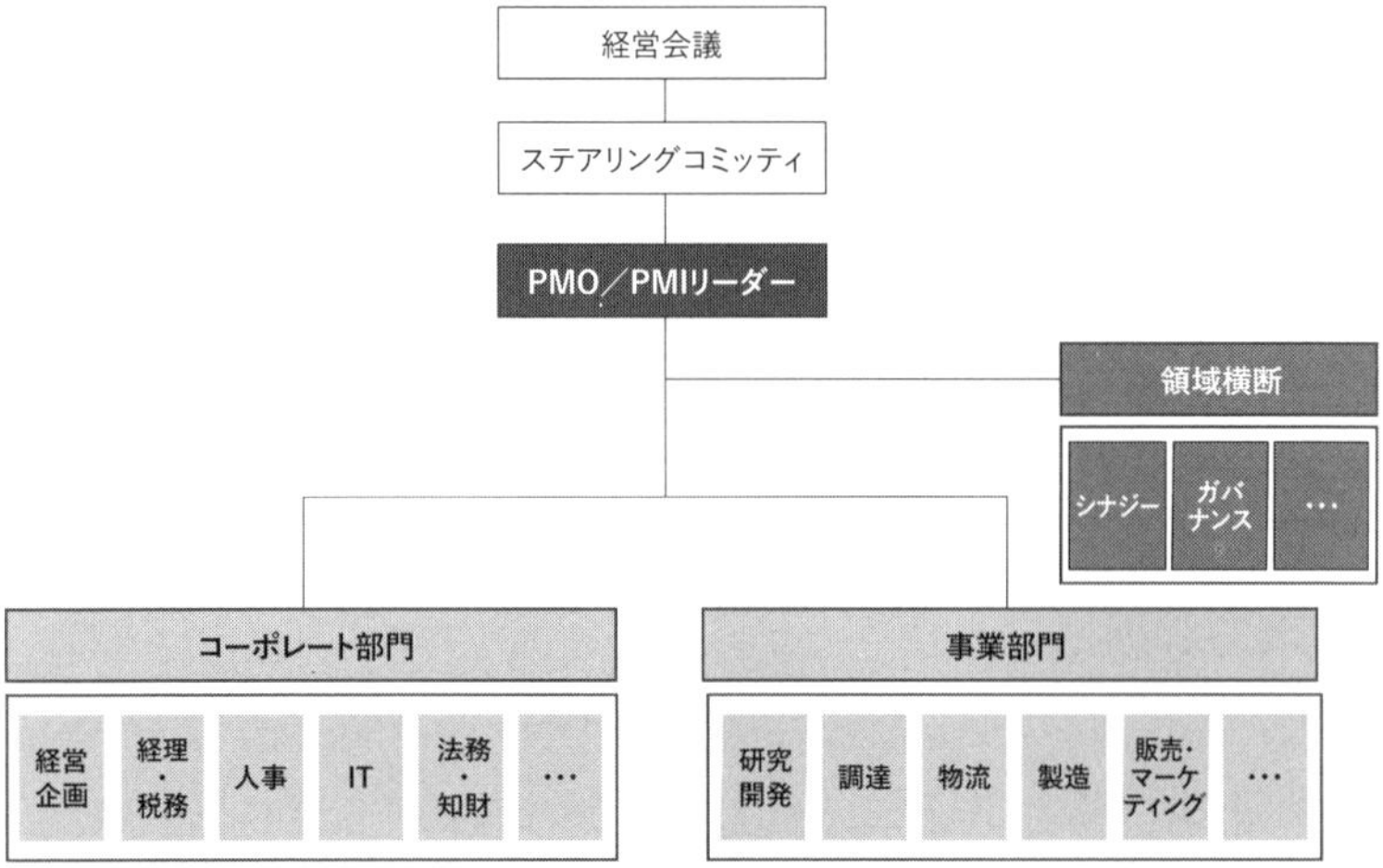


出所：デロイト トーマツ ファイナンシャルアドバイザリー合同会社

会では管理系、事業系、領域横断のチームがつくられる。管理系とは財務・経理、人事、ＩＴ、法務などのことだ。

また、事業系はバリューチェーンの機能別でＲ＆Ｄ、調達、製造、物流、マーケティング・営業、アフターサービスなどである。領域横断とは、シナジーやガバナンスなどで、管理系や事業系で複数の分科会をまたがるものを指す。

ＰＭＯは検討事項の各分科会での進捗管理、課題解決に対するサポート、ステアリングコミッティの支援、分科会をまたぐ内容の調整、リソース管理などを担う。意思決定が必要になる事項は、ステアリングコミッティにエスカレーション（的確な相手へ相談や指示を仰ぐこと）の必要がある。

社内の会議体であっても意見がまとまらないことがあるからだ。買収側（買い手）と買収対象企業側（売り手）の会議になると、なおさらそうなるのは容易に想像できるだろう。意見の対立が起こる事象については、都度、対応方針を決める必要があり、ステアリングコミッティについては、その意思決定ができる立場や能力を持った人材（たとえば、取締役や事業部の部長など）が担うのが通常である。

会議体運営については、ケースバイケースである。一般的な例であれば、各分科会やＰＭＯ会議は週次で実施され、ステアリングコミッティは月次で行われることが多い。ただし、緊急度の高い検討課題が生じた場合や状況に応じて、会議体運営の頻度を上げたほうが効率的に運営できるのであれば、適宜見直すことだ。ＰＭＩで検討すべき事項が円滑に進められることが目的である。そのためには、どう運営すべきかを案件ごとに検討することを忘れてはならない。

## 「シナジー実現」に向けた取り組みをする

この後に紹介する事例でも、シナジーの実現の難易度は高いが、実現可能なシナジーについては、しっかりと刈り取る。そのためには、**「何を、誰が、いつまでに、どのように実施するのか」**を事前に定めておく。

さらに、「シナジーがどのぐらい実現されているのか」「アクションプランは計画どおりに進められているのか」「何か推進上で課題が生じていないか」なども、定期的にモニタリングを行い、シナジー効果の発揮に向けた対応が求められる。

シナジーのモニタリングは、「定量的なモニタリング」よりは、「シナジー効果を発揮するためのアクションプランをモニタリング」することが重要である。シナジー効果のモニタリングでは、アクションプランに優先順位をつけたり、それがスケジュールどおりに実現できているのか、仮に遅れていれば、どのようにリカバリーするのかなどの視点で行うことだ。

## ＰＭＩには「一般解はない」と考える

どのようなＰＭＩが望ましいのかは、ケースバイケースである。たとえば、Ｍ＆Ａ対象企業の経営への関与度合いをひとつとっても、買収側が経営をコントロールするケースもあれば、逆にＭ＆Ａ後も対象企業に基本的には経営を任せるケースもあるだろう。

「どちらのケースが企業価値を最大化できるのか」「うまく事業運営を進めていけるか」など、是々非々で検討をし、決めることが多い。ほかにも買収側から被買収企業への人材の派遣について、経営陣のみに留めるのか、主要な業務領域についてまで踏み込んで、人材を送り込むのかという点などにも違いが出てくるはずだ。

しかし、ＰＭＩの成功には、対象企業のコミットメントが成功の鍵となる。買収する側はさまざまな思いを持ってＭ＆Ａの意思決定をしているため、当然のことながらコミットメントが高い。一方の対象企業は、従業員を含めたコミットメントが得られるかと言うと、そうではないだろう。

買収される側は、今後、さまざまな変化が想定される。変化を嫌う人たちは不安を抱いたり、非協力的になるからだ。そのため買収側および被買収側の経営陣が、従業員に対して「Ｍ＆Ａに取り組む背景」「その目的」をきちんと発信し、ＰＭＩを進める意義を理解してもらうなど、Ｍ＆Ａを進めることのメリットを訴求することが大切である。

結局は人である。関わる人たちのコミットメントが得られるかどうかが、ＰＭＩを円滑に進められるかどうかのターニングポイントとなる。

また、買収側でもディールの担当者とＰＭＩ担当者が異なるケースが多いが、このような場合にも留意する。ディールとＰＭＩの担当者では、ディールの担当者はＭ＆Ａの成立に主眼が置かれており、自社が軸となった考え方をすることが多い。だが、ＰＭＩ担当者は対象企業との統合ということで自社と対象企業の両方を鑑みる必要性があり、ものごとの見方や判断基準が異なるからだ。**無茶なＰＭＩプランが計画されていたり、納得感がないシナジー仮説であったりすると、ＰＭＩ担当者のモチベーションの低下に結びつくリスクも生じる**。

最後に、ＰＭＩの重要度を理解しつつ、対応を進めることの重要性を強調しておきたい。ＰＭＩはディールの実行（エグゼキューション）と比べて優先度が低くなりがちだ。理由としては、Ｍ＆Ａの成立に主眼が置かれがちであることが背景にある。一方、いかに良い企業を買収したとしてもＰＭＩで失敗すると、膨大な時間を費やして進めてきたＭ＆Ａが無駄になってしまう。これを防ぐためにも、後手にまわらないうちに、事前にさまざまな検討を行い、適切な人材を配していく。そしてＭ＆Ａの成果を刈り取るようにしたい。このスタンスを忘れてはならない。

## 3 新しい潮流「右脳的」発想のM＆A

ここからは、新しい潮流である「右脳的」発想のＭ＆Ａについて解説を進めていこう。聞き慣れない用語かもしれないので、概念的な説明だけにとどまらず、事例を考察しながら「右脳的発想のＭ＆Ａの重要性」「検討を進める際の留意点」について触れていくことにする。

### 「右脳的」発想のM＆Aとは何か

まず、「右脳的」発想のＭ＆Ａとは何かを説明しよう。

図表3-10｜**M&Aの類型と右脳的発想のM&Aの違い**

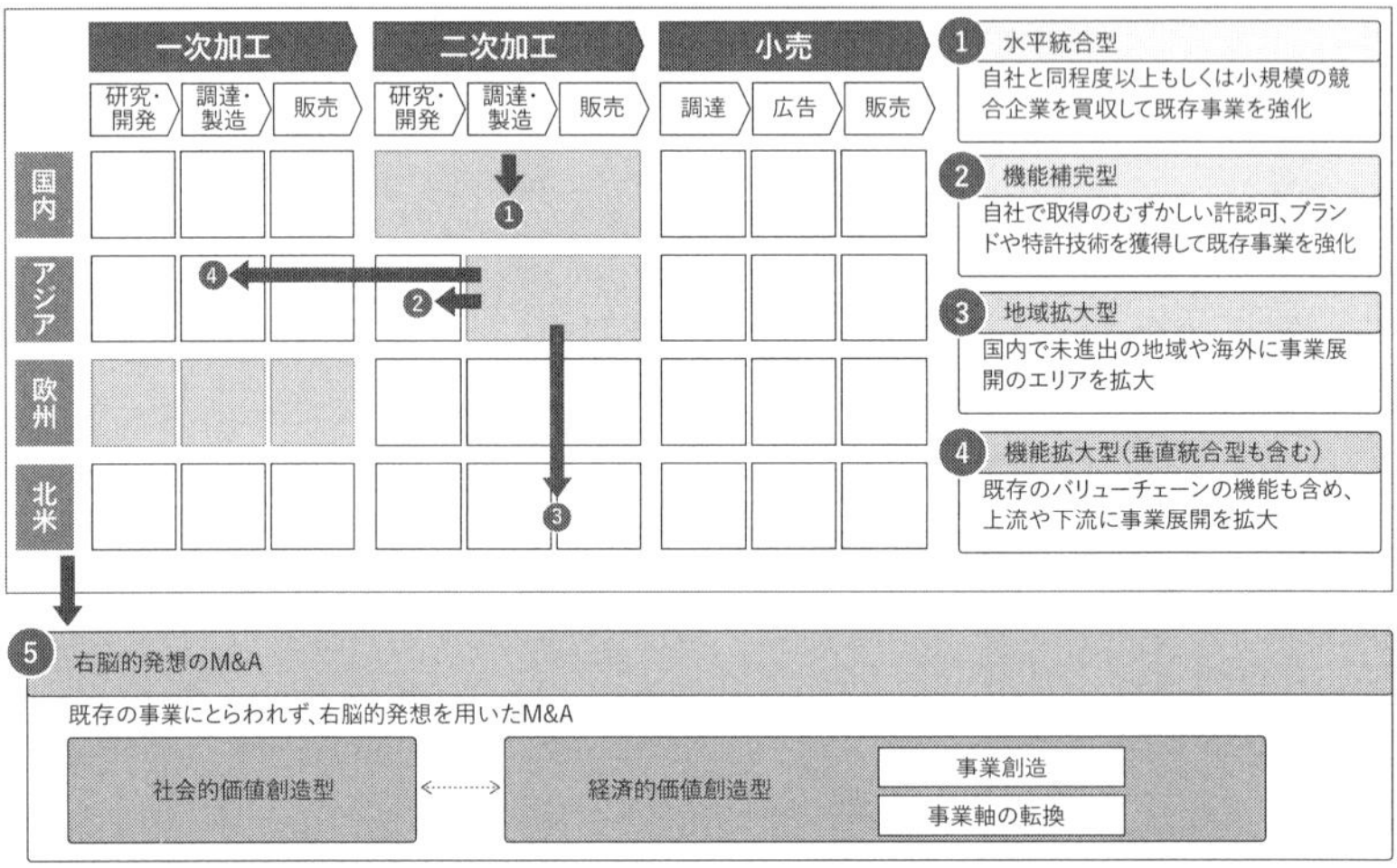


出所：デロイト トーマツ ファイナンシャルアドバイザリー合同会社

極端に言えば、「右脳的」発想のM&Aとは、「なぜ、この会社がM&Aをするのか」「斬新なアイデアのM&Aだな」といったようなリアクションが生まれることを目指すM&Aであると、筆者は考える。

通常であれば、バリューチェーン上の垂直統合や同業・類似他社の買収などが多く見られるであろう。これとは異なるケースを本書では「右脳的」発想のM&Aと定義している。

人間の脳には、右脳と左脳があり、右脳の役割は感覚的・直観的・創造的な思考をつかさどると言われる。最近のM&Aの動きとして、このように創造的で**「これまでの事業の延長線上では思いつかないような発想が飛躍したM&A」が増えている**。

具体的には、どのような形態が右脳的発想のM&Aに該当するのだろうか。

たとえば、企業が野球・サッカー・バスケットボールなどのプロスポーツチーム、またはeスポーツチームなどをM&Aする。あるいは、業界をまたぐ場合もこうした範疇に入る。一見すると関係性の薄いように見える事業に、M&Aを行っているケースである。

右脳的発想のM&Aを類型で分類してみると、どのように見えるのか。図表3-10を見てもらいたい。

従来型のM&Aについて少し触れると、既存領域で実施するものと、新規領域で実施するものに分類できる。既存領域では、競合企業を買収するような「水平統合」と、既存事業における「機能補完」のために買収をするものだ。また、新規領域についても「地域軸での拡大」と「機能軸での拡大」に分けられる。このように、

・水平統合型
・機能補完型
・地域拡大型
・機能拡大型（垂直統合型も含む）

が通常の事業の延長線上で検討されるM&Aである。これに対して右脳的発想のM&Aは、既存のバリューチェーンの範囲では説明できない。

## 「社会的価値」と「経済的価値」の重視

右脳的発想のM&Aは、論理的にきれいに構造化するのがむずかしい。しかし、さまざまな事例を帰納的に考察した結果、「社会的価値を重視するM&A」と「経済的価値を重視するM&A」

に大別されるのではないか、という仮説に筆者は至った。

ただし、社会貢献のように見えるものでも、そこから波及して、実業に利益貢献（経済的価値に貢献）するケースもある。逆に、ヘルスケア事業を行っている企業のM&Aで、「経済的価値を高めることが社会貢献になる」ケースもある。このように完全には分離できないものもあるが、わかりやすさという意味で、ここでは2つに分けて整理を進めたい。

まず「経済的価値を重視するM&A」の特徴は、「事業創造や自社のコアコンピタンスを軸にして事業軸の転換をする」パターンが挙げられる。外部環境の変化でM&Aの機会が生まれるケースである。通信技術やAI・ビッグデータ解析などのテクノロジーの進展により、既存事業の枠組みが変化し、事業領域の激変や新たなビジネスの台頭が起きているケースが挙げられるだろう。

たとえば、映像配信サービスの登場で、既存の映画館ビジネスやDVDレンタル事業が、ここ10年ぐらいの間に、大きなダメージを受ける結果となった。加えて映像配信サービス企業が自社制作でドラマをつくることで、従来の制作企業にも影響が出ている。技術の進展がこの流れのトリガーとなり、新たな事業を創造していくと考えるとわかりやすいだろう。

このほかに経済的価値を重視するM&Aには、事業軸の転換を企図するようなケースもある。これは、自社の事業軸を自ら変えていくというものだ。「事業創造M&A」と似ていると思われるかもしれないが、新たな事業創造が外部環境変化への対応を出発点とするのに対して、**事業軸の転換は、自社の事業に着目し、そのコアコンピタンスの適用の方向性を変えることを出発点とする。**

具体的には、フィルム産業は代替品（デジタル製品）によって需要が激減していたが、フィルム事業を軸に事業展開をしていた企業が、自社のコアコンピタンスを軸にした事業の転換を、M＆Aも活用しながら進めているケースが該当するだろう。

なお、「社会的価値を重視するM＆A」については、増加している理由に加えて、事例を挙げて詳しく解説していく。

## なぜ、右脳的発想のM＆Aが増えているのか

ところで、なぜ右脳的発想のM＆Aが多く見られるようになってきたのだろうか。

日本企業によるM＆Aの件数が増えてきていることにより、

・社会的価値の重要性の増加
・業界の垣根の激変

という変化がある。

### ①社会的価値がより重視される世の中になってきた

1つ目の理由は、社会的価値が以前にも増して重視されてきたことだ。この点は、第1章のSDGs（Sustainable Development Goals）という形で触れたが、企業が社会的価値も含めてM＆Aの検討を行うようになってきた。それが、これまでとは異なる右脳的発想のM＆Aが増加するこ

とにつながっている。

実は、社会的価値の重要性は、確認できる範囲ではあるが、古くは江戸時代頃から大事だと言われており、考え方も存在していた。有名なところでは近江商人の「三方よし」がある。「売り手よし、買い手よし、世間よし」という言葉を聞いたことがあるだろう。これは自社や顧客にとってだけではなく、世間（社会）にとっても、貢献するという考え方である。

また、日本におけるＣＳＲ（Corporate Social Responsibility）の起源は古く、１９５６年の経済同友会のＣＳＲ決議がその発端とされている[5]。２００３年にはＣＳＲに関連する法律も成立した。現在ではＳＤＧｓという用語も広く一般的に認知されている。２０１５年の国連サミットにより採択されたものであり、２０３０年に向けて持続可能で、よりよい世界を目指すという国際目標である。

さらに投資家がＥＳＧ（Environment, Social, and Governance）を投資判断の際に用いていることも、社会的価値が重視されるようになった背景の１つだ。ＥＳＧを上手くマネジメントすることで、株式価値向上につながるという実証結果が示されたことは、第２章でも触れたとおりだ。これは投資家がＥＳＧを重視する流れへとつながる。

また、格付機関（ムーディーズ／Moody's、スタンダード・アンド・プアーズ／S&P、格付投資情報センターなど）がＥＳＧのスコアリングを行ったり、銀行が融資の際にＥＳＧの対応状況についても確認する。さらにはモノづくりの現場において、下流の大手企業が上流のサプライヤーにＥＳＧ対応を求めるケースも見られ、事業活動を継続するために、企業全体で取り組まなければならない状況となっている。

5. CSR決議：1956年に経済同友会が「経営者の社会的責任の自覚と実践」を決議しており、経営者は事業の利益追求のみでなく、事業推進にともなう社会への影響も考慮すべきであることが示された。

図表3-11｜社会的価値の高まり（SDGs、CSR、ESGの関係性）

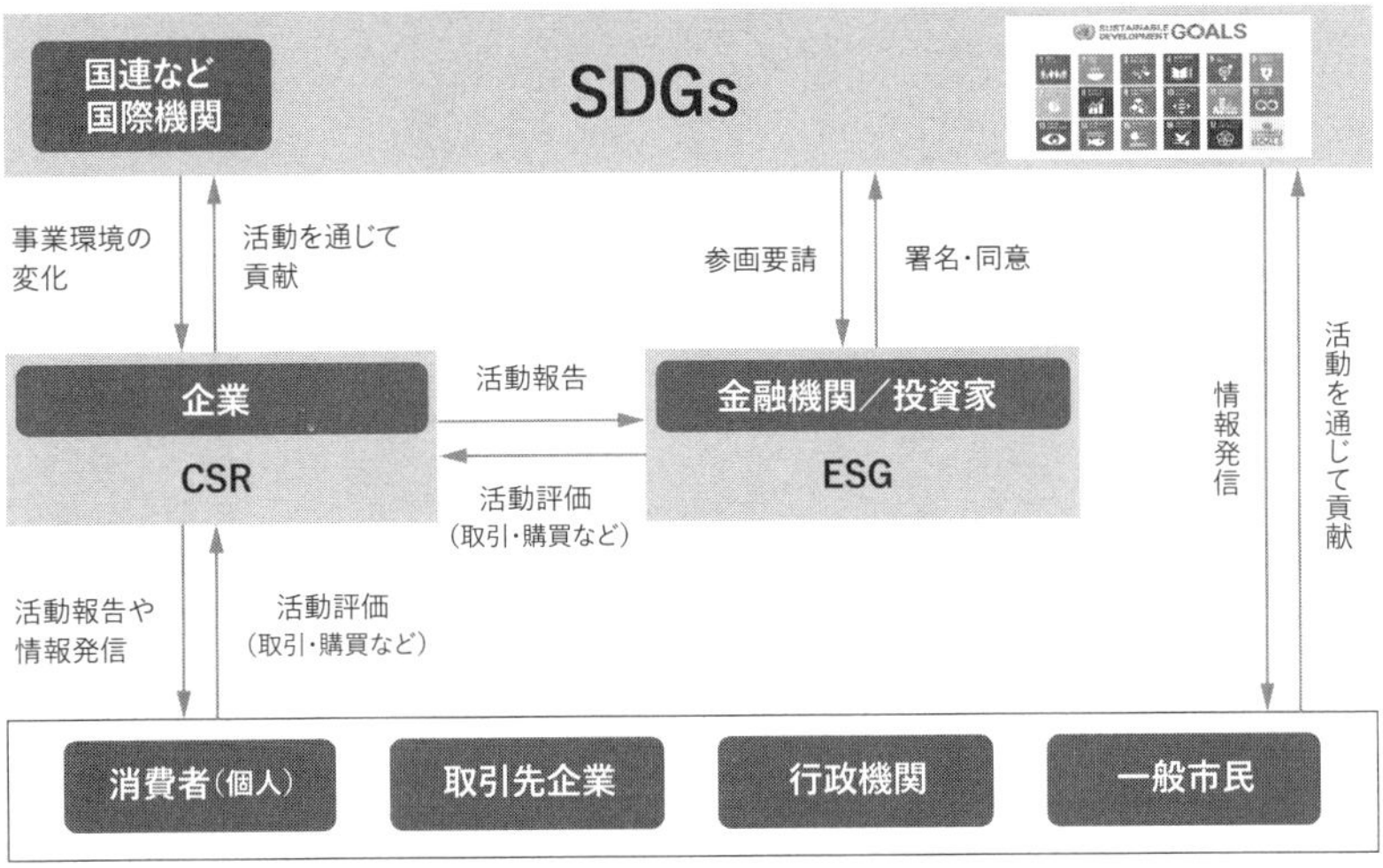


出所：デロイト トーマツ ファイナンシャルアドバイザリー合同会社

社会的価値を企業の競争力につなげる考え方は、CSV（Creating Shared Value：共有価値の創造）というコンセプトで語られる。ハーバード・ビジネス・スクールの教授マイケル・ポーター氏が、2011年に『ハーバード・ビジネスレビュー』において提示した考え方だ[6]。

これは理想論のように感じられるかもしれないが、実際に社会的価値を経済的価値に結びつけて事業を行っている企業もあるので、CSV経営を考える際の参考にするといいだろう。具体的には、環境にやさしい商材を売りにしながら会社のブランドイメージも上げている、かつ顧客を獲得しているという事例がある。

もちろん、業界によって対応のしやすさは異なる。そのため、CSVの考え方を参考にしつつも、自社の状況を踏まえたうえで検討を行うことも必要だ。たとえば、サプライチェーンの上流に位置する石油化学業界では、サプライチェーン全体への影響度が大きく対応が取りにくいため、下流（より消費者に

6. Porter, M. E., & Kramer, M. R. (2011). Creating shared value: How to reinvent capitalism—and unleash a wave of innovation and growth. Harvard Business Review

近い商材やサービスを扱う）業界と比べて異なる取り組み方となる。

このように、「社会的価値の重視」という外部環境変化の影響が、大きくなっているのは事実だ。これを外圧と位置づけると、ネガティブな印象になるかもしれない。しかし、ＥＳＧ対応を含む社会的価値の創造をポジティブに捉え、他社との差別化を生み出しつつ、企業経営に結びつけて社会をよくしていけば、「三方よし」で理想的な姿に近づくことができるだろう。

スポーツ業界（ほかにも社会や環境に関わる取り組みで用いられる）に見られるように、評価手法の進展によって、社会的価値を定量化できることも「右脳的発想」のＭ＆Ａを後押しする。たとえば、ＳＲＯＩ[7]（社会的投資利益率：Social Return on Investment）と呼ばれるものだ。

具体的に弊社では、プロサッカークラブＦＣ今治（Ｊ３リーグ所属のプロサッカーチーム／２０２３年には新しいサッカースタジアムをオープンさせた）の社会的インパクトの定量化に取り組んでいる。このように財務数値に反映されない社会的価値や環境的価値を定量化してステークホルダーへの説明などに用いることが可能となってきた。

社会的価値の定量化の流れは、今後も加速していくことが望ましいが、どのように経済的価値に結びつけるかは、次の重要なテーマであろう。今後、ますます「社会的価値向上」と「経済的価値向上」のどちらも重視する必要があり、２つの価値が両立できることが望ましい姿である。

### ②「業界定義」がガラリと変わる新たな動き

２つ目の理由は、業界の垣根が変化してきている点である。

ＩＴ化や技術革新によって「業界定義」が変わってきているのを考慮すると、この新たな動き

7.「社会的投資収益率」と訳され、社会的価値を定着化するための手法のこと。

は理解できる。たとえば、以前は店頭での販売が行われていた本、あるいはサービス提供がされていたCDの販売やDVDのレンタルのような業界がそれにあたり、今ではEC・オンラインサービスで同じ価値が届けられるようになった。従来の業界定義では説明できない形に変化していると言えよう。

ほかにもある。技術革新で言えば、自動車がガソリン車からEV車（電気自動車）に変わっていく中で、従来の自動車では複雑な機械的な部品が求められるが、EVでは必要な部品が少なくてすむ。具体的には、電気や電子制御に依存する部分が多くなり、自動車メーカー以外でもEV自動車の提供が可能になった。通常の内燃車の市場に新規に参入するのはむずかしいが、EV車という新しい市場であれば参入余地がある。

## 右脳的発想のM&Aは競争優位性の発揮につながる

企業が事業を行って利益を生み出すには、競合企業と比較して差別化をしながら市場で勝ち抜くことが求められる。ここが、企業の競争優位性の源泉の1つになっているのは言うまでもない。

実は、右脳的発想のM&Aは、他社と業務の差別化を行うための有効な手段となり得る。通常のM&Aと比較すると難易度が上がるが、うまく行えれば競合他社の模倣がむずかしく、差別化にもつながりやすいからだ。

なお、単に他社との違いを見つけ、差別化すればいいものではない。**差別化を競争優位に結びつけ、かつ事業成長や収益性改善につなげることが重要だ。**インターネットサービス業界や通信業界のような大手事業会社がサッカーやバスケットボールのプロスポーツチームをM&Aした事例は、その知名度の高さを広告塔にしているだけではない。新たな事業の柱として、しっかりと収益化している。

一昔前であれば、スポーツチームはCSRの一環として捉えられていた。しかし、社会貢献を行いつつ、エンターテインメント性があることを活かして、ファンを増やし、既存事業の成長も行うのが新たな潮流となっている。

ところで、右脳的発想のM＆Aの難易度が高い理由として、1つはM＆Aを検討する部署の部員や担当する役職者が日ごろ、左脳のフル活用で日々を過ごしている人が多いことが挙げられる。そのため右脳的発想が苦手な傾向にある。たとえば、創造的で、斬新なアイデアを考えるのが苦手である。そもそも、そのようなアイデアの価値を認めること自体がむずかしい（もちろん全員がそうではなく、あくまで傾向である）。

さらに、右脳的発想は形式化がしにくく周りから見ると、一見思考が飛躍しているように見える。そのメリットを社内で共有して、合意形成するのがむずかしい状況に直面する。これも右脳的発想のM＆Aに取り組む場合に、難易度が上がる理由だろう。これを乗り越えるには、新しいアイデアを理解しようとする姿勢と、それを受け入れられる会社の風土づくりなどが必要だ。

### ①M＆A戦略がより重要な右脳的発想のM＆A

右脳的発想のM＆Aは、既存の事業とはかけ離れたところで実施されることもあり、〝土地勘〟がない場合が多い。そのため決議において優先順位が決して高いわけではなく、社内の合意形成に思ったよりも時間がかかる。時間が差し迫ったケースでは、シナジー仮説の検証が行えないままM&Aに至ることもある。

もし、M&Aについて相対での交渉であれば、合意に向けた話し合いの場も持ちやすく、多少は融通が利く場合もあるだろう。しかし、ほかに買い手候補がいるようなオークション（買い手候補が購入を希望する金額を提示して競い合う形式）ではスケジュールが決められており、シナジーの検討に十分な時間が割けない。財務、税務、法務DDやバリュエーションの実施などのエグゼキューションで時間を費やすことになると、「何となくシナジーがありそう」ということで、詳細まで詰められずに投資に至るということも起こる。

このように右脳的発想のM&Aは、戦略的意義や中長期的なビジネスプラン、既存事業とのシナジーを事前に検討し、自社の方針を明確に決めて、社内で合意をしておく重要性が通常のM&Aよりも高いと言えよう。

すでに説明したように、M&A戦略はM&Aプロセスの中で上流に位置しており、重要性の高いプロセスである。なぜ、重要性が高いのかと言うと、最初に戦略で方向性を間違ってしまうと、後続プロセスで上手く行えたとしても、挽回するのが困難になってしまうことにも触れた。

実際に上手く右脳的発想のM&Aを行っている企業の多くは、程度に差はあるものの、「どのような位置づけでこのM&Aを行うのか」「どのようなシナジーが考えられるのか」などについて、事前にきちんと検討を行っている。

なかにはM&A自体が目的化したゆえに、戦略が曖昧なケースもある（この後にシナジー効果を生み出した4つの事例を挙げて考察していく）。なぜ、M&Aが目的化するのか。その背景として、既存事業の業績が思わしくないため、何か目新しいことをやろうということで、右脳的発想のM

＆Ａを行うからだろう。このように「Ｍ＆Ａの目的化」という落とし穴には留意する。

### ②「右脳的発想のＭ＆Ａ」の論点とは？

右脳的発想のＭ＆Ａは既存の延長線上ではない発想が飛躍したＭ＆Ａであり、留意すべき点があることは理解いただけたことだろう。そのポイントをまとめてみると、

・目的・方向についての論点
・事業化検討についての論点
・シナジー検討の論点
・ＰＭＩの論点

に整理できる。なぜ、このような論点が洗い出されるのかは、事例考察を踏まえながら４つのケースをあげて解説を行っていくことにしよう。

## 4 ケース「右脳的」発想のＭ＆Ａは何がポイントか

事例は筆者の経験に基づき弊社で作成した架空のものであり、個別の事実には基づいていないが、伝えたい内容に即した事例に仕立てている。作成したケースは、

**ケース①：ＩＴ企業（Ａ社）によるプロサッカークラブのＭ＆Ａ**
**ケース②：飲食チェーン（Ｂ社）による学習塾のＭ＆Ａ**
**ケース③：大手金融機関（Ｃ銀行）によるヘルスケアアプリ開発企業のＭ＆Ａ**
**ケース④：不動産デベロッパー（Ｄ社）によるｅスポーツチームのＭ＆Ａ**

である。

## ケース①：ＩＴ企業（Ａ社）によるプロサッカークラブのＭ＆Ａ

### 「社会貢献」と「事業性」のシナジーを求めたＭ＆Ａ

**【企業概要】**

Ａ社は、九州地区に本社を構える地域密着型の企業であり、医療機関向けの基幹システム開発を主力事業としている。九州地区におけるシェアは、大手3社の寡占状態になっているが、その中でＡ社の業績は横ばい傾向が続いている。

数年前に新規事業として、個人向けの健康管理アプリケーションの開発・販売事業をはじめた。この事業は高いＩＴ技術に加え、健康・医療に関する知見・ノウハウが必要とされる。Ａ社は長年に渡り、病院・薬局向けの基幹システム開発を継続してきた知見を最大限、発揮することができており、完成度・競争力の高いアプリケーションを開発した。

今までは法人向けの事業を手がけてきたため、一般向け商材では企業の知名度は低く、個人向けアプリケーションのリリースのダウンロード数は想定を大きく下回って推移していた。そこで知名度の向上策として、テレビＣＭやインターネット広告、健康食品とのタイアップなど積極的な宣伝広告を実施することで、ダウンロード数も増加基調にある。だが、費用対効果の面では、効率的な宣伝広告とは言えず、新規事業単体では営業赤字が続いていた。

【Ｍ＆Ａへ向けた取り組み】

### 新規事業の柱としてプロサッカークラブのＭ＆Ａの検討を開始

ＩＴ業界は競合も多く、収益性改善や新たな事業開拓をどのように行うのかが経営課題であった。そんな折に、地元である九州エリアを拠点とするプロサッカークラブへのＭ＆Ａに関して、Ａ社の社長に証券会社から売却案件の持ち込みがあり、検討を開始した。

### 社内での合意形成に時間を要したスポーツ事業への参入

社長からの指示によるトップダウンで、この持ち込み案件について検討を行った。幸いなことに大手ＩＴ企業によるプロ野球の球団買収の成功事例などもあり、検討した結果、プロスポーツクラブ運営を通した知名度向上による自社製品のアピールとスポーツ事業としての新規事業構築の両面で、非常に効果的であると社内で判断された。

しかし、取締役を含めた社内合意形成の段階では、Ｍ＆Ａに資金が使われれば、各事業部の投資予算が減ることにつながるという理由で反対意見が出た。また、「当社はスポーツ経営のノウハウが乏しいのに、プロスポーツクラブの運営に多額の投資を行うのか」という声も挙がっていた。特に、当該クラブチームの経営が厳しい状況であったことから、自社製品の知名度向上などに寄与したとしても、企業成長につながる投資なのか疑問視されていた。そのため合意形成には時間を要した。

だが、社長のトップダウンでの検討であったことや、このまま既存事業だけでの成長に注力するのには限界があること、新規参入すれば一定のシナジー効果が見込まれることから、最終的には「スポーツ事業への参入に合理性がある」という方向で合意が取れた。

地域密着型の企業であるA社にとって、地元に根づいたプロサッカークラブの買収は、企業ブランドディングともマッチする。地域貢献の観点からもM＆Aは有効であると考え、最終的に買収に至ったと言えよう。

**【買収後の課題】**

**企業文化の違いが統合プロセスの中でクローズアップ！**

買収後の統合プロセスでも、多くの課題があった。まずは、クラブチーム運営のイニシアティブを誰が取るのかとのいう問題に直面した。買収前、A社では、クラブチームの経営改善を図るため、経営陣を送り込むことを想定していた。

一方、クラブチーム側の経営陣や選手は、A社には業界知識や運営ノウハウがないことから、可能な限り現状を維持した運営を望んだ。このように両社の考え方が食い違い、どのようにして折り合いをつけるべきなのか悩んだ。その結果、A社から送り込む経営陣は財務的な部分とシナジーの実現に向けた取り組みにとどめ、本業のクラブチームの運営は買収対象企業の経営陣に委ねることにした。

## すぐにシナジー効果を出す「ハードルの高さ」に直面

プロサッカーチームのM&Aによる自社の個人向けのアプリの販促を見込んでいたが、結果としてシナジーの実現に対しては難易度が高かった。プロサッカーチームを持つことで自社のブランドイメージの向上につながるが、アプリへの直接的な顧客の誘導はできなかった。

一見、シナジーとして合理的に思えたものの、アプリは世の中に多くのものがあり、顧客からするとA社のアプリを使用する必然性がない。サッカーチームの知名度向上という面では一役買ったものの、結果としては想定したシナジーの実現はむずかしかった。

## 【買収後の取り組み】
## コア事業にプロスポーツクラブ運営を捉え、横展開で事業拡大

買収後、A社はクラブチームの経営改善に努めた。5年後に、スポーツ事業単体での黒字化を実現した。従来、買収したプロサッカークラブの主な収益源は、スポンサー収入やチケット販売、関連グッズ販売などであった。そこで、A社はクラブチームが保有するアセット（資産）に着目し、スタジアムの積極的なビジネス利用を試みた。

具体的には、レストランやショッピングモール、アミューズメントパークや宿泊施設など

を併設した。それによって**「スポーツ観戦を目的として訪問する場」**から**「スタジアムへ出かけて楽しむことが目的となる場」**へ、つまり、複合娯楽施設への進化を図った。

その結果、クラブチームの試合への集客力を高めるだけでなく、若年層や女性などのサポーター層の拡大、スポーツ観戦以外での利用、さらにイベントやライブでのスタジアムの利用など、新たな収益源の確保につながった。プロサッカークラブ事業の運営で培ったノウハウは、ほかのスポーツへの横展開が可能であり、A社はプロバスケットチームの運営にも参入した。スポーツ事業は、コア事業の1つへと成長を遂げている。

※事例は実在するものではない

**◎A社の取り組みから見る「右脳的発想のM&A検討ポイント」**

a 社会貢献（地域貢献）なども重要なテーマとして検討
b シナジーの実現には、むずかしさが伴う。骨太なシナジー仮説が必要
c 戦略的な位置づけがむずかしい。M&A戦略策定は念入りに検討
d 買収後のガバナンスの設計は、ケースバイケースで検討

**a 社会貢献（地域貢献）なども重要なテーマとして検討**

## 「ファンエンゲージメント」を通して企業知名度のアップへ

スポーツ事業は、スポーツチームのファンに支えられてビジネスが成り立つ。企業として成長

するためには「ファンエンゲージメント」が重要だ。たとえば、地域に根差しているチームであれば、買収企業（買い手企業）に対して、本社やビジネスの基盤がプロスポーツの本拠地に根差していることを望む。

もちろん必須要件ではないが、地域活性化がビジネス活性化にもつながり、ファンからも応援されやすくなるからだ。そのためスポーツチームの本拠地に関連する企業が、M&Aをすることが望ましい。間接的なシナジー効果の知名度向上を考えるうえでも、事業展開のうえでも、つながりの強いほうがいい。実際のプロスポーツのM&A事例でもすべてが該当はしないものの、地元に関連しているケースが多い。

スポーツ文化の振興・地域社会の活性化などの貢献を通して、企業のブランド価値・知名度が向上する。最近は、既存事業への利益貢献を果たしている事例が多く見られる。広告宣伝だけではなく、スポーツ事業として収益の柱になっている企業もある。スポーツ事業への投資は社会貢献という文脈も登場するが、実際の企業では社会貢献のみで投資判断を行っているわけではない。もちろん、検討要素の一部に入るが、前提として事業として成り立つのか、そのシナジー効果も踏まえたうえで、投資判断を行っている。

スポーツと言っても、野球、サッカー、バスケットボールなど、多くのスポーツが存在する。まずは1つのスポーツ分野で展開をし、運営ノウハウを活かしながら、ほかのスポーツに展開していくことも考えられよう。

実際に、野球からはじめたスポーツ事業で、バスケットボール、サッカー、陸上競技へと領域を拡大させているケースもある。いずれもホームタウンと密に連携し、ファンだけでなく、地元住民やスポンサーなど、関連するステークホルダーすべての利益を追求した事業運営を目指しているようだ。これがスポーツ事業成功のためのポイントである。

## 「スポーツ×IT」はシナジー効果が見込める分野に

昨今、スポーツ系のM&Aは、野球、サッカー、バスケットボールなど多岐にわたる。なぜ、プロスポーツのM&Aが多くなっているのだろうか。理由は、成功事例がいくつか出てきたことがある。また、企業の取り得るオプションとして一般的になってきたことや、IT化の進展によって、IT事業を通じたスポーツ事業の認知度向上や顧客の誘導、スポーツ事業を通じてIT事業の顧客の増加という形で、「スポーツ×IT」で生み出せるシナジーが生まれてきたことが挙げられるだろう。直近ではCOVID-19の影響でスポーツ観戦の客足が鈍ったことで業績が悪化し、買収されて運営会社が変わったケースもある。

近年、有料の動画配信で、オンラインでのスポーツ視聴も増加している。スポーツ関連の市場拡大によってプロスポーツチームへの参入を検討する企業を後押しする材料になっている。

その傾向として、プロスポーツの中でも特に、IT企業によるバスケットボールチームのM&Aが増加している。バスケットボールチームは、野球やサッカーチームと比べ、相対的に安価な金額でM&Aが可能であること、多くのバスケットボールチームが保有するアリーナを上手く活用（ショッピングゾーンや飲食ブースをつくるなど）すれば、集客の増加につなげられることから商業的な価値があると評価されているのが要因である。

スポーツM&Aが増えるのには、歴史的な背景もある。日本では以前から実業団という形態でスポーツ選手を企業で雇用してスポーツチームがつくられてきた。一般的に実業団は、CSRや広告宣伝のほかに、社員の士気を高める効果が見込める。

しかし、収益面ではプロスポーツのように興行収入で黒字が求められるわけではない。資本効率が重視される中、企業として利益創出が困難な実業団を保有する意義を投資家に対して、説明が求められる環境になっている。そのため存在意義を問われて、廃部になった実業団チームも少なくない。一方、プロスポーツは上手く運営できれば収益貢献にもなり、CSR、広告宣伝、既存事業とのシナジーにもつながり、さまざまなメリットがある。

**b シナジーの実現にはむずかしさが伴う。骨太なシナジー仮説が必要**

## 飛び地の事業は軸づくりが大事

自社の事業と関係のない「飛び地」でM&Aを行う際には、シナジーの実現は難易度が高い場合が多い。当たり障りのない内容で、中身が伴っていないシナジー仮説は避けたほうがよいだろう。失敗した事例では、相互送客というシナジー仮説に無理があったというケースが多い（スポーツ事業から自社事業への送客を想定しているようなケースは、もともとの顧客層が違うことで相互送客は実際にはむずかしい）。「骨太」と表現したのは、新たな事業に関して、しっかりとした軸のある考え方が備わっており、反論にも耐えられる仮説を持つことが重要なためだ。

また、事業内容によっては、シナジーが生み出しにくいケースもある。そうした場合は無理をしたM&Aを避けるためにも、骨太なシナジー仮説を立てられるか否か、検討することは重要だ。今回のスポーツの事例も、必然性のないサービスに顧客を誘導することはむずかしい、という事実があるだろう。蓋然性の高いシナジー仮説であればいいが、「何となくシナジーがありそうだ」というレベルの話であれば、シナジーのみを狙ってスポーツ事業への参入は控えたほうがよいだろう。

スポーツクラブ自体での収益化、それに加えて広告宣伝としての効果、かつシナジー効果が実現できればよい。だが、スポーツ事業と既存の自社の事業が領域として離れているという点で、シナジーを実現するのがむずかしいことをスポーツクラブのM&Aでは留意することが肝要だ。

**c 戦略的な位置づけがむずかしい。M&A戦略策定は念入りに検討**

## 「M&A戦略」と「社内の合意」は同時に進行

通常、スポーツ事業に投資を行うというアイデアは浮かびにくい。厳密に言うと、スポーツへの投資という発想自体は出てくるかもしれない。しかし、そのアイデアを有望なものとして位置づけて、事業として具現化して進めていくのはむずかしい。

そのためトップダウンで戦略的位置づけを検討し、事業部のレベルではなく全社方針として取り組むことが求められる。つまり、M&A戦略を策定しながら、社内の合意形成を行うことが望ましいと言える。

**d 買収後のガバナンスの設計は、ケースバイケースで検討**

## 企業文化をどこまで統一するか方向性を検討

右脳的発想のM&Aでは、特定の事業部門に紐づかない企業や事業の買収が増加する可能性が高まる。新たな企業統治やガバナンスの概念、あるいは柔軟な組織体制整備、管理の形が重要となる。従来型の日本企業の画一的な企業統治では管理しきれないM&Aが今後、増えてくると予想される（所管部門が明確とならない）。このような事業体のガバナンスをいかに保つかが、今後、ますます重要となってくるだろう。

なお、右脳的発想のM&Aでは、買収企業と被買収企業の企業風土が異なる場合が多い。たとえば、プロスポーツの企業のM&Aをイメージすると、風土の違いが考えられるだろう。

業界だけでなく、企業特有の風土もある。グローバル企業が地域単位で統括会社と複数のスタンダードを持つように、異業種やステージ（アーリーvs.成熟）や思想（収益vs.社会的意義）の異なる企業に対しては、個々に応じたガバナンスのあり方が問われる。

今回のケースでは、A社にケイパビリティが不足していたことから、対象企業側に本業を任せるという形でガバナンスを効かせる部分を限定するにとどめている。しかし、最適なガバナンスについては、案件ごとに状況を踏まえながら考えることが重要だ。

また、M&Aがはじまるとクローズドなメンバーでディールプロセスに終始し、PMI検討の優先度が劣後することが常である。平時に企画部門を検討の中核としたPMI体制の整備についてのディスカッションに、リソースを割けるかがポイントとなる。M&A戦略を企画部門で取りまとめをしているケースが多いが、M&Aで成し遂げたいことや目的を適切に理解している部門がPMI体制を検討するのが望ましい。M&Aの目的によって適切なPMI体制については変わってくるためである。事前にどのようにガバナンスを行うのか検討を行いつつ、Day1以降にきちんとガバナンスを効かせられるようにしておくべきである。

## ケース②：飲食チェーン（B社）による学習塾のM&A

## ファミリーレストランが新たな成長分野へ参入

**【企業概要】**

飲食チェーンB社は、東海地域を中心に居酒屋やファミリーレストランを展開しており、手頃な価格帯でクオリティの高い商品を提供していることから利用者からの評判もよく、事業は順調に拡大してきた。

**【M&Aへ向けた取り組み】**

**外部環境の悪化で需要が減少。新規事業への転換が急務に**

2020年以降のCOVID-19の影響で外食産業全体の需要が減少し、当然のことながらB社も業績悪化に陥った。先行きが見通せない状況になり、B社としては既存事業の活性化と新たな事業の柱を見つけるべく、社内で検討を行った。

**B社は地元で暮らす人たちへの貢献を主軸に新規事業を検討**

社内では、さまざまな事業についてアイデアが出された。企業として、今後の方向性が見出せない状況であった。経営地盤の東海地域においては、COVID-19の影響下においても、地元の人たちの支えにより、事業の存続ができていたこともあり、地元貢献を行うことで既存の飲食チェーンにもプラスの効果があるという発想のもとで検討を行った。

**教育業界への参入により地域貢献と成長分野の取り込みを図る**

新規事業の検討を進める中、東海地域を地盤とする教育関連企業の事業承継案件の持ち込みがあり、B社は教育業界への参入の検討をはじめた。対象の教育関連企業は、学習塾や社会人向けの通信講座・資格スクール、法人向けのeラーニングなど教育関連事業を幅広く展開している。

近年、教育業界は受験競争の激化、社会人による英会話やITスキルなどの学び直しを行うリカレント教育などのニーズがあり、需要が継続的にある業界である。B社は、地元企業の支援を通じた地域貢献が可能であること、成長分野である教育業界への参入を図ることができること、対象企業との相互送客、教育に関するノウハウの社内活用などをメリットと考えた。

また、検討課題として、地域貢献を軸にしてM&Aを行っていいのか、利益を重視する必要があるのではないか、という声も出ていた。将来の事業性については、成長ポテンシャルがあり、利益も生み出せるとの検討結果になり、最終的に対象企業の買収を決定した。

## 自社と異業種企業が有する異なる顧客基盤を活用した相互送客を狙った

B社は、対象企業の買収による最大のシナジーを「飲食チェーン」と「教育関連企業」という異業種企業間の相互送客にあると考えていた。対象企業は、学習塾の運営を通してファミリー層、通信講座・資格スクールに顧客基盤があり、既存事業であるファミリーレストランや居酒屋の対象顧客層と合致している。そこで、既存事業の飲食店、対象企業の学習塾などで双方の割引券配布やセットプランの提供を企画し、両事業の拡大を図ることを狙った。

## 買収企業の教育ノウハウを社員のリスキリングに効果的に活用

経営課題の1つに、社員のリスキリングに関する問題があった。飲食業界においても、IT技術を活用した店舗運営の効率化やオンラインマーケティング、ビッグデータ分析による経営高度化、店舗や価格の最適化などのテクノロジーが実装されつつある。激しい競争環境を生き抜くためには、先端テクノロジーの活用が必須である。

一方で、飲食業界において、ITスキルは必須のスキルではなかったため社内に精通している人材は少なく、社員のリスキリングが必要だった。対象企業はeラーニング事業においてITスキルなどの講座も展開していたため、B社が当講座を用いることで、社員のリスキリングを促すことが可能となった。

**【買収後の課題】**

**「飲食」と「学習」事業がかけ離れていたことが判明。シナジー実現には至らなかった**

自社の飲食チェーンと教育事業の顧客間の相互送客については、想定を下回るシナジーとなった。当初の想定どおり、すでに顧客層が存在していたため、学習塾の送り迎えの際に保護者がファミリーレストランを利用するなどの事例は、一定程度確認できた。だが、飲食と学習の事業がかけ離れ過ぎていたため、双方の店舗で広告・宣伝を展開しても顧客に対するアピール効果が薄かった。そのため期待どおりの増客効果は得ることができなかった。

**【買収後の取り組み】**

**B社における新たなコア事業へと成長**

もともと買収前に想定していたシナジー効果は実現できなかったが、一方で買収先の教育関連企業の事業は、堅調な成長が継続した。特に、社員のＩＴスキル不足という課題は、多くの企業が抱える課題であった。

そのため社内活用を試みた学習コンテンツが成長ドライバーとなった。その後もB社は、地場の教育関連企業を複数社買収し、新規参入であった教育事業を第2の事業の柱と呼べる規模へと拡大させることに成功した。

※事例は実在するものではない

◎**B社の取り組みから見る「右脳的発想のM&A検討ポイント」**

ａ　シナジー効果は過度に見込まない
ｂ　さまざまなアプローチがあるため多角的に方向性を検討
ｃ　左脳をフル活用して事業化ができるかを検討
ｄ　ＰＭＩ専任の人材登用（採用）も検討

## シナジー効果を買収価格に織り込まない設計も必要

### ａ　シナジー効果は過度に見込まない

多種多様な企業が教育ビジネスに参入している。玩具メーカーや通信会社、飲食企業などが教育関連企業の買収・資本参加を行っている。ｅラーニングやビッグデータ・ＡＩなどを活用した教育関連事業への投資も見受けられる。既存事業とのクロスセルや新規事業の立ち上げを狙っているケースもある。

右脳的発想のＭ＆Ａでは、過度にシナジー効果に期待しすぎないことだ。企業側からすると想定されるシナジーであっても、消費者から見ると、特段メリットを感じないケースもあり、実現がむずかしいことが多い。企業認知度向上やブランドイメージ向上など、間接的なものは効果として見込むのはいい。だが、財務数値に影響する過度なシナジー効果を期待しすぎると、Ｍ＆Ａ後に実現できずに苦労する状態に陥ってしまう。

株式価値の算定でも、過度なシナジー効果の織り込みは避けたほうがいい。通常、Ｍ＆Ａにお

図表3-12｜**シナジー効果を考慮した株式価値算定の例**

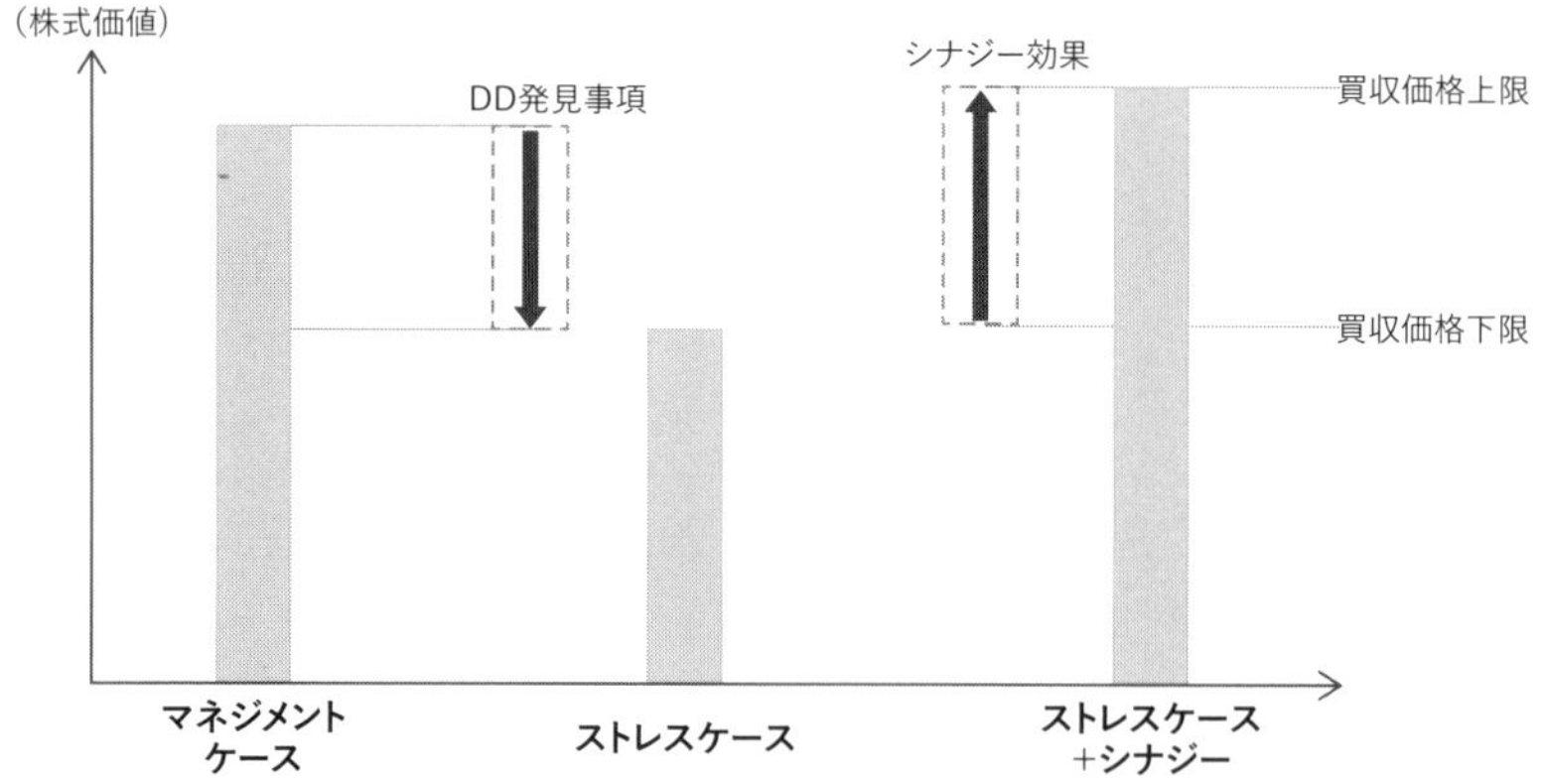


出所：デロイト トーマツ ファイナンシャルアドバイザリー合同会社

いてはDDを行い、対象企業の課題や懸念点の洗い出しを行う。その際、対象企業の事業計画にストレスをかけ、修正事業計画にて株式価値の算定を行うことも多い。一方で、対象企業を買収することによるシナジー効果の洗い出しを行うことも一般的だ。

ただ、ここで注意すべき点は、実現を目指すシナジー効果をはじめから買収価格に織り込んでしまうと、その効果を想定どおりに発揮することができなかった場合に、減損のリスクが高まってしまうことだ。繰り返すが、シナジー効果は過度に期待すべきではない。

**b さまざまなアプローチがあるため多角的に方向性を検討**

## 3つのやり方で思考を飛躍させる

B社は地域貢献を軸に新規事業を検討している。実際にみなさんがB社のように、右脳的発想のM&Aを検討するとなっても、何から手をつけていいのか、悩まれるのではないだろうか。

普段からあまり思いを巡らしていないことなので、

アイデアが浮かんでこないのは当たり前のことだ。そこで右脳的発想のM＆Aを考えるためのアプローチを紹介することにしよう。

### ①社会的価値を主軸に検討

スポーツ、eスポーツ、学習塾、健康医療福祉などの社会貢献や地域活性化という軸からアプローチをするのもいいだろう。地域活性化をするために何ができるのか、そのためには、どのような企業と組んで進めていくのかを考えてみる。

### ②「おもしろそう」という興味からはじめる

ビジネスパーソンである私たちはどちらかと言えば、左脳思考が鍛えられている。そのため普通にM＆A戦略を考えようとすると、右脳的発想のM＆A戦略を練るのがむずかしい。頭の切り替えをする方法論としては、初手で左脳を封じるのがいい。簡単に言うと、「これはうちのビジネスと違うな」と思うアイデアからスタートしてみるわけだ。

前述の定義で「右脳的発想のM＆Aは考えが飛躍したものである」と解説したように、あえて最初に思考を飛躍させるというアプローチをとってみる。たとえば、「一見、儲からないと思われるような事業」「単純におもしろいと思えるような事業」を列挙したり、「地域貢献や社会貢献などを出発点に考えつつ、アイデアを出す」という方法である。「スポーツやeスポーツはおもしろそう」というアイデアもこれに該当する。かつ地域貢献にも当てはまるため具体的なアイデアとして出てきやすくなる。これも左脳を封じることで可能となる。

### ③「基準を明確化」し、案件の持ち込みを受け入れる

本来は自社で右脳的発想のM&Aについて戦略を策定し、能動的にアプローチするのが望ましい。しかし、金融機関やM&Aアドバイザーからの案件持ち込みベースで検討するのも、1つの方法だ。自分たちでは思いつかなかったような案件が持ち込まれることもある。M&Aのアドバイザーにも「異業種や社会的価値を重視したM&Aに取り組みたい」と伝えて、そうした案件が持ち込まれやすいようにする。

一方で、関心のある分野については、ある程度の基準を明確化しておくことが望ましい。ここの軸があれば、自社としても効率化できるし、かつ持ち込む金融機関などにとっても、どのような案件を持ち込めばいいのか判断しやすくなる。

## c　左脳をフル活用して事業化ができるかを検討

### 将来展開に向けて簡易的に調査する

M&Aの意義や経済性などを考えていく際には、左脳をフル活用することが求められる。単に右脳的発想のM&Aを行うのがよいのではなく、一見飛躍しているように見えても、実は理があるという形に組み上げる。

実際に存在している企業を簡易的に調査しつつ、仮にM&Aを行った場合に、どのような将来展開があり得るのか、シミュレーションすることだ。

## d PMI専任の人材登用（採用）も検討

### PMI専任の人材登用（採用）も視野に入れる

M&A戦略をつくる際にも、PMIにおいても、適切な人材を割り当てることが求められる。通常のM&Aと同様に右脳的発想のM&Aも、PMIが上手くいかず失敗に至るケースが多い。「適切な人材を割り当てるという、何と当たり前のことを言っているのか」と思われるかもしれない。

では、なぜ、このようなことを言うのか。それはすでに、事業が成り立っている企業を対象にするのが、一般的なM&Aであるからだ。買収後に買い手側が何もしなくても、最低限の事業は継続されることになる。こうした理由からPMIの優先度が下がってしまい、適切な人材が割り当てられないケースもある。

右脳的発想のM&Aでは、買い手側企業に適切な人材がいないこともある。そのときは、外部から適切な人材を採用するのも1つの手段であろう。適切な人材とは、「買収の対象企業の事業について豊富な知見を有するか」「PMIを管轄できるようなマネジメント能力を有しているか」を目安にするとよい。都合よく適切な人材が見つからないという状況もあり得るため、人選は買収前に行っておくのが望ましい。

## ケース③：大手金融機関（C銀行）によるヘルスケアアプリ開発企業のM&A

# 業界変化を前提に異業種の先端技術へ参入

**【企業概要】**

C銀行は、日本の主要金融機関の1つであり、広範囲にわたる金融サービスを提供している。しかし、規制緩和による競争環境の激化、テクノロジー進展による決済手段の多様化など、さまざまな課題を抱えていた。

特に、IT企業によるデジタル技術を活用した低コストで高品質な金融サービスの提供やスマートフォン決済、仮想通貨など、従来の金融サービス以外の決済手段の普及は大手金融機関にとって、大きな脅威であった。このような状況下で、C銀行は新たな収益源を見出す必要性に迫られ、新規事業領域への参入を模索していた。

**【M&Aへ向けた取り組み】**

**既存事業領域の成長鈍化で新規事業領域への参入が必須に**

大手金融機関であるため、自社の顧客基盤を活かしながら新規事業展開をできる分野で検討を開始し、見守りアプリを開発するスタートアップ企業の買収を通じて、ヘルステック業界に参入することを決定した。

**既存顧客のクロスセルと新規顧客獲得、社会貢献で企業価値向上を狙う**

新規事業領域の選定にあたりC銀行は、既存顧客からのクロスセルと、新規顧客の獲得を目指した。この銀行は、金融資産が豊富な高齢者がメインの顧客層である一方、次世代の顧客となる若年層への接点が希薄である点を課題として認識していた。

そこで、メイン顧客である高齢者の健康・見守りに関与することで、顧客とのリレーションを強化するだけでなく、新たな収益源を確保するとともに、次世代とのアクセスポイントを構築することができるのではないかと考えた。

また、「事業を通じて社会を豊かにする」との企業理念を掲げているため、社会貢献を果たすことができるかどうか、その視点も重視していた。近年、企業の社会的責任に対する注目は高まっており、企業が社会問題に取り組むことが求められる。この姿勢は、消費者が商品やサービスを選択する際の1つの基準となっている。

## 「機関投資家へのアピール」も検討材料として想定する

ESGへの取り組みを重視する機関投資家も増えている。投資家による投資判断において、社会貢献度合いも重要な指標である。C銀行は高齢者の健康やクオリティ・オブ・ライフ（QOL／生活の質）向上への貢献は、社会課題の解決に寄与し、企業の社会的責任を果たすことにつながると判断し、ヘルステック業界への参入を決定した。

## スタートアップの買収で先端IT技術の獲得と新たな収益源を確保

ヘルステック分野への新規参入にあたり、自社に不足していた先端IT技術の獲得を目指し、スタートアップ買収の可能性を模索した。金融業界では、ディープラーニングやブロックチェーンなど先端ＩＴ技術を活用したフィンテックが急速に発展している。大手ＩＴ企業やスタートアップによって、多様な金融サービス・ビジネスモデルが生み出され、競争環境が激化している。

一方で、Ｃ銀行をはじめとした大手金融機関は、ＩＴ人材が不足しており、先端ＩＴ技術の獲得も大きな課題と認識されていた。また、既存事業が伸び悩む中、新たな収益源の確保が急務であったＣ銀行は、ＡＩ技術を活用した見守りアプリを開発ずみであり、事業化フェーズに入ったスタートアップを買収した。

**【買収後の課題】**

**社会的価値を経済的価値に結びつけるむずかしさを知る**

ヘルスケアアプリでの事業拡大は業界への新規参入も多く、参入後に差別化を続けることがむずかしい状況であった。また、Ｃ銀行は大手銀行であるため、意思決定プロセスが多く、変化の早いテック業界において企業体質が合わないこともあり、上手く事業拡大につなげられない状況であった。また、Ｃ銀行から経営陣を送り込んでおり、考え方が合わないことから一部のキーパーソンが辞めてしまう事態も発生した。

**【買収後の取り組み】**

**「Ｍ＆Ａは失敗」という声も。ディール責任者が粘り強く対応して黒字化へ**

M&Aから数年後においても、C銀行は当初想定していたクロスセルや顧客基盤の拡大を実現することはできなかった。社内では、「当該スタートアップのM&Aは失敗であった」との評価がなされつつあり、売却も検討された。

しかし、ディール責任者が粘り強く業種特有の事業環境の把握に努め、両社の企業風土や考え方のギャップを埋めた。さらに、既存のアプリだけでなく、新たなアプリの開発や拡販を行い、ヘルスケアアプリ事業は黒字化が視野に入る状況に至っている。

※事例は実在するものではない

◎C社の取り組みから見る「右脳的発想のM&A検討ポイント」

a　IT・技術進展による業界間の垣根の変化を正しく認識
b　思い描いたシナジー仮説の実現には時間を要すると認識
c　人材流出を防ぐことが特に重要
d　PMIの難易度が上がるため、高いコミットメントが必要
e　戦略的撤退も重要、失敗から学ぶという姿勢が大事

**a　IT・技術進展による「業界間の垣根」の変化を正しく認識**

## 高まるヘルスケア領域の可能性

電力会社や建設会社、飲食・小売企業などによるITを活用したヘルスケア領域への参入事例

が見られる。これはＩＴ技術の進歩を活用した参入が容易になったことや、私たちの行動様式も変わってきており、業界の垣根が変化していることによる。

ヘルスケア領域は、社会貢献も行いつつ、新規事業の立ち上げや企業価値・ブランドの向上に取り組み、既存事業とのクロスセルが図られているものもある。先端テクノロジーやイノベーションで、既存領域の枠組みが曖昧になってきている。デジタルトランスフォーメーションを取り入れた新規事業領域の開拓、既存事業への応用・シナジー模索などを図るものと推察される。

自社の事業を業界や業種で決めるのではなく、顧客に対してどのような価値を提供できるのか。ＩＴ化や技術革新が起こることで、さらに付加価値をつけることができないのか、という発想が求められる。

たとえば、中古車ディーラーにＩＴ企業が参入している事例もある。ＩＴ化がさまざまな業界で新規参入を促す。ここではＩＴ化を中心に記載を行うが、各分野の技術進歩によって新規参入や業界の垣根の変化が起こることから変化を適切に認識しながら、事業運営を行うことだ。

### b 思い描いたシナジー仮説の実現には時間を要すると認識

## 高値づかみの回避

上場企業では、株主を含めたステークホルダーから成長実現に向けたプレッシャーに晒《さら》されている。その解決策として、右脳的発想のＭ＆Ａが必要であるものの、その動機づけが「既存事業が上手くいっていないから右脳的発想のＭ＆Ａがいい」という消極的なものであれば、右脳的発想とは言いがたい。

こうしたケースでは、高いプレミアムを払う傾向がある。こうした高値づかみやシナジーが実現できないM&Aは避けるべきだ。なぜ、このようなことが起こるのか。

事業の成長について考えるときに有効だと言われる「アンゾフの成長マトリクス」などのフレームワークを活用すると、新規市場で「新規製品の投入を図る事業の多角化戦略」が適切であるかのように見えてしまうからだ。だが、当然のことだが、展開市場と製品がともに新規である事業は、一般的にハードルが相当、高いことには留意が必要だ。

これまでとは違う業界の企業を買収するため、その業界に適した形で自社も変革する意識が重要である。どの程度の変革が求められるかは、自社や対象企業の状況によって異なるが、案件ごとにケースバイケースで検討をすることが求められる。これを怠ると、シナジーが実現できないばかりか、対象企業の既存事業についてもデメリットが生じるリスクもある。

### C 人材流出を防ぐことが特に重要

## 誰がキーパーソンかを把握する

特にスポーツ事業やヘルスケア事業など、自社の事業とかけ離れている企業や事業を買収する際には、専門知識が必須となる。そのためキーパーソンへのリテンション（既存顧客の流出防止をするためのマーケティング施策）が非常に重要となる。もし、M&A後にキーパーソンが退職してしまうと、想定していたシナジー実現の推進力を失うことにつながる。加えて、買収対象企業の既存事業にも悪影響をおよぼす。

想定ＤＤの過程でも、誰がキーパーソンで、その人がどのような役割を担っているのかを整理しつつ、どのような形でリテンションを担保するのか、念入りに検討を行う。

適切なタイミングで、キーパーソンとＭ＆Ａ後の待遇や役割などについてコミュニケーションをとることも求められる。加えて、自社の人材を派遣する際には、その人材のケイパビリティはもちろん、パーソナリティにも着目し、買収先の人材と上手く協業できるような体制を構築する。

Ｍ＆Ａの成立はゴールではなく、スタートと位置づけることだ。そのため既存のサプライチェーンとの関連性が薄い「飛び地」への参入となる右脳的発想のＭ＆Ａでは、上手くスタートが行えるように人材面で検討を行うことが、より重要になっている。

## d　PMIの難易度が上がるため、高いコミットメントが必要

### 買収に強い意志を持つディール責任者はいるか

Ｃ銀行の事例でも、異業種領域への参入には多くの困難を伴っている。具体的には、企業体質や異業種領域における事業特性の違いなどに留意しなくてはならない。買収側と被買収側では、ガバナンス体制や意思決定プロセスなどが異なるので、最適化のための検討プロセスが発生する。

こうした難題を乗り越えるには、ＰＭＩにおける体制整備や人材選定が重要になるであろう。特に、異業種企業間で見られる企業体質の違いに対処する際には、企業文化や業界特性をしっかりと理解し、根気強く、すり合わせを行う能力が求められる。

図表3-13｜**ディール責任者の「継続関与期間」に関する意識**

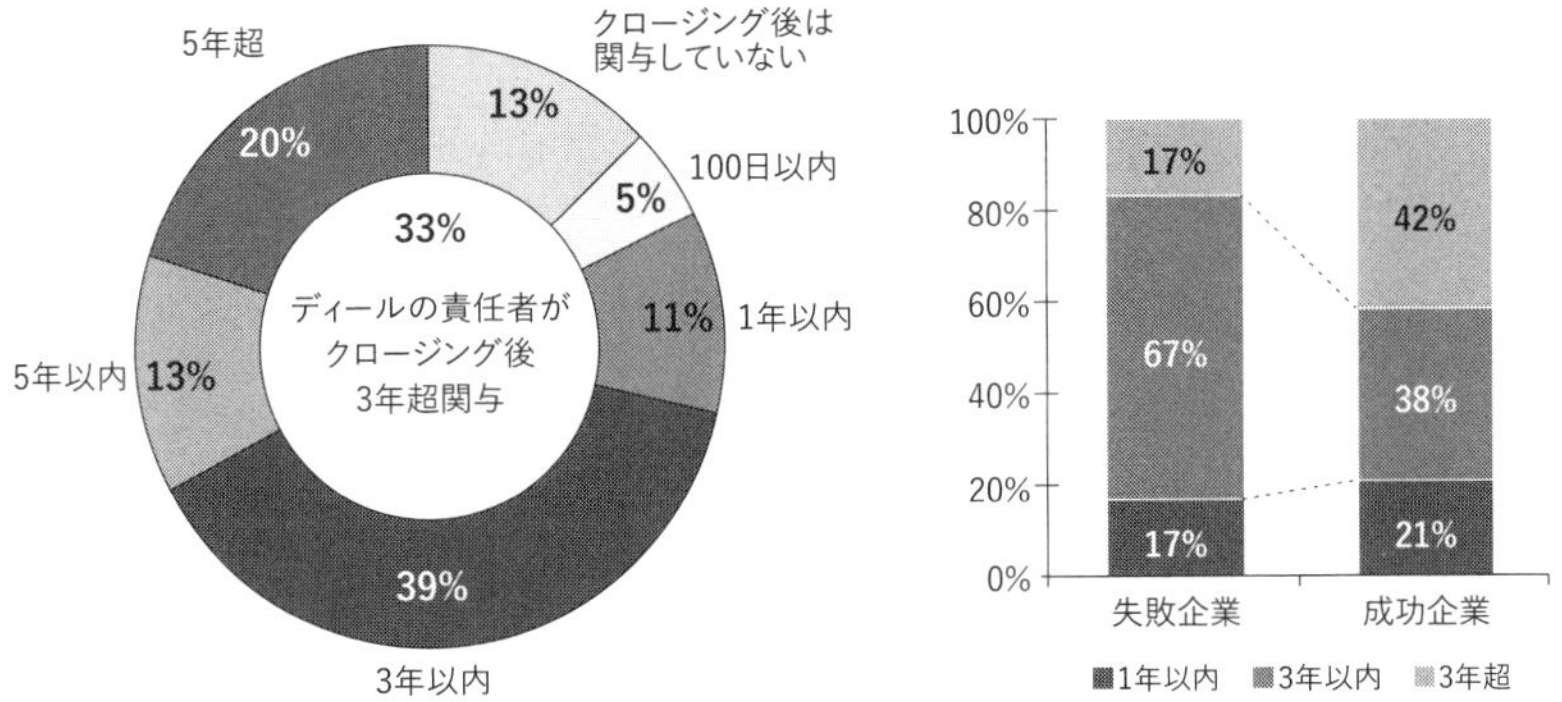


出所：「日本企業の海外M&Aに関する意識・実態調査（2017年）」よりデロイト トーマツ ファイナンシャルアドバイザリー合同会社作成

そして、両社の統合に高い熱量を持ってコミットメントすることができる人材が、ＰＭＩメンバーには必要不可欠だ。コミットメントの観点では、投資の意思決定に大きく関与したディール責任者が、適任者になる場合もある。

ディール責任者は、Ｍ＆Ａの実行に至るまでの背景を把握しており、買収後のＰＭＩにも一定期間は関与することが望ましい（図表3-13）。また、投資の意思決定者とＰＭＩ実行者が異なる場合、買収時の両者間での合意が反映されない、買収時の想定を上手く実現することができない、などの事象が発生してしまいかねない。

ディール責任者がＭ＆Ａの成立のみを重視した結果、蓋然性の低い事業計画やシナジー効果を受け入れてしまい、不当に高い買収価格を設定する可能性も否定できない。このような観点から、当該企業の買収に強い意志を持っているディール責任者が、買収後の事業運営にも継続的に関与し、連続性を持って対応することが、Ｍ＆Ａを成功に導く秘訣となる。

e 戦略的撤退も重要、失敗から学ぶという姿勢が大事

## 早期の撤退も覚悟して臨めば新たな投資も可能

当初、思い描いていた戦略が実現できない場合には、戦略的に撤退することも選択肢の1つであろう。「外部環境が想定外に変化」「対象企業が保有していると思っていた程度のケイパビリティを持っていなかった」などで、買収前に考えていた戦略が実現できないことがあるためだ。

このような場合に、「立て直しがむずかしい」という判断をしたなら、傷が浅いうちに撤退し、売却資金で新たな投資を行うことが望ましい。撤退時期を見誤ると、さらに損失が膨れ上がってしまうリスクがある。「撤退は失敗」のような印象を持つかもしれないが、企業のリソースは限られており、ポートフォリオをいかに最適化していくのかという考え方を持つのがいい。

もちろん、失敗しないに越したことはないだろう。だが、一方でM&Aに慣れて、失敗している事例が少なくないのも事実だ。失敗自体を悪いことと捉えるのではなく、成功に向かうための1つのプロセスであると位置づけるのがよい。

M&Aは自社や対象企業の状況、外部環境などが関係している。状況に応じて戦略策定やPMI対応を行っていく必要がある。そのため一般解ではなく、常に特殊解になる。特殊解を正しく導きだすためには、経験がものをいう場面がある。実際に過去に何度もM&Aに失敗しているものの、経験を積む中で、その進め方が改善されている企業も多いからだ。

これは特殊解を導きだせる能力がついた証左だと言えるのではないだろうか。経験に基づき判

断することで、無謀なM＆Aを避けたり、早期に撤退判断ができるようになったというわけだ。

## ケース④：不動産デベロッパー（D社）によるeスポーツチームのM＆A

# 企業文化の違いに直面し、今後のあり方を模索中

**【企業概要】**

中堅不動産デベロッパーのD社は長年にわたって、ビルや商業施設の開発・賃貸を行う不動産業で展開してきた。特に商業施設分野に強みがあり、都心部を中心に多くの開発プロジェクトを進めてきた。

近年では不動産分野においてもハードとソフトの融合が進んでおり、さまざまな取り組みを行っている。たとえば、商業施設内の人の流れを可視化して店舗運営に活用するなど、IT技術を用いて顧客サービスの幅を広げてきた。

**【M＆Aへ向けた取り組み】**
**納得するまで議論をし、eスポーツチームをM＆A**

近年、eスポーツに関して注目が集まっている。商業施設開発でのシナジーも見込めそうなため、eスポーツ運営企業のM＆Aの検討を開始した。一方、畑違いな業界であり、アプローチするルートもなく、金融機関の紹介で運営企業とのコンタクトを取ることとなった。

だが、D社の中ではeスポーツ事業参入への賛否が分かれていた。そのため経営企画部の

中で、M&Aの意義に関して検討を行った。シナジーやM&Aのメリットについても詳細に話し合った。対象企業に対してシナジーやM&Aによるメリットを説明することで、両社の納得のいく形で合意した。

**eスポーツのイベント開催で地域の活性化に貢献**

観光客の誘致や、地元企業や飲食店もスポンサーとして参加して地域経済の活発化に貢献できる。人を呼び込むことで商業施設に対してシナジーが生まれる。eスポーツが流行ることで賃貸収入も得られる。デベロッパーとして地域活性化の一環の取り組みにもなる。

**企業イメージのプラスの転換で採用面でのポジティブな効果も得られた**

不動産デベロッパーということで、今まで古めかしいイメージがあり、毎年採用についても苦労していた。かつ、事業拡大で常に人手不足の状態にあった。eスポーツでの知名度アップや、新しいことに取り組む企業というイメージをつくることに、一役買った面もある。企業イメージから転換することができた。

**先駆けとなり、市場成長の恩恵を受けることができた**

eスポーツは広く認知されるようになっているが、いまだ成長途上である。日本や世界各国での大会も定期的に行われるようになっている。また、eスポーツを行えるような施設も日本国内で増えていることから、今後もeスポーツに関連するビジネスチャンスは、拡大すると見られる。D社は比較的早く市場に参入できており、eスポーツが、さらにポピュラーになると恩恵を受けている。

**【買収後の課題】**

**統合後の事業運営は企業文化の違いなどから多くの衝突が発生**

買収後の事業推進においては、D社とeスポーツ運営企業の経営陣との間で意見が食い違う事象が多々発生した。一例としては、迅速なタイムスケジュールで新規施策やイベントの投入を企画するeスポーツ運営企業に対し、D社はコンプライアンス上の懸念する点などはないか、念入りな確認を求め、スケジュールが後ろ倒しになってしまうことが頻発した。

また、リスク項目の洗い出しや監査体制の構築、有事対応策の整備など、慎重な事業運営を求めるD社に対し、eスポーツ運営企業は、事業機会を損失してしまうのではないかとの危機感を抱いていた。

**【買収後の取り組み】**

**両社の事業へのアプローチの考え方を整理して最適解を模索**

このままでは事業機会を失いかねないことから両社は、徹底的に企業文化や考え方の違いの洗い出しを行った。両者が譲れない点があり、代替策の模索も含めつつ、一部妥協もしつつ、合意していくことで新たな運営方針を策定して事業を推進した。

※事例は実在するものではない

◎D社の取り組みから見る「右脳的発想のM&A検討ポイント」

a　先端ビジネスへの参入は、知名度・ブランド力向上に有効
b　右脳的発想のM&Aを生み出せる風土も必要
c　先行者利益を得るために、積極的な活用を検討
d　さまざまな検討アプローチがあるため多面的に方向性を考える
e　企業文化をどこまで統一するか方向性を検討

**a　先端ビジネスへの参入は、知名度・ブランド力向上に有効**

## エンターテインメント性で人気が高まるeスポーツ

eスポーツ（esports）は、エレクトロニック・スポーツの略称であり、パソコンを使ったゲームやビデオゲームでの対戦のことだ。1990年代からeスポーツという言葉が用いられはじめ、近年は大会なども多く開催されるようになった。それもあり、広く認知が進んできている。

昨今では、eスポーツの企業に対する投資案件が多い。電力会社・百貨店・教育関連企業、家具メーカーやアパレル関連企業（海外）などがeスポーツ企業の買収・投資を行う。広告代理店がeスポーツ大会を企画、飲料メーカーや通信会社がeスポーツのスポンサーに名を連ねるなどの事例もある。eスポーツなどのアミューズメントを通じた広告活動や企業ブランディングなどの効果を狙うものと考えられる。

ｅスポーツは、野球やサッカーなどの通常のスポーツと同様にエンターテインメントとしての色合いが強い。しかし、スタジアムではなく機材などが置いてあるような場所（ｅスポーツカフェ、ｅスポーツ施設）でプレーを行う。日本のみならず海外でも、大会は行われており、有名なチームはメディアでの露出も多い。通常の野球、サッカーなどと同じように、プロスポーツチームを有するということで企業としての露出が増えるため、企業イメージの向上につながる。

比較的新しいこの分野に着手することは、先進的な取り組みを行う企業という宣伝効果もある。かつメディア媒体にも取り上げられる機会にもつながる。採用活動も、知名度の向上に一役買うことになり、新しい取り組みを行う企業として、ポジティブな印象を持たせることになるだろう。採用にもプラスの効果があるだろう。加えて、Ｍ＆Ａに必要な資金が比較的少ない特徴がある。

## ｂ　右脳的発想のM＆Aを生み出せる風土も必要

### 視野を広げるために直感に頼るセンスも磨く

ｅスポーツのような先端ビジネスを行う企業のＭ＆Ａは、検討体制（ＣＳＲや法務、リスク管理、デジタル、事業開発、といった人材の参画）、企業として右脳的発想のＭ＆Ａを受け入れる風土も必要となる。ｅスポーツというアイデアも、こうした風土があっての発想だ。

ロジカル思考を否定するわけではないが、凝り固まった考え方だと選択肢が狭くなり、かつおもしろみが欠ける。あえてロジカル思考を抑えつつ、直観や勘に頼ってみると、思考に広がりが出る。もちろん、ビジネスではロジカルに考えなければいけない局面も多くあるだろう。たとえ

図表3-14｜**国内におけるeスポーツ市場の拡大**

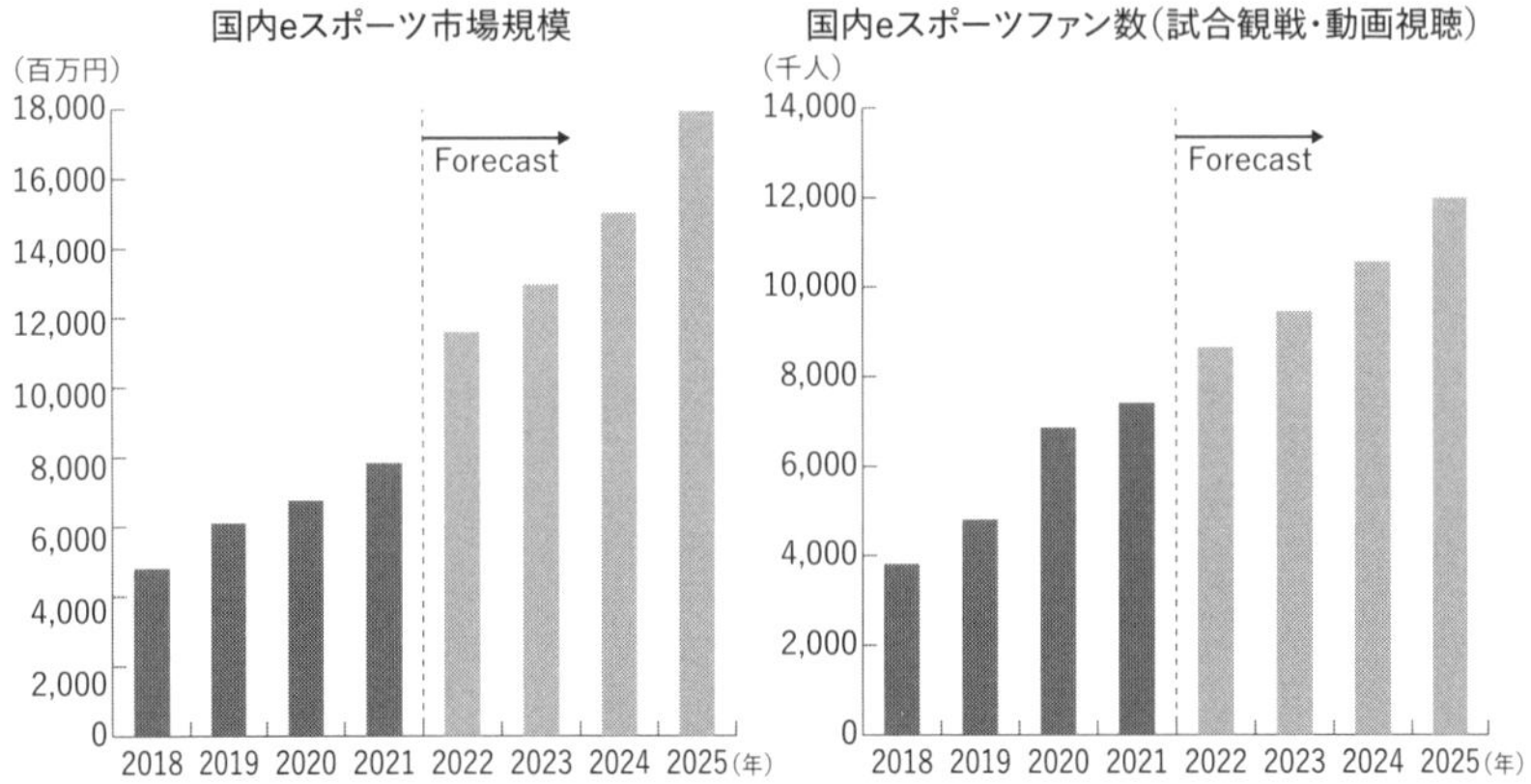


出所：「一般社団法人日本 e スポーツ連合「日本eスポーツ白書2022」より
デロイト トーマツ ファイナンシャルアドバイザリー合同会社が一部加工作成

ば、事業計画を策定する際に、「勘ですが、いけると思います」という話は通じない。

一方で、アイデアを考える際に「おもしろそう」「何となく上手くいきそう」という発想で考えていくと、よいアイデアが思いつくことがある。このように、右脳的な発想とロジカルな左脳とを組み合わせながら検討を進めていくことが大切だ。

### c 先行者利益を得るために積極的な活用を検討

#### 市場規模が伸びているという、先行者メリットに乗る

eスポーツへの参入はこれまで思いつかなかった斬新なアイデアなどが詰め込まれているM&Aであるため、この分野の先行者になれる。

市場が成長すると成長性の恩恵をダイレクトに享受しやすい。今後、市場規模が伸びると想定されるためで、運営会社が一定の市場シェアを獲得できれば市場成長に伴い業績も伸びるからだ（図表3-14）。

### dさまざまな検討アプローチがあるため多面的に方向性を考える

## 保有アセットの「価値向上を図れるのか」は鍵になる

事例において、中堅不動産デベロッパーのD社とeスポーツ事業との間には、一見シナジー効果などもなく、飛び地への新規参入を図ったように見える。しかし、D社は保有している商業施設の不動産価値向上に寄与するコンテンツとして、eスポーツを活用している。

保有アセットの価値向上を図るとの観点からは、eスポーツにより通信トラフィックが増加すれば収益拡大につながる通信会社や司会・実況などを担う人材の提供が可能なタレントマネジメント会社など、さまざまな業種の企業が新規参入候補領域として十分に検討の余地がある。

異業種企業へのM&Aを狙う際には、既存アセットの活用、価値向上の観点から候補業種を探索することも可能だ。既存アセットと新規事業における顧客基盤を融合することで、それぞれの事業においてクロスセルを図るとともに、経済圏を構築し、顧客の囲い込みを実現できるかどうか検討を行う。

### e企業文化をどこまで統一するか方向性を検討

## 統合前からの相違点には特に注意する

発生した運営方針のギャップは、不動産業界という成熟産業における大手企業と、新興市場に属する中小企業との企業文化やガバナンス意識の違いに起因するものだ。成熟産業や大手企業では、事業上のリスクやコンプライアンス、レピュテーションリスク（企業のネガティブな評価が広まり、その信用やブランド価値が低下し損失を被るリスク）などの軽減を重視し、新たな施策やイベントなどを実行する際は慎重を期することが多い。

一方で、成長産業における新興企業では、市場や競合他社の成長スピードに劣後し、機会損失を防ぐために、迅速な決断・実行が求められる。右脳的発想のM＆Aを行う場合、業界固有の相違点に留意が必要であり、企業文化の違いを認識したうえで、統合前から両社による徹底したリスク・懸念点の洗い出し、すり合わせを行う。

まとめ

03

# 事業の差別化に向けた武器になる 右脳的発想のM＆A

右脳的発想のM＆Aは、他社との差別化を図るために有用な戦略オプションである。本章では、スポーツ、飲食、ヘルスケア、ｅスポーツについて事例を取り上げた。

**要点①　シナジーの実現には、時間を要する覚悟を持つ**

共通点は、シナジーの実現には困難性を伴うということ、およびPMIの重要性である。当然のことではあるが、右脳的発想とは、創造的な発想である。つまり右脳的発想のM＆Aは、自社の事業領域とは関係しないM＆Aであり、シナジーの実現はむずかしい。多くのケースでシナジー効果として、相互送客が見込まれているが、顧客層が違うということは顧客基盤を拡大するチャンスではあるが、顧客を取り込むための工夫が求められる。

また、シナジーを見込むということは、PMIでの取り組みも重要となる。なぜなら、シナジーはたまたま実現できる「棚からぼた餅」のようなものではなく、自らが汗をかいて実現させることが必要となるためだ。そのため、PMIに向けた施策の検討や、体制の構築、適切なPMIの担当者の選定が求められる。

**要点②　戦略的な意義をきちんと整理する**

スポーツやｅスポーツの事例で触れているが、戦略意義の検討も右脳的発想のＭ＆Ａでは重要となる。戦略意義がないと社内での合意形成が非常にむずかしくなる。また、買収の対象企業に対しても、なぜＭ＆Ａが望ましいのか意義を説明できないと、ディール中のさまざまな対応やＰＭＩでの協力を得ることができず、支障が生じる。

通常のＭ＆Ａであっても、課題はつきものではある。さらに、右脳的発想のＭ＆Ａになると、難易度が高まる。右脳的発想のＭ＆Ａは類型化がむずかしいものではあるが、本章で触れた内容は世の中でありそうな事例に仕立ててある。そのため、皆さんが右脳的発想のＭ＆Ａを検討される際に十分に役立つと思われるので、必要に応じて本文を読み直していただくことを願う。

# 第4章

# リスク社会を勝ち抜く「M&A実務変革」

DX・データアナリティクスの最大限の活用を

読み方のポイント

# M&A実務——財務・税務・法務を理解する

企業には目的（Purpose）があり、戦略（Strategy）があり、そして、その先には戦術（Tactics）がある。M&A戦略にも同様に戦術があり、一般的にはM&A実務と呼ばれている。企業という大規模な組織を一望して、その実態をすばやく捉えて評価し、「売り手」と「買い手」との間でリスク分担を契約という形にまとめ上げて買収を実行する一連のM&A実務は、財務・税務・法務にまたがる広範な知識を必要とする難易度の高いものである。

M&A実務は、日本企業が〝リスク〟として認識する範囲が拡張されるのに伴い、常に進化を遂げてきた。本章では、その「M&A実務の全体像」に触れたうえで「最新の潮流と未来に対する仮説」を述べていく。

企業としての「未来についての世界観」を持つことの重要性が前章まで語られてきたところであるが、そのキーワードである「デジタル化の進展」「対峙すべき社会課題の増大」「さまざまな経営リスクの顕在化」などが、どのような形でM&A実務には反映されているのか。

本章では、**「DX」「リスクに対する解像度の引き上げ」「リスクヘッジ手法の多様化」**などの3つの切り口によって取り上げていく。そして、最後に、未来のM&A実務がどのような姿に変貌を遂げるのか、未来志向をM&A実務そのものにも当てはめて考えてみたい。

# 1 バブル崩壊後、M&Aへの取り組む姿勢が変わった日本企業

M&Aとは、おカネを時間で買う、あるいは企業の成長に費やしてきた時間をおカネに変える、という行為である。つまり、企業経営に関して求められるスピードの加速が近年のM&A件数の増加を促している、とも言える。

このようなスピードの加速はいつから起こったのか。日本企業の歴史を紐解くと1990年代後半~2000年代前半にかけてバブル崩壊後の金融機関における不良債権の増加、その債務整理の一環としてのM&Aブームが、現在に至るまでのM&Aブームの1つのきっかけであった。

いわゆる〝ハゲタカ〟と呼ばれた外資系投資ファンドがこぞって日本におけるビジネスを開始し、欧米流の企業調査（Due Diligence：DD[1]）・企業価値評価手法・M&A契約といったM&A実務に基づいて、バブル期における不動産投資などの失敗の傷跡が深い日本企業を割安で購入し次々に多額の利益を獲得していったのである。

なぜ、彼らがそのようなことを成し遂げていったのか。

理由はさまざまであるが、当時の日本企業ではまだ一般的ではなかったM&A実務が、多額の含み損や債務などといった危機局面にあった企業の現状だけにとらわれず合理的にリスクを遮断し、収益性の復活する将来像を描く未来志向を可能とした点が、彼らの成功要因の1つであったと言えるだろう。

1. 企業買収にあたって事前に行う企業リスクに対する調査業務。DD（Due Diligence）と略して呼ばれることも多い。調査対象は財務・税務・法務など多くの分野にわたり、事業の将来性・潜在債務の有無・事業運営上の課題などを対象企業から提供される機密情報・外部情報を交えて分析・検討する（現在におけるDD実務については後述）。

図表4-1 | **日本企業によるM&A件数の推移**

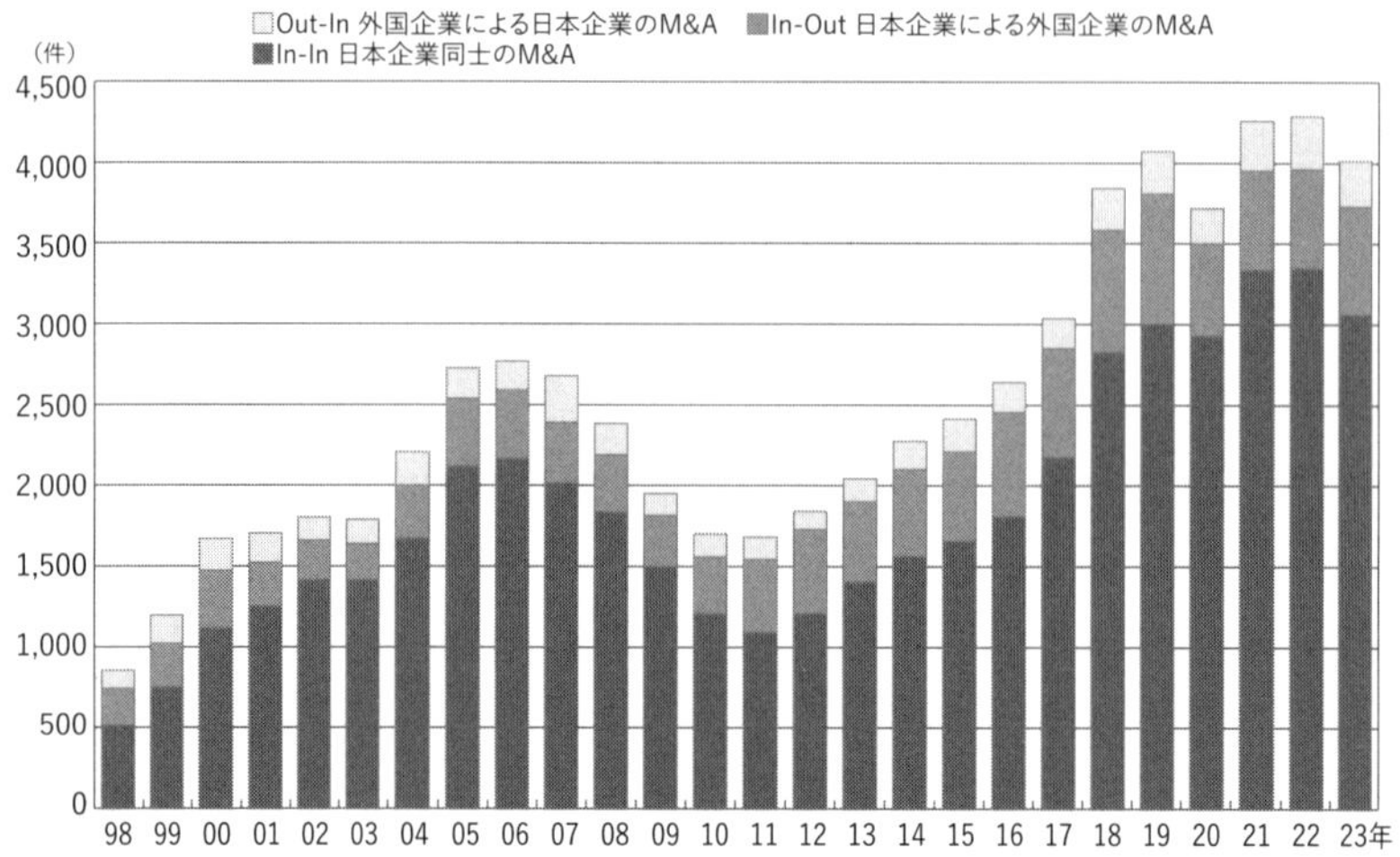


出所：MARR Onlineをベースに更新

M&A実務は、企業の実態把握を実に合理的に行う。投資家の立場からのリスクとリターンに特化して企業活動を捉え直し、リスクについては未然の予防・将来、それが顕在化した際の売り手への責任転嫁・経済条件に織り込むことによる割切りなどといった形で分類する。

それぞれへの対策を契約条件にしっかり織り込むとともに、リターンについては将来のフリーキャッシュフローを現在価値に割り引くことで企業価値を求めるDCF（ディスカウンテッド・キャッシュフロー）法[2]や、借入をテコとした将来リターンの最大化を試算するためのLBOモデル[3]などによって評価される。

当時の企業危機局面にあった日本企業は、表面上赤字を垂れ流し続け、貸借対照表は債務超過にあり、ほかの日本企業から見れば救いの手を差し伸べるに足りない存在であった。そのような企業の買収・再生を未来志向で成し遂げる外資系投資ファンドの成功は、日本経済に大きな影響を与え、

---

**2.** 次項において詳述。

**3.** Leveraged Buy-Out モデル。借入調達の返済と投資から数年後の転売時の売却益など複数の要素を織り込みながら、期待される投資利回りを基準に企業価値評価を検討する手法。企業買収時に借入による資金調達で手元資金を上回る規模の買収が可能となることを、テコでものを動かす＝Leverageにたとえている。

日本企業自身もＭ＆Ａ実務の有効性を広く認識したのである（図表４‐１）。

時を同じくして、出生率の定常的な低迷による少子高齢化社会の到来が間近なものとなり２０１６年以降には、実際に日本は人口減少社会に突入した。国内市場の縮小傾向を踏まえて２０００年代以降、日本企業の海外進出は加速していくことになる。なかでも時間をカネで買うＭ＆Ａという手法は、広く用いられていく。

企業文化・商習慣・従業員のガバナンスなどさまざまな点において、日本企業が独資（自社の資本のみ）で海外進出していくのは困難な側面も多い。自力での獲得が困難な経営資源の確保、という課題においてＭ＆Ａは有効な選択肢となる。このような日本社会の要請を受けて、１９９０年代後半～２０００年代前半にかけて現在の日本を代表するＭ＆Ａプレイヤーである、国内プライベートエクイティ・ファンド[4]の設立や金融機関および会計士事務所のＭ＆Ａ部門などの法人化が相次いだ。そして、各社においてＭ＆Ａ実務に関する組織だった知的資本の蓄積がされるようになった結果、今に至る日本流のＭ＆Ａ実務が定着したのである。

では、かつて〝身売り〟〝乗っ取り〟などと否定的な呼び名で揶揄《やゆ》されていたＭ＆Ａが未来志向の健全な企業戦略として捉え直されたあと、その実務は現在どのように進化を遂げているのだろうか。

## Ｍ＆Ａプロセスの効率性と領域拡大、中小企業向け案件が進む現在地点

まず、プロセスの効率性の追求が進んでいる。

4. 複数の機関投資家などから集めた資金によって非上場企業を買収し、企業経営に関与することで企業価値を高めた後に売却することで売却益を得ることを目的とした投資ファンド。PE（Private Equity）と略して呼ばれる。

過去のＤＤでは、対象企業の会議室などを借り切って大量の紙媒体による書類を専門家が昼夜を徹して目を通すという作業であった。しかし、情報交換のデジタル化が促進され、現在ではデータファイルを限定されたメンバーに対してウェブ上で情報開示を行うバーチャルデータルームを用いた形式が広く浸透し、過去に比べて大規模なデータを効率的に収集し、分析することが可能となった。

結果、過去に比べて多数の専門家による同時並行の調査が可能となり、短期間のＤＤにおける領域の拡大とその取りまとめを行うファイナンシャルアドバイザーによる統合的なプロジェクトマネジメントが一般化した。

そして、ＤＤ領域の拡大の方向性としては、ＤＤのもともとの位置づけが簿外債務（貸借対照表に計上されていない債務）などのリスクの洗い出しを主たるものとしていたのが、よりビジネスの各領域へと多様化するとともに将来へのチャンスを見出すための事前準備という要素が付加され、現在は、総合的なＤＤの実施が広く普及している。具体的には従来の財務・税務・法務の３点に加え、ビジネス・人事・ＩＴなどといった領域がＤＤ対象として細分化され、より力点を置かれるようになった。

ビジネスＤＤは対象企業の事業内容の把握にとどまらず、将来的な投資後の事業計画の策定・競合他社に対する優位性や市場の成長性を含む外部環境の調査・経営資源の安定性にかかる確認など、広くビジネスを今後維持・成長させていくために把握する定量・定性情報を財務諸表に現れる範囲を超えて収集するようになっている。

人事・ＩＴも同様に過去のリスクを洗い出すだけではなく、対象企業の人的資本・ＩＴに関連した知的財産の現状把握とPMIを見据えた企業の融合時における課題の抽出、初期的な対応策の策定といった、より未来志向の課題がDDの対象となっている。

対象企業の事業規模や状況、買い手における予算の都合などを踏まえた濃淡はあるが、DDの調査領域は投資後を見据えた観点も含めて、リスクとリターン両面を漏れなく検討するようにM&A実務は進化している。

一方で、このようなM&A実務の巨大化は、年商数億円クラスの小規模な企業のM&Aでは、対象企業の許容度と買い手の予算の都合に馴染まない側面もある。

M&A仲介業者による相手先の探索というマッチングの側面を重視したM&Aでは、M&A実務自体は（たとえば、企業価値[5]は表面上の財務諸表の実績数値のみで機械的に算出されるなど）簡素かつ画一的なものに終わらせる、という潮流も昨今の日本では活発化している。これは双方が詳細分析を行わずM&Aを実施することにより、事後に当事者間での認識乖離による係争が生じるリスクもはらんでいるため、賛否両論あるものの世界的に見ても、マッチングに特化して実務を簡便化させたM&Aに取り組む企業数が多いと言われている。

日本の中小企業にとって事業承継手法としてのM&Aは潜在的な需要が大きく、その企業規模と調査する側の経済性を踏まえた中で一定程度、このような簡便化させたM&A実務が容認されているのも事実だろう。

昨今のM&A実務は、デジタル化による効率性の追求と領域拡大、一方で中小企業向けの簡便化という二極化が進んでいるが、今後の日本企業のあり方を踏まえてこれらは十分な進化と言えるだろうか。

---

5. 企業買収における企業の“価格”に相当する概念。後述。

本書で論じられている企業経営や社会システムの脆弱性・不確実性がより可視化されつつある社会に対してM&A実務も順応していくべきである。すでに、それらの萌芽が見られる状況にある。では、現在起きているさらなるM&A実務の進歩とは、どのようなものだろうか。

## 汎用化するのか？　新たな「3つのM&A実務」という潮流

本章で紹介する、新たなM&A実務を読み解くキーワードは、

・DX
・リスクの解像度の引き上げ
・リスクヘッジ手法の多様化

である。先ほど述べたとおりM&A実務は、巨大化と簡便化の二極化が進んでいるが、キーワードはこのいずれに対しても、その深化を促すものである。

図表4-2でわかるように、デジタル化の恩恵をこの20年間、享受してきたM&A実務だが、これから先の20年については、さらなるデジタル化の進展によりM&A実務に関する価値観そのものの変化を与える可能性がある。情報処理の高速化が、実務者の介在しない、あるいはその守備領域を大きく変えるような形にまでM&A実務を変えていく可能性を持ちつつある。

20年前は大量の紙媒体の資料を相手に格闘していた世界だが、現在ではオンライン化により整

## 図表4-2｜過去20年間における日本企業によるM&Aの実務と変遷

| | 欧米流手法の輸入<br>1990年代末〜2000年代中半 | M&Aの一般化<br>2000年代後半〜2010年代中半 | M&A3.0<br>2010年代後半〜2020年代前半 |
|---|---|---|---|
| 経済・M&A動向 | ■バブル経済の後始末：不良債権処理と企業再生<br>■海外投資ファンドによる、欧米流の企業統治・コーポレートファイナンス手法 | ■金融・会計ビッグバンの完了：M&A関連制度の整備<br>■事業承継・海外投資・国内合従連衡のツールとしてのM&Aの一般化 | ■DX：IT系を中心としたスタートアップ投資の活性化<br>■M&A市場の細分化、投資リスクに応じたアプローチの多様化 |
| M&A実務潮流 | ■文明開化：DCF法やM&A契約書などの国内実務への輸入<br>•対象企業の会議室を貸し切り、乗り込んだ専門家が書類をひっくり返してリスク分析 | ■日本流の完成：欧米流の浸透、小規模案件との二極化<br>•VDR*6での膨大なデータ交換、多数の専門家を動員するプロジェクトマネジメント | ■デジタル世代：リスク対応のスマート化、プロセスの効率化<br>•実務はオンラインでほぼ完結、案件規模に応じたチームアップやプロセス設計 |

＊6：Virtual Data Roomの略。インターネット上の仮想空間に設置された対象企業の情報閲覧を目的としたデータルーム

然としたデータ処理に代わった。そこからさらにデータ処理のほとんどをＡＩに任せるときが近づきつつあり、人間の仕事は初期的な各Ｍ＆Ａプロジェクトのデザイン、交渉戦術、あるいはヒューマニスティックなやり取りに、今後は注力していくのかもしれない。

たとえば、事業承継を目的とした企業オーナー兼経営者を相手方とした場合に、どのようなメッセージで買収後の対象企業の将来を牽引する絵を示して魅了させるのか、大企業の部門売却にあたって本社に戻る可能性のある役職員のうち、誰をキーパーソンとして慰留を求めるべきか、など。現在の実務でも重視されている定性面の検討の比重が上がっていく可能性がある。

そして、過去においてはリスクとされていなかったものが、今リスクとして見出されつつある、というのが「リスクの解像度の引き上げ」という事象である。社会の価値観の変容のうち代表格としてはＥＳＧ（環境、社会、企業統治を考慮した投

資活動や経営や事業活動）があるのはこれまで述べてきたとおりである。こと脆弱性と不確実性の高まりを受けて、ＥＳＧの観点から企業調査の需要も大きくなっている。

加えて日本経済における、コーポレート・ガバナンスの変革による利益相反に対する考え方の変化がある。代表的な例は、上場している子会社の親会社による非公開化における少数株主保護を想定した各種手続きの強化だ。親会社出身の子会社経営者は、本当に子会社株主の利益に資する判断を下しているのか、第三者で構成される特別委員会の設置を促す方向に舵が切られている。

１つのムラ社会として閉じた形で運営されがちだった日本企業に、より株主目線での企業統治が浸透した結果、Ｍ＆Ａで頻繁に生じる経営者と株主との間での利益相反に対しても世論の感性は鋭敏になり、行政が新たな指針を示すなどの動きが起きている。

最後に、効率性の追求と社会の価値観の変化の両方が推し進めている事象としてリスクヘッジ手法の多様化がある。リスクヘッジ手法の多様化とは、「企業の株式の過半数を取得し、支配権を獲得する」のが従来のＭ＆Ａの王道である。

だが、社会の変貌のスピードが上がるとともに先端分野を中心にその投資に対する成否の不確実性が高まるにつれて、「王道の手法を避けて分散型の投資を起動的に行う考え」が新たな潮流となっている。また、社会におけるＭ＆Ａの経験値が積み上がったことで、企業リスクの担い手を当事者ではない第三者に担わせるという手法が、表明保証保険[7]という形で欧米において定着し、日本にも輸入されつつある。

以降、本章では日本で定着したＭ＆Ａ実務の概論を述べた後に、上記の最新潮流を解説し、さらに先にある未来のＭ＆Ａ実務について仮説を述べてみたい。Ｍ＆Ａ実務は日本経済における企

---

7. 第3項にて詳述。

業リスクに対する価値観の写し鏡であり続けてきた。その現在とこれからを理解することで、今後の日本の未来を考える1つの材料となれば幸いである。

# 2 基礎編・M&A実務――クロージングまでの基本的な流れ

## どのように買い手と売り手が折衝していくのか

まず、現在一般化されているM&A実務について、

・情報管理
・未来志向
・リスク分担

これらのキーワードに基づき読み解いていく。売り手の立場から見ると、M&Aとは守秘情報を外部に開示し、企業価値評価を買い手に依頼するという情報漏洩のリスクを伴う行為であり、情報管理に細心の注意を払う必要がある。

一度外部流出した情報を取り返すことは困難であり、悪用された場合には、運営に支障をきたすほか、企業売却を検討しているという事実自体が、業績悪化のため身売りを検討しているのではないか、などの憶測により信用悪化につながるおそれもある。その対応策としてM&Aでは、

図表4-3｜**M&Aプロセス概要**

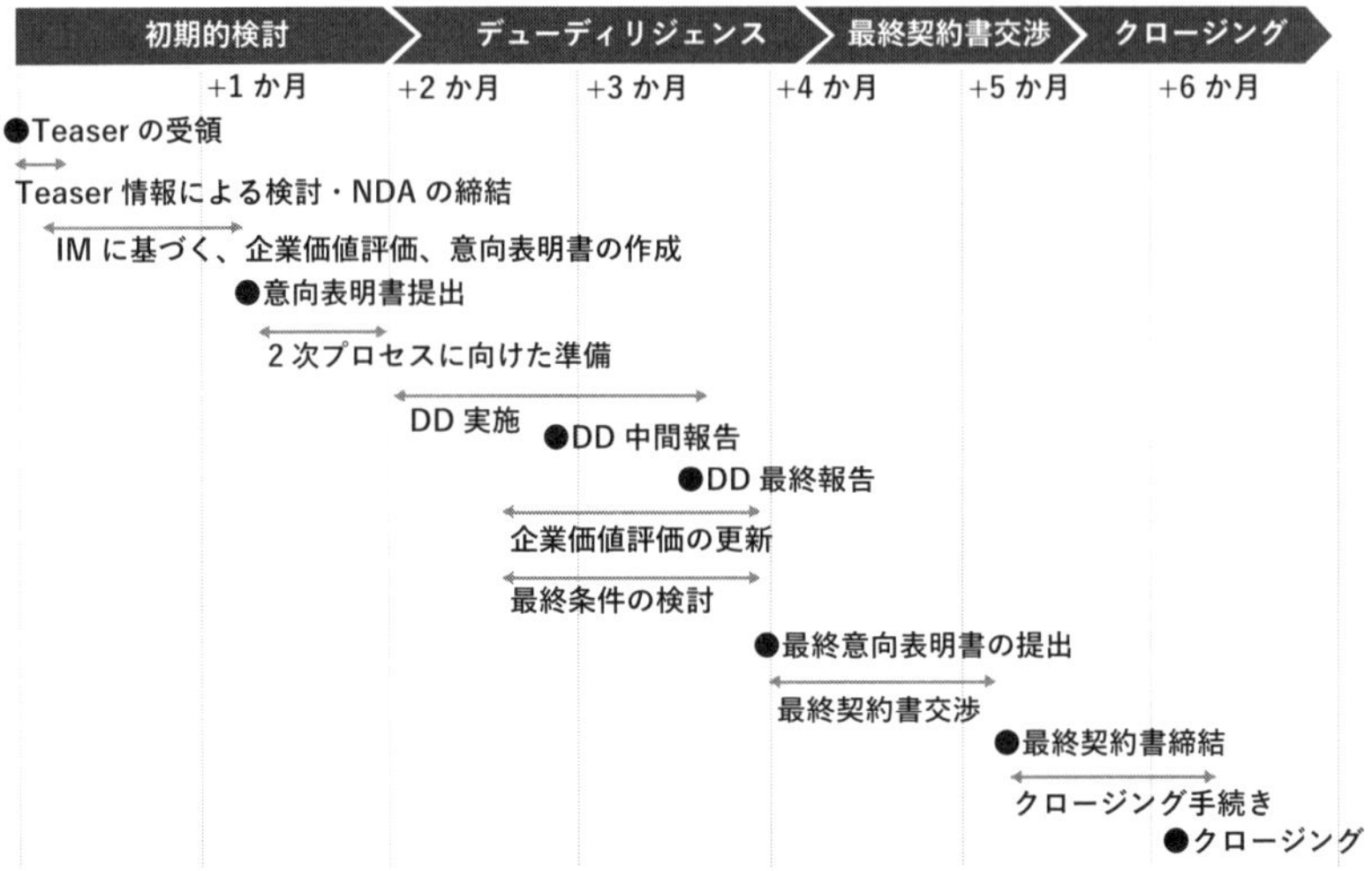


出所：デロイト トーマツ ファイナンシャルアドバイザリー合同会社

段階的な合意形成と情報開示を行うプロセスを踏むことが一般的だ。

図表４‐３に示すのは、典型的なＭ＆Ａプロセスである。まず、初期段階では、Teaserと呼ばれる、Ａ４／１枚に収まる範囲に企業の魅力や財務などの情報をまとめた匿名の会社概要資料を買い手候補先に配布する。

次に、関心を持った相手先との間でＮＤＡ（Non-Disclosure Agreement：守秘義務契約）を締結し、企業名を開示したうえで、より具体的な企業の強み、市場環境、事業計画などの詳細を含む企業の紹介資料として、Ｍ＆Ａのために作成されるＩＭ（Information Memorandum）を配布して初期的な企業価値評価に基づく意向表明書の提出を依頼する。

買い手から示された初期的条件が受け入れ可能だったものの場合、本格的な買い手からの調査を受け入れるＤＤを実施する。この段階では企業の保有する一次情報（たとえば、株主総会や取締役会の議事録、管理会計や係争などにかかる情報など、原則企業から外部には開示されないもの）を限られた買い手候補先に対して開示し、最終的な買収条件の提示を依頼する。DDも1、2カ月程度と限られた時間であり、企業の保有する情報をすべて開示するのは困難であり、また、買い手候補先もまだ最終的に買収を意思決定しているわけでもない。

売り手は買い手候補先の希望する情報に対して、優先順位をつけて開示の是非を検討・対応していく。そして、最終的に買収条件が折り合う相手先との間で最終契約書交渉を進め、最終契約書を締結した後には外部の関係当事者からの株主の異動に関する承諾を得るなどクロージング手続きを履行し、晴れてクロージング、買収実行の段となる。

このようにM&Aプロセスは、**「売り手の立場からは企業の情報管理という観点から複数の段階を踏むもの」であり、「買い手の立場からは時間と情報の制約の中で企業の全体像を把握し、評価するという困難な課題に対応」しなければならない。買い手においては複数の段階を踏むうえで、どのように売り手と折衝していくか、という戦略の検討が必要となる。**

### ①企業価値評価手法

企業の価値について考える場合、大きくは企業を「静的に」考えるか、「動的に」考えるか、2つの視点がある。日本企業の企業価値評価において、過去に主流な考えだったのは前者だが、未来志向で企業を捉える場合に後者の目線が重要視されるようになり、現在では主流となっている。

企業を「静的に」考える代表的な評価手法が、財務情報のうち貸借対照表に着目して、その資産・負債を時価で評価することで企業価値を求める時価純資産法と呼ばれるものである。株主に帰属する企業の純資産に対して、たとえば企業の保有する不動産や有価証券などに貸借対照表に反映されていない含み益がある場合には加算調整を加える。これにより企業を清算した場合に、株主が得ることができる経済的な価値に相当する金額の把握ができる。

保守的に株主の立場から企業を評価するためには合理的な側面を有する一方、企業買収という状況を想定した場合に、新たな株主となる買い手が現実に得る利益であるかというと、必ずしも妥当な評価とは言えないだろう。

実際に企業を継続的に運営する場合に将来得られる利益と、今すぐに企業を清算した場合に得る利益が一致しない可能性は、成長が著しい一方、特に資産的背景を持たないテクノロジーベンチャー企業の買収などを想定した場合に明らかである。

そのため現在のM&Aの実務は、「動的に」考える評価手法が主流になっており、その代表的なものがＤＣＦ法[8]である。ＤＣＦ法では、「企業から将来得られるリターンの総体」として事業価値をまず試算する。

具体的には、まず企業の事業計画に基づいて対象企業が創出する将来のフリーキャッシュフロー（ＦＣＦ：Free Cash Flow）を試算する。損益計算書によって示される会計上の利益に対して、ＤＣＦ法では「株主が最終的に企業活動を通して獲得する現金を重視する」ためだ。

次に、企業に対する投資家の立場から期待利回りを表す加重平均資本コスト（ＷＡＣＣ：Weighted Average Cost of Capital）を割引率として用いてＦＣＦを現在価値に割り引く。このＦＣ

8. DCF法は、企業運営のために投下されるお金について株主に帰属する純資産を自己資本、銀行からの借入を他己資本の２つに大別して捉える。2種類の資本の割合は事業の安定性などに応じ、企業の属する業界や固有性で異なるという考えに基づく。WACCは、各企業にとっての最適な割合で当該2つの資本を加重平均することで計算される、当該企業に対して求める利回りを指す。

図表4-4｜**DCF法における評価アプローチ**

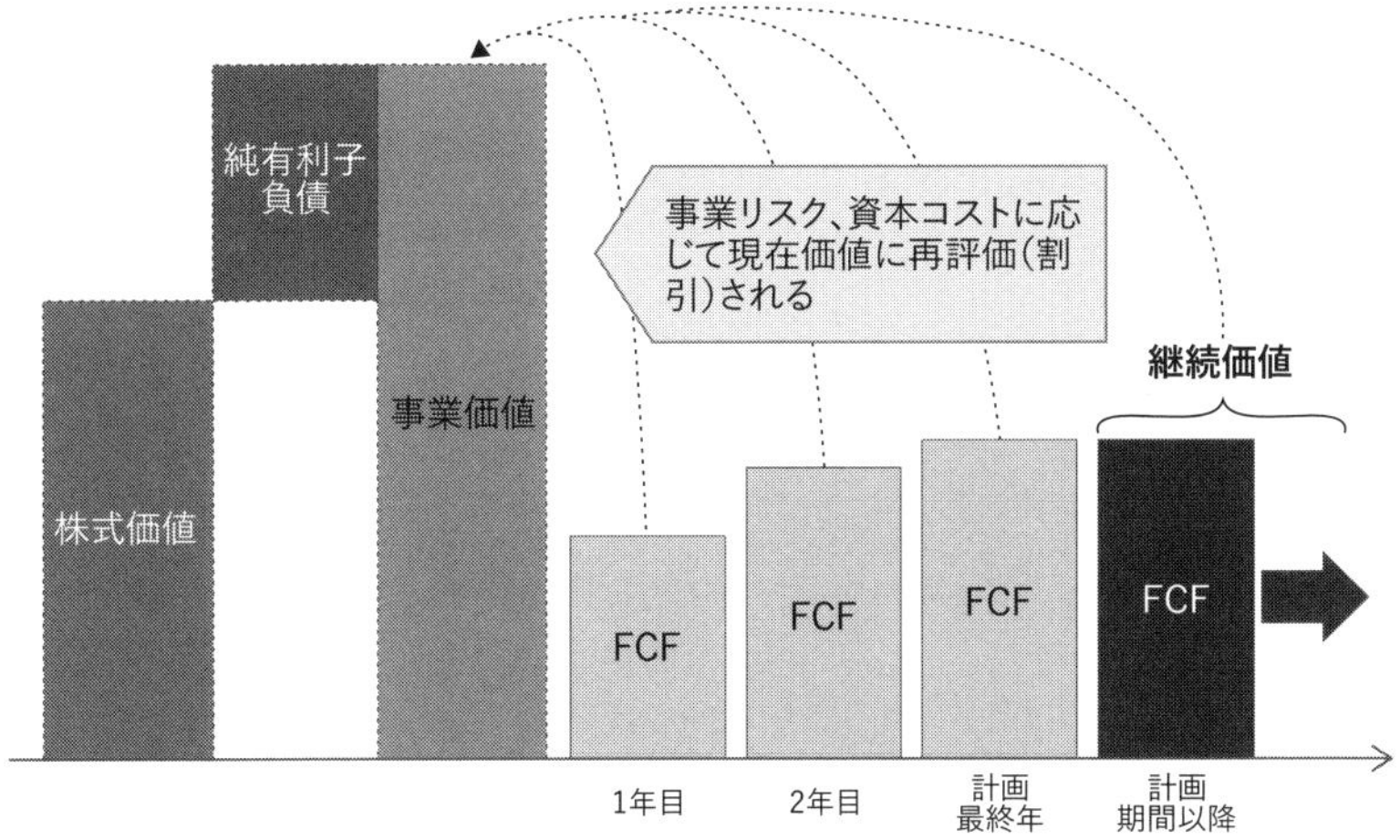


出所：デロイト トーマツ ファイナンシャルアドバイザリー合同会社

Fの現在価値の合計をＤＣＦ法では、事業価値として解釈する。

さらに事業価値に対して企業が評価基準日（事業計画開始日時点）において有する純有利子負債（Net Debt：金融負債から現預金を差し引いた金額）を金融債権者に帰属する価値として差し引くことで、株主に帰属する株式価値を算出する。

ＤＣＦ法の利点は、企業の将来における収益性の成長をその固有の事象も含めて織り込み、株主として期待できる投資リターンを求める観点では合理的なことだ。現時点で資産の価値よりも、将来得られるリターンに目を向ける点でもＤＣＦ法は未来志向な手法である。

一方、事業計画が達成しない場合には試算結果に沿わないリターンとなるため、事業計画に依拠するＤＣＦ法も危うさをはらんでいる。

実務上は複数の事業計画シナリオを用意し、リスクが顕在化したシナリオも含めた複数の価値評価に基づき総合的に意思決定することで対応する。完全なリスク緩和とはならないが、いく通りかの未来に備えつつ取引価格という一本値の意思決定をしなければならない状況に対応するためには、多角的な視点を持つことの意義があると言えよう。

ＤＣＦ法に準じてＭ＆Ａ実務において用いられる評価手法が、類似会社比較法である。この手法は上場している同業他社の株価水準から、評価対象となる企業の株価を算出する手法である。上場企業の株式には市場価格があるため、その時価総額に純有利子負債を足し合わせることで、事業価値を算出することが可能である。

さらに当該企業の財務指標（ＥＢＩＴＤＡ／Earnings Before Interest, Taxes, Depreciation and Amortization：企業価値評価の指標を示し、利払い前・税引き前・減価償却前利益のこと）で、この事業価値を割ることにより財務指標に対する倍率という形で株価水準を定義する。

この際、１社では会社固有の事情により株価が形成されている可能性も高いため、多くの場合は複数の上場している同業他社を類似企業として抽出し、その倍率の平均値を対象企業に適用する。当該倍率に対象企業自身の財務指標を乗じることで対象企業の事業価値を算出し、最後にＤＣＦ法と同様に純有利子負債を差し引くことで株式価値を算出する流れとなる。

前述のとおりＤＣＦ法は対象となる企業の事業計画しだいで大きく評価が変わるため、〝株式相場〟に対して著しく乖離《かいり》した評価結果もあり得る。対象企業固有の事情を踏まえたものとして妥当な場合もあるものの、その評価結果の株式相場との比較を行うためにも、実務上では類似会社比較法をＤＣＦ法と併用して採用することが多い。

なお、類似会社比較法では、対象企業と事業が類似している企業が上場していない場合もあるほか、株式市場における株価形成が一時的な要因などにより歪んでいる可能性もある。この課題に対しては、それぞれ類似企業を広義の範囲に拡張して抽出する、株価の観測期間を複数（たとえば直近1カ月平均、3カ月平均など）設けて多角的に評価する、などの対応策を講じることが通例である。

## ②DD・M＆Aにおける企業調査

M＆A実務における各種の企業調査は総称して、DDと呼ばれる。その主な目的は企業の買収に関わる重要なリスクおよびその可能性を事前に発見することにあり、DDにおける発見事項は最終契約書の協議で、そのリスク分担を売り手・買い手間で協議する。

先に述べたように、守秘性の高い情報を扱うM＆Aの性質から初期段階で買い手に対して開示される情報は限定的である。買い手から初期的な条件打診を受け、売り手と買い手との間で一定の基本的な条件に関する合意形成がなされた後にDDは開始する。

DDの対象となる領域は、財務・税務・法務を基礎としつつ、ビジネス・IT・人事・環境など幅広い。たとえば、財務DDは主に会計士が担当し、正常収益力や純有利子負債に関する精査を行う。財務諸表の数値を鵜呑みにするのではなく、一過性の増減要因が含まれていないか、財務諸表に表れていない株主が変わった場合の影響・潜在的な債務がないか、などに関する分析を行う。

買い手の立場から将来の収益を検討するうえで、その土台となる財務情報に関するリスク要素を確認し、要素に応じて価値評価に反映する、あるいは最終契約書においてリスクの顕在化時の責任を売り手に転嫁することで処理する、などの対応策を検討する流れとなる。税務・法務など

図表4-5｜**代表的なDD対象項目**

| DD項目 | 主要な分析対象 |
|---|---|
| ビジネス | 事業環境、事業特性、自社とのシナジー可能性、事業計画に対して影響を与える要因 |
| 財務 | 正常収益力、Net Debtおよび純資産などの財政状態、正常運転資本、会計方針 |
| 税務 | 過去の納税、組織再編などに関連する追徴課税リスク、買収に伴う租税債務の可能性 |
| 法務 | 法令違反および係争リスク、買収に伴う取引解除リスク、取引先との不利益な契約条件 |
| 人事 | 人事制度、報酬体系、退職金制度などの人事全般、キーパーソンのリテンション |
| IT | システム概要、IT統制状況、保守運用状況、IT投資状況、買収に伴う影響を受ける要素 |
| 環境 | 土壌汚染の可能性、環境債務 |

出所：デロイト トーマツ ファイナンシャルアドバイザリー合同会社

も基礎的なＤＤ領域となるが、これらは追徴課税や係争などによる簿外債務発生・法令違反の可能性を分析することを主としており、財務と並んでいずれもリスクの洗い出しという性質が強い。

一方、ビジネス・ＩＴ・人事などの領域はリスクの洗い出しとともに買収後の統合や事業運営を検討するために実行するという性質も強い。たとえば、ビジネスＤＤは対象企業の内部環境・外部環境の調査を行うが、それぞれ主としては事業計画の確実性やシナジーの実現可能性・対象企業の属する業界の成長性や業界の中での対象企業の競争優位性などを調査対象とする。これらは対象事業の成長に関するリスクとともに、さらなる発展に向けたチャンスがどこにあるかを理解する行為にもなり得る。

ＩＴ・人事などは買収後のＰＭＩに向けた対象事業のＩＴシステム・人事制度・ガバナンスなどの現状把握にはじまる。そして、自社体制・制度とのギャップ分析、ＰＭＩにおけるシステム刷新・制度変革に関するコスト見積り、および初期的なロードマップの策定までが含まれることもある。

一昔前までは会計士や弁護士などの士業の専門家領域ではなく、これらの領域はそのほかのDDの一部として簡易に実施されるのみで個別に取り上げられることは少数派であった。しかし、買収後のPMIがM&Aの成否を左右することの重要性が理解されるにつれて、中~大型のM&A案件ではこれらの領域も実施することが通例化されている。

DDは4~6週間という短期間で実施していくことが通常だ。買い手の立場からは企業の全体像を理解するとしたら、もっと猶予がほしいところである。しかし、対象企業の立場からは日常業務を遂行しつつDDにおける情報開示と質問への回答に答える労力は相当な負担である。また、長期間DDを行おうとすると、刻一刻と事業運営によって財務情報などが更新され続けていくため再びDDをやり直していく必要も生じる。

ゆえに短期間で対応していくことになるが、当然買い手はすべての情報を把握することがむずかしいため調査対象と、その粒度などについては優先順位をつけていく。近年は多くの企業情報は契約書も含めて電子データで管理されるようになり、データファイルで効率よく情報交換を行うことが可能となった。しかし、大量のデータからトレンドを理解し、潜在的なリスクを検出する実務には、一種の職人技とも言える経験と技術が必要となる。

### ③M&A契約と当事者におけるリスク分担

DDを終えたあとに、最終契約書の交渉が売り手と買い手との間で開始する。DDの発見事項に関する対応策は大別して、

・その経済的影響を価値評価の中に織り込む
・最終契約書においてそのリスクの担い手と対処について明文化する
・ＰＭＩにおいて是正措置などを講じる

これらの3点である。ここでは最もＭ＆Ａで頻繁に用いられる取引形態である株式譲渡を実施する場合に締結される株式譲渡契約書を例にして、2点目の「最終契約書における売り手と買い手とのリスク分担のあり方」について解説したい。

株式譲渡契約書は、取引の対象や主体、予定日などに関する基礎的な取り決め、そして、秘密保持義務、準拠法などの一般条項に加えて、クロージング前提条件、誓約事項、表明保証といった条項が加えられ、主要な交渉事項としてその内容が争われる。これらの条項はＤＤ発見事項について、買い手の立場からリスクに対する許容度、何らかの働きかけを行うことで治癒の可能性、顕在化の可能性などの多角的な角度から整理を行い、主に買い手から売り手へ株式譲渡にかかるリスク負担を要求していくためのものだ。

まず、最も強力な要請がクロージング前提条件であり、これは主に株式譲渡前に何らかのリスク治癒に関する行為（および不作為）の完了を株式譲渡実行のための前提とする条項である。リスク治癒がされなければ取引自体を行わないという点では、買い手からすれば安心材料となる。しかし、売り手からすると取引の障害となる不安材料であり、少ないに越したことはない。最終契約書の交渉で最も争われることが多い要素が盛り込まれる。

具体的には、「株主の異動に関する主たる関係当事者からの事前承諾の取得」「主たる企業内のキーパーソンからの慰留に関する承諾の取得」「クロージングまでの安定的な事業運営の維持」などである。買い手の立場から事後で当該リスクが顕在化した場合の事業価値が維持できなくなるようなものが多い。

だが、売り手の立場から顕在化の解釈次第でたやすくクロージングできない状況が生まれるようであれば許容できない。その範囲やどの程度まであれば顕在化が許容できるかなど、ときとして細かい解釈にまで議論がおよぶことになる。

次に誓約事項があり、相手方に何らかのリスク治癒に関する行為（および不作為）を求めるものを定義する条項である。一部クロージング前提条件を包含しているが、クロージング前の行為の完了までは求めないもの、あるいはクロージング後からの行為を求めるものまでを含めている点で異なる。

たとえば、前者の例として株主の異動に関する主たる関係当事者からの事前承諾という論点を挙げると、関係当事者から承諾書の取得完了を必須とすれば、クロージング前提条件である。だが、関係当事者へ承諾取得に向けた依頼や働きかけを行うことまでを売り手の努力義務として定めた場合には誓約事項のみに留まり、クロージングに向けた難易度は下がり、売り手からはより許容しやすいものとなる。

後者の例は、クロージング後の売り手における売却予定企業との競合する事業の運営を禁止する競業避止義務や、従業員の勧誘を禁止する勧誘禁止義務などが挙げられる。売却する事業と同じ事業を売り手が新たに行うのは合理的でないようにも見える。だが、売り手が引き続き別の事

図表4-6｜**最終契約書における主なリスク対応策**

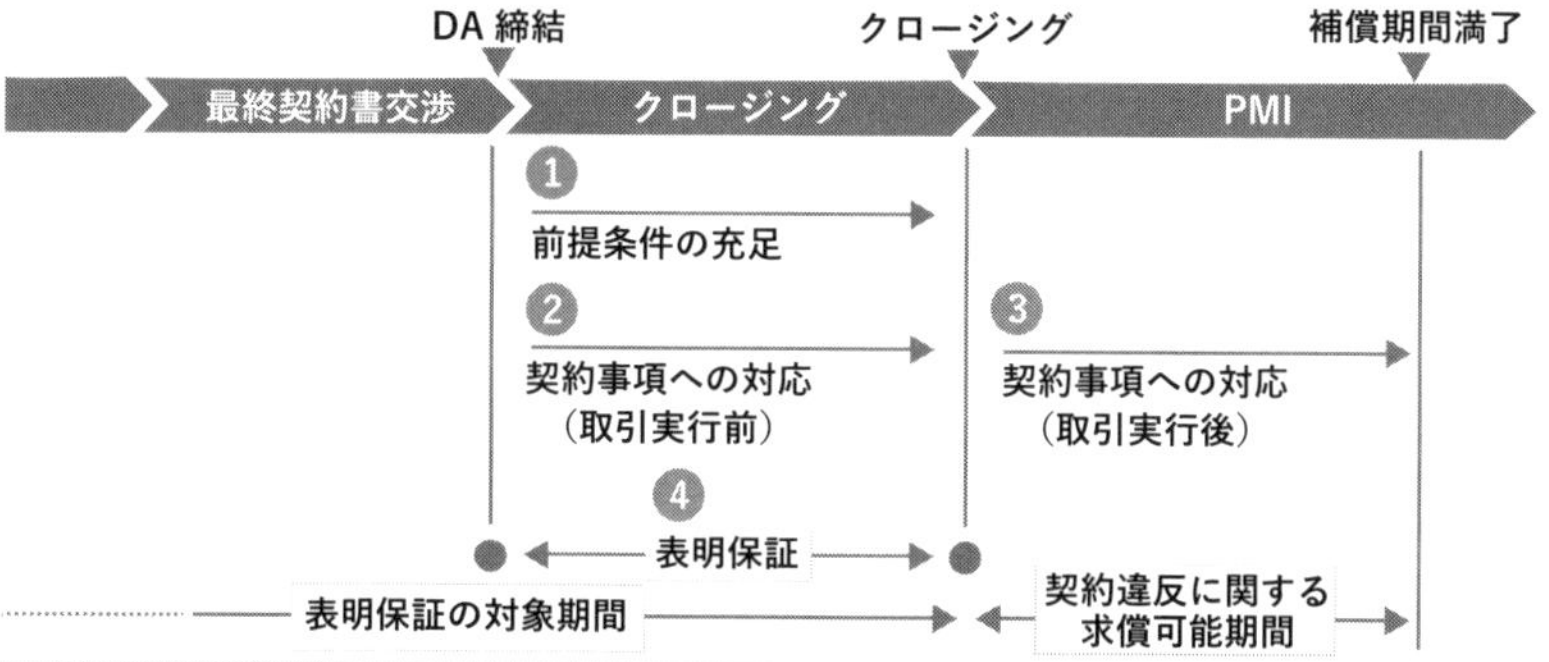


| # | 買い手の立場に基づく各条項の機能 | 代表例 |
|---|---|---|
| 1 | クロージング前に治癒すべきリスクなどが主に設定される（充足されない場合、相手方はクロージングを履行する義務を負わない） | 重要な取引先からの株主異動の承諾など |
| 2 | 前提条件に定めたリスクの治癒のほか、努力義務などを含めた、主に売り手に義務として課す各種行為および禁止事項を設定 | クロージングまでの通常の事業運営など |
| 3 | 主に、クロージング後の円滑な事業運営に関連して売り手に義務として課す各種行為および禁止事項を設定 | 競業避止・従業員の勧誘禁止など |
| 4 | 簿外債務・法令違反などのリスクの不存在に関する、主として売り手による保証（最終契約書締結時およびクロージング時を基準とすることが多い） | 開示した財務情報の正確性など |

出所：デロイト トーマツ ファイナンシャルアドバイザリー合同会社

業を行っている場合に、売却予定企業のノウハウを転用することで新たなビジネスを生みだす可能性は否定できない。この場合も競合する事業とは何か、という定義の議論が買い手と売り手との間で激しく戦われる。

　最後に表明保証であるが、顕在化の可能性が不透明な潜在的なリスクが買収後に発生した場合にその損害を相手方に求償するために定める条項であり、相手方が何らかの事象を表明し、その内容を保証する（その内容に瑕《か》疵《し》が事後で判明した場合には、補償事項に基づいて求償する）という形を取る。

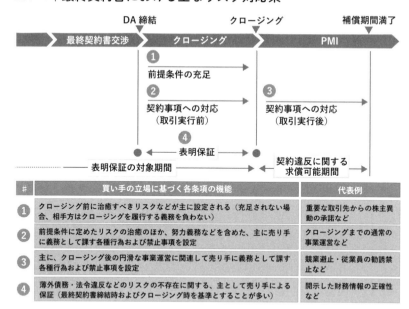

　具体的には、開示された財務諸表などの情報の正確性、対象企業における法令違反の不存在といった事項が、表明保証の対象となる。

　表明保証の場合にはクロージング後に何らかリスクが顕在化し、買い手が具体的な損害を受けた場合に初めて売り手がリスクを負担するため、クロージング前提条件や誓約事項に比べると売り手の負担としてはより軽くなる。

一方、事後で顕在化したリスクであれば何でも許容できるわけでは当然ない。いつまで求償《きゅうしょう》（賠償や償還を求める）を受けるか、どの程度、深刻なリスクであれば求償を受けるかなどの期限や補償金額の上限下限など、表明保証の対象範囲と共に補償に関する細かい限定を加えていく。その時に押さえておきたいのは、表明保証の違反となる事実に対する当事者の認識（契約当時に実際に知っていた事実なのか、知らなかったものの知るべき立場にあったのか）や損害の対象範囲が間接的な損害についてまでおよぶか、という点である。

M&A実務として一般化されているM&Aプロセスの概要、企業価値評価手法、DD、M&A契約の基礎について述べてきた。現在、教科書的な知識として広く流布しているこれらの手法も、具体的な解決案や落としどころなどは、その情報の守秘性の高さゆえに一般的には流布していない。そのため属人的な知識に委ねられており、専門家の間での相場が可視化されにくい。それは若手の専門家にとっても時として課題となり、総じて経験値の差がモノを言う世界となっていると言えよう。こうした情報の非対称性の高さに対して、近時の新たな実務は風穴を開けていこうとしている。次項では代表的なものを例に、この潮流を解説していく。

## 3 M&Aの新潮流「DX・データアナリティクス」とは何か

前述のとおり、M&AにおけるDDは限られた時間の中で企業の全体像を把握するとともに、潜在的なリスクやチャンスを分析する困難性を有している。リスクの所在やその度合いは経験に基づく職人技が活きるところだが、可能であれば、実際により多くのデータを閲覧し、その結果に基づく客観性を具備していきたい。近年はデータアナリティクスの導入が徐々に行われており、過去においては困難だったレベルを超える形で分析が可能となりつつある。

多店舗展開する小売業を例にとって、データアナリティクスの導入を考えてみたい。

オンラインではなく物理的な店舗を有する小売業者にとって、代表的なビジネス上のリスクは既存店舗の健全性、チャンスは新規店舗の出店余地である。一見すると財務上は継続的な出店により増収増益を続けている場合にも、実は既存店舗は減収となっており、新規店舗の売上の寄与によって覆い隠されているというリスクもある。また、同じ業態であれば出店を続ける余地は、顧客の店舗間での奪い合いなどの理由から年を追うごとに減っていくため、事業計画上の前提となる出店計画の達成が困難な可能性もある。

また、総体として既存店舗が良い業績を残している場合にも、業績不振となっている店舗が一部あり、テコ入れのためにはどこが優良店舗か、また優良店舗における成功要因は何か、なども検討したい。

加えて他社店舗との競合状況は、現状から今後他社における出店予定なども加味して業績悪化

図表4-7｜**店舗ビジネスを対象としたデータアナリティクス分類**

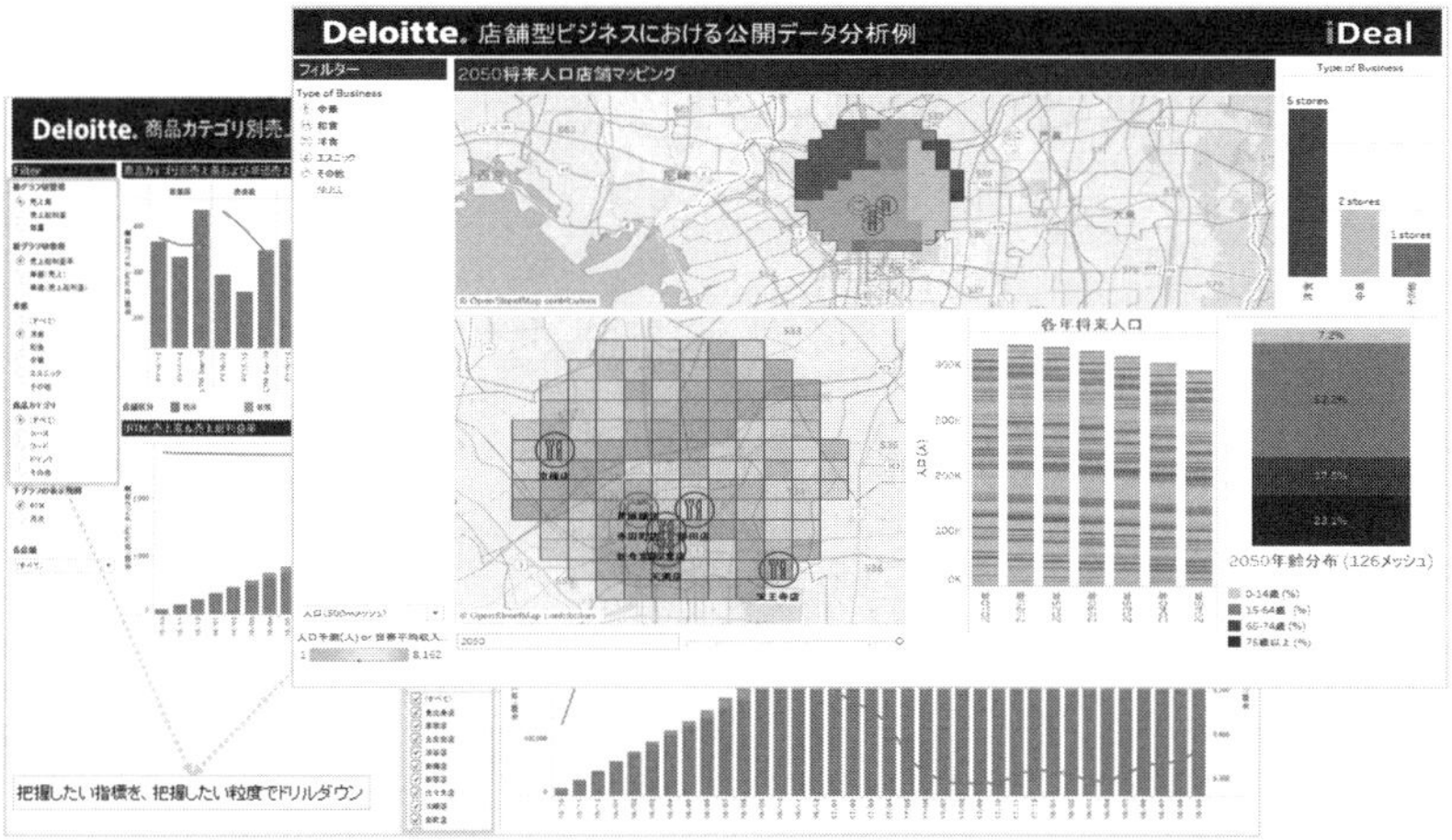


出所：デロイト トーマツ ファイナンシャルアドバイザリー合同会社

懸念を把握すべきである。そして、同業者による買収とした場合に、共通費用の削減による合理化というコストシナジーの検討のためには統廃合の対象となる店舗はどこにあるのか、どちらを存続店舗としたほうが業績向上に寄与するかも検討すべきだろう。さらに精緻に分析していくとしたら、各店舗および出店予定地域の商圏規模、人口動態、不動産市況などのマクロ情報も理解しておきたい。

このように掘り下げて考えると、ビジネスDDでは事業会社の担当者が相応の時間をかけて取り組む行為を2、3カ月の間に完遂させる必要がある。

過去においては膨大なデータの中から優先順位の高いものを抽出して、Excelで作業に取り組むことが多かった。しかし、**近時は大容量のデータを効率的に可視化するBI（Business Intelligence）ツールやGIS（Geographic Information System：地理情報システム）が登場し、このようなデータ解析作業の効率性を改善させつつある。**

ＢＩツールとは、企業が蓄積するさまざまなデータを集約して可視化・分析することで、データに基づく意思決定や課題解決を支援するツールの総称である。近時の代表例としては、Microsoft社による「Power BI」、Tableau社による「Tableau」などが著名である。Excel作業の問題点である、いざ膨大なデータを統合したとしても数値の羅列では直感的にわかりづらい、グラフなどで図式化したとしても見方を変えるたびにグラフを作り変えているとそれだけで作業が膨大になる、などの課題の解決を可能としている。

加えて、ＢＩツールにはデータ結合・加工処理を手作業で行わないため、ミスの発生や作業の属人化などを防止するという利点もある。これまではデータの加工やエラーチェックなどに費やしていた時間を分析に充てることができるようになり、ＤＤ期間の時間の使い方をより有意義なものとすることが可能だ。

ＧＩＳは、位置に関するさまざまな情報を持ったデータを電子的な地図上で扱う情報システム技術の総称である。ＢＩツールと組み合わせて用いることが多く、地図情報や統計情報などは行政が無償で提供しているものを参照できる（国土交通省ウェブサイト／https://nlftp.mlit.go.jpを参照）。分析に必要な地理的要素を一元化し、全国レベルから市区町村まで粒度の変更なども自在に行うことができ、出店候補地域などに関する分析や議論が従来に比べて格段にスムーズになった。

これらデータアナリティクスを活用するときの課題は、ＤＤにおいて対象企業から受領する情報の粒度や体裁などである。データ経営（データを収集・分析して、その結果に基づき業務改善や新規事業の立ち上げなど経営の意思決定をすること）を行うときに共通する課題だが、俯瞰的な全貌の理解、店舗ごとの詳細の理解、双方に足るデータが集中的に管理・収集されている企業は、まだ少数派だ。

仮に存在した場合にも、ＢＩツールなどによる機械的な統合を図るには、エラーとなるデータ間での体裁の違いがある場合が大半である。今後、ＡＩの進化により個別に指示を行わなくても、データ解析にかかるこうした障害をツールが自動で克服することが可能となっていくだろう。その際にはＤＤの現場でデータアナリティクスが日常化し、生産性の向上は、より精度の高い現状把握と将来事業計画の策定、そして多くのシナリオに基づく多角的な評価を実現していくこととなるだろう。

## M＆Aプロセスで「完全オンライン化が進む」という変化

近年ウェブ会議によるリモートワークが一般化したが、Ｍ＆Ａプロセスも同様にさらなるオンライン化が目覚ましい。もともとＤＤでの情報開示には、バーチャルデータルームが用いられオンライン化は進みつつあった。だが、マネジメントによるプレゼンテーションや契約書交渉が煮詰まり込み入った局面では、電話会議などは、相手に感情を伝える、あるいは忌憚《きたん》のない意見を伝えるためには対面での会議に劣るとして避けられていた。これが事前準備の容易なウェブ会議ツールの登場とともに利用者側の心理的ハードルが下がったことにより、ウェブ会議で完結するケースが増えてきている。

ただし、工場や研究所など企業価値評価における重要性が高い施設については、物理的な訪問が望まれることが今まで同様に多い。企業の生産性や技術力の実態把握という点では、その傾向も理解されるところである。しかし、これもＶＲ（Virtual Reality：仮想現実）技術の向上によって、解像度や通信遅延などが改善され、克服される可能性がある。

実際の現地訪問に劣らない品質のバーチャル施設訪問が実現した場合には、これまで時間の都合上割愛されていたような拠点も含めた複数拠点に対する同時訪問が当たり前のものとなる可能性もある。

COVID-19による移動制限下では、やむにやまれず完全にオンラインで成立させていたM&Aプロジェクトもあったが、近時は改めて物理的な対面での接点を持つことが見直されることも多い。しかし、一度心理的ハードルが下がったことにより効率性を追求する傾向を踏まえ、事業の性質（たとえば物理的な資産をほとんど持たないITベンチャーなど）やリスクの度合いに応じて、大胆に完全オンラインで進むM&Aプロセスは今後も件数を増やしていくだろう。

## ①リスクに対する解像度の引き上げ――注目されるESG DDという考え方

近年、社会の価値観の変容に伴い、ESG DDが注目されている。特にグローバル展開している海外大手企業、そしてそのような企業を買収対象としている大手の外資系投資ファンドなどがESG DDを必須メニューに加えつつある。

この対象となるのは、その定義のとおり、Environment（環境）、Social（社会）、Governance（ガバナンス／企業統治）と、図表4-8のように非常に幅広い。法務DD・人事DDなど従来から実施されてきたDDにおける対象と共通する項目もある。

**これまでは短・中期的な経済的影響の発生可能性の有無を主眼として調査が行われていたのに対し、ESG DDは対象企業が果たすべき社会的責任にかかるリスクに主眼を置き、関連する**

図表4-8｜**ESG DDの調査対象例**

| | 対象 | 主な論点 |
|---|---|---|
| 気候変動 | E 気候変動 | ■短・中期的な財務上へのインパクト<br>●外部・内部環境調査分析をベースとして、可能な範囲で定量化 |
| 人的資源 | S 従業員エンゲージメント<br>S D&I<br>S タレントマネジメント | ■中・長期的な財務上へのインパクト<br>●主として、対象企業の取り組み状況の把握・分析による、定性的なリスクの洗い出し<br>●ただし、スタンドアロン機能、不足しているオペレーション実装、顕在化しているコンプライアンス違反への対応など、定量的に推測可能なケースにおいては、可能な範囲において、短中期的な財務上のインパクトを概算 |
| ガバナンス | G コーポレートガバナンス<br>G サイバーセキュリティ<br>G ESGガバナンス | |
| リスクマネジメント | E 大気汚染<br>E 廃棄物管理<br>S 人権<br>S サプライヤー管理<br>S 安全衛生（人身安全）<br>G 企業倫理 | |
| そのほか | E 生物多様性<br>S 地域との共生<br>全 情報開示 | |

出所：デロイト トーマツ ファイナンシャルアドバイザリー合同会社

**項目について領域を横断して調査する。**

たとえば、気候変動について調査する場合に具体的には、エネルギー消費量・$CO_2$排出実績値・削減目標・認識している気候変動に関する重大リスク／機会・気候変動がもたらす市場への影響・シナリオ（2℃、4℃をベース）ごとの重大リスク／機会の設定・各シナリオの重大リスク／機会に関する財務上へのインパクトなどについて、SASB（Sustainability Accounting Standards Board：米国サステナビリティ会計基準審議会）が定める国際的基準やガイドラインなどをベンチマークとして、対象企業の実態把握を進める。そのうえで課題の抽出と改善に向けた施策を検討する。

目先の業績を追う場合には、一企業において後回しにされがちな環境問題などが企業経営の重要な要素に引き上げられるにつれ、企業買収のためのDDという限られた期間の調査事項に含まれるようになりつつある。

問題点としては、現状、上場大手企業も含めて日本企業におけるＥＳＧに対する取り組みはまだこれからであり、調査を行った場合にも何らかの情報を得ること自体がむずかしい状況などがあげられる。ＥＳＧの対象とする全領域が日本企業におけるＤＤとして一般化されるには、相応の時間がまだ必要と想定される。

ただし、ＥＳＧの対象とする領域の中でも先行して近時、日本企業でも導入が進んでいるのが人権ＤＤであろう。国際的な人権意識が高まるうえで、自社グループのみならず一次および二次以降のサプライヤーを含めたサプライチェーン全体に対して、企業の社会的責任が問われるようになりつつある。

欧州では２０２２年2月、欧州委員会が「企業サステナビリティ・デューディリジェンス指令案」において欧州地域で活動する一定規模以上の企業に対して人権ＤＤの義務化を発表している。日本国内においても２０２２年9月には経済産業省により「責任あるサプライチェーンなどにおける人権尊重のためのガイドライン」が発表され、人権意識に対する向上は確実に進んでいる。

人権ＤＤでは、具体的にまず現状把握を実施するために事業環境や業界の特性、サプライチェーンの環境などの分析を実施し、社内、グループ企業の人権遵守状況を把握するため社内規程、業務手続き、従業員の意識などを文書の確認やヒアリングなどを通じて実施する。これらを実施するときに押さえておきたいポイントは、自社のポリシーとして定められている人権課題に対する優先順位づけである。

その後、サプライチェーン全体の可視化のため、サプライヤーなどのリストアップを行い人権遵守状況の確認を行う。このプロセスを経ることで把握された全体像に対して優先的に管理するべき人権の範囲（強制労働、長時間労働、最低賃金、社会的弱者に対する差別的対応、児童労働、ハラスメントなど）を把握し、さらなる人権リスクアセスメントを実施し、買収後のリスク低減に向けた施策の検討を行う。人権ＤＤもそのほかのＥＳＧ関連領域と同様に現状企業側での情報整備が進んでおらず情報収集において困難を伴うものである。

だが、社会的要請を踏まえたうえで導入の活発化は、着目すべき点である。過去の日本企業において、リスクとして認識されなかった事象が社会の発展に伴い、改善の対象として注目されるようになりつつある。ＥＳＧ ＤＤ、そして人権ＤＤの普及はまさにそれを象徴するような潮流と言えるだろう。

### ②リスクに対する解像度の引き上げ――利益相反に対する指針整備

Ｍ＆Ａにおけるリスクのうち日本企業の意識が高くなりつつある顕著なものに、利益相反懸念が挙げられる。特に上場企業における経営陣による非公開化（ＭＢＯ：Management Buy-Out）は株主利益最大化という義務を負って株主により選任された取締役である経営陣が、株主より自社株式を買い取るという構造上、利益相反懸念が高い。加えて上場子会社の完全子会社化などは、筆頭株主である親会社が少数株主から子会社株式を買い取るにあたって企業情報に関する非対称性があり、同様に利益相反懸念の高い取引である。

また買収防衛策の発動（取締役会が株主としての権利を濫用する目的で株式を取得しているとみなした株主について、金銭を対価として支払うことと引き換えにその持分を大規模に希薄化させる取引などが代表的）についても、そのほかの投資家にとって真に有益な施策なのか、利益相反懸念のある経営陣の保身にあたらないか、などの課題について繰り返し議論されてきた経緯がある。これらに対して、資本市場のさらなるグローバル化・企業を1つの〝ムラ〟として認識しがちな日本企業の社会規範の変化を踏まえ、経済産業省は2019年には「企業価値の向上及び公正な手続確保のための経営者による企業買収（MBO）に関する指針」、次いで2023年には「企業買収における行動指針―企業価値の向上と株主利益の確保に向けて―」を発表、公正なM&Aに関するルール策定に務めている。

具体的には、公正性担保措置として、独立した特別委員会の設置・外部専門家の独立した専門的助言・ほかの買収者による買収提案機会の確保（マーケット・チェック）などの各種プラクティス導入を提言する、買収提案に対する取締役および取締役会の行動規範・投資家や対象企業による株主の意思決定を歪める行為の概念の明文化を行っている。

過去から実務上は検討されてきた事項であるが、明確なルールが導入されたことにより議論が活性化されると共に、日本企業側のさらなる意識変革を促すものと言えるだろう。

**③リスクヘッジ手法の多様化――コーポレートベンチャーキャピタル（CVC）**

対象企業の経営資源を獲得したいM&Aの中では、企業の支配権を獲得できない過半数未満の少額投資は避けられる傾向にあるのが一般的である。一方、近年特に先端分野のビジネスモデルや技術の開発を担うスタートアップへの投資に関しては、特定の企業への買収投資は対象企業においてマネタイズがまだできていない状況のため回収リスクが高い一方、市場の期待値が大きく企業価値評価は非常に高いという傾向にある。

### 図表4-9｜コーポレートベンチャーキャピタル（CVC）の設立形態例

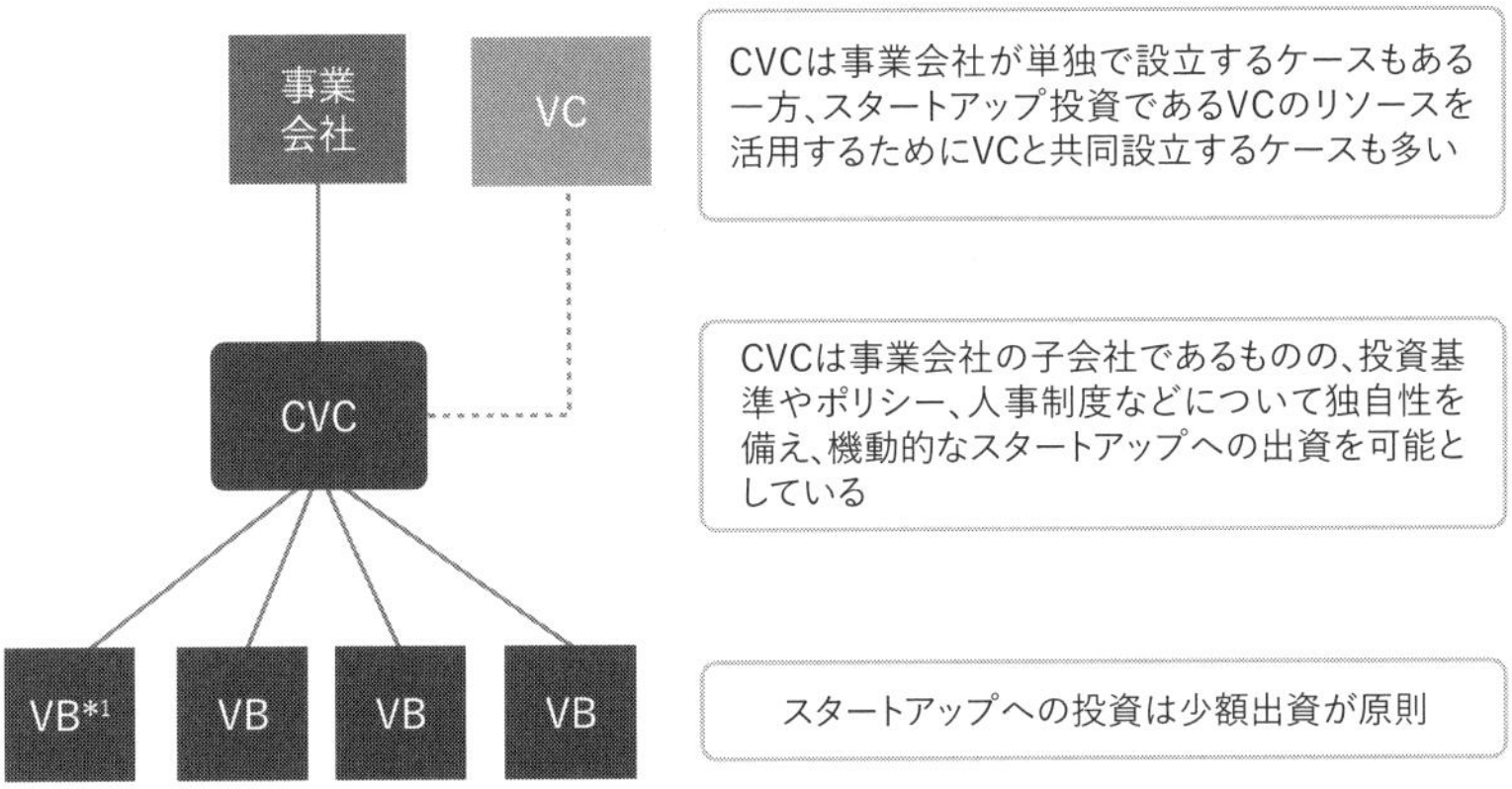
事業会社
VC
CVC
VB*1
VB
VB
VB
CVCは事業会社が単独で設立するケースもある一方、スタートアップ投資であるVCのリソースを活用するためにVCと共同設立するケースも多い
CVCは事業会社の子会社であるものの、投資基準やポリシー、人事制度などについて独自性を備え、機動的なスタートアップへの出資を可能としている
スタートアップへの投資は少額出資が原則

*1：Venture Businessの略。スタートアップ企業。

出所：デロイト トーマツ ファイナンシャルアドバイザリー合同会社

事業会社などが技術シーズを手に入れる機会を獲得する、あるいは先端分野市場への接点を設けるため、このような環境に対応して近年力を入れているのがコーポレートベンチャーキャピタル（CVC）と呼ばれる、ベンチャー向け投資子会社の設立である（図表4-9）。通常ベンチャーキャピタルとは、金融投資家などにより組成・運用される投資会社であり、資産運用を行っている企業などからの資金を集め複数のスタートアップに少額で分散投資することで投資先が株式公開した際に大きな売却益獲得を狙うことを目的としている。

CVCはこの複数スタートアップに少額で分散投資するという形を採り入れつつ、担い手が事業会社であること、直接的な投資回収のみならずスタートアップ企業との協業、場合によってはさらなる追加出資に向けた提携関係の構築などを目的としていることが相違点になる。少額出資を行うことだけを目的に新たな子会社をつくる必要があるのか、という疑問がわくかもしれないが、これは投資意思決定に対する機動性を確保するためである。

事業会社では、通常のM&A戦略において投資にあたっての事業戦略との適合性、投資の採算性などを定めておくことが望ましいとされている。これは野放図な投資拡大による業績悪化を防ぐ観点では有効であるが、スタートアップが手がけているような先端領域について成熟企業と同じ尺度の物差しを用いるのは無理があるといってもいい。

スタートアップに対する投資というハイリスクに対して、一種の経済特区を設けて機動的にリスクを取るため、会社として独立したマネジメントと判断基準を設けることがCVCを設立する意義である（経営の担い手も事業会社からの生え抜きメンバーだけではなく、スタートアップ経験者やベンチャーキャピタル出身者などの外部の〝血〟を入れ相応の裁量とインセンティブを与える、という点も法人格を独立させる要因の1つである）。

多少の失敗は許容しつつ先端領域への投資を挑戦し続ける大手企業においてCVCは、すでに一般化されてきている。**分散投資というリスクヘッジの側面もありつつ、成否の見えない領域に投資しないこと自体でのリスクをポジティブに回避するためにあるのがCVCと捉えることも可能だろう。**

### ④リスクヘッジ手法の多様化——少額の保険料で入れる表明保証保険

基礎編でも触れたように、DDの中で発見されたリスクに対する対処法の1つとして最終契約書において売り手と買い手との間でリスク分担を定めるが、対象企業に関するリスクの多くは今すぐ実現する類のものではなく潜在的な範囲にとどまる。

よって、潜在的なリスク顕在化の際に相手方に求償するためにある表明保証は対象とする範囲を広く、売り手の立場からは補償の期限や上限などの制限はあれども可能な限り表明保証の責任は負いたくないものである。また、買い手の立場からはいくら最終契約書が締結されたとしても、売り手の将来の求償に係る支払能力が100％担保されているわけでもないので不安が残る。このような表明保証に関するリスクを保険会社が担う表明保証保険という商品が開発され、近年欧米を中心に急速に広まっており、日本でも今後本格的な導入の兆しを見せている。

表明保証保険の付保対象となるのは主に最終契約書において売り手が負う対象企業にかかる表明保証である。財務諸表の不正確さ・追徴課税可能性・事業運営における法令遵守違反懸念などさまざまな見えないリスクについて少額の保険料支払いと引き換えに補償の発生時には保険金を受け取ることで解決を図る。

売り手は保険料分の企業価値評価の減額という形で間接的に経済上の負担を強いられるが、代わりに表明保証にかかる責任から解き放たれる。買い手としても前述の売り手の将来の支払い能力懸念から解放されるため両者にとってリスクヘッジの観点でｗｉｎ－ｗｉｎと言ってもよい商品である。

一方で問題点としては、保険会社にとっても通常の保険商品に比べて企業にかかる全般的なリスクを対象とするため相応にリスクの高い商品であり、オーダーメイドの設計が必要となること、またその設計をＤＤ実施時という短期間に仕上げていく必要があること、ＤＤの結果対象企業の潜在的リスクが高いと判断された場合には、範囲が限定的になる可能性、悪ければ付保自体（保険契約を締結すること）が困難な場合もある。日本ではまだ導入事例が少なく、提供可能な保険会社も少ない。導入事例が積みあがることにより保険会社側での設計・審査などもより円滑になる。小規模な企業のM＆Aも含めて導入が一般化されていくケースも増えていくものと想定される。

ここまで日本のM＆A実務における新たな潮流を、DX、リスクの解像度の引き上げ、リスクヘッジ手法の多様化というキーワードと共に紹介してきた。テクノロジーの発展に伴う経済発展・リスクに対する感受性の変化・M＆A実務の経験値の蓄積などがこれらの潮流のさらに根底にあることが理解いただけたと思うが、その大きな流れは不可逆なものばかりである。現在確立されたM＆A実務もまた20年前にはまだ常識ではなかった点を顧みて、実務の担い手はこれらの新しい実務が一般化する近い未来に向けて常に自身の有する常識を更新していくべきだろう。

# 4

## 未来編・M＆A実務――AIによりどんな企業も挑戦しやすい環境に！

さて、このような新たな実務、その根底にある大きな流れを踏まえた場合に、これからM＆A実務はどこへ向かうだろうか。以降は私見であるが、今後のM＆A実務が向かう方向、その将来について考えてみたい。

### M＆A実務の情報処理高速化の果てに「人間が介在しない未来の姿」も

デジタル化は近年、これまで短期間でのDDでは不可能であったがデータ解析を可能とし、M＆Aプロセスにおける物理的な制約を解消してきた。その先にどのような未来が待っているだろうか。1つの可能性としては、二極化の流れが加速するという事象である。

中堅・大企業のM&Aにおいてデジタル化により充実した解析がさらに導入されていき、データの収集や授受に関する時間を最小化させたことにより生まれた時間を複数のシナリオ策定やリスク評価の多角的分析に当てることができる。より妥当な解決策などが投資家に提供され、より付加価値の高く、より社会的意義の高いM&Aが成立することになるだろう。

M&Aの成功確率は何をもって成功とするかにより変わってくるものの、現在の実務が浸透したこの20年間においても、買い手の立場からM&Aの成功確率は決して高いものではなかったと言われている。デジタル化の進展が、分析の甘さ・リスクの見落としなどを回避していくことで、この成功確率を高めることに貢献することは間違いないだろう。

たとえば、企業価値評価などは財務諸表を入手した瞬間にAIによる情報処理によって素案の作成が可能となる。人間としての役割分担は、その後AIの判断した個別要素、割引率や事業計画の成長率などの前提条件の成否を吟味すると共に、代替案の可能性を模索することに特化する。DDや契約書交渉についても過去の事例などが各種専門家や事業会社内におけるデータベースに蓄積されることで、これまで職人技だったようなリスクの所在の抽出とその対応策を瞬時にAIが導き出し、人間はAIによる素案の見直しからはじめるプロセスを取っていく。

このようなしくみが一般化されることで、高難易度なプロジェクトなどのハードルが下がり、より多くの企業が挑戦していくチャンスを手に入れる。まさに好循環と言えるのではないだろうか。一方では、デジタル化がM&Aの省力化をもたらす結果、M&A実務は極限なまでそぎ落とされていくという未来も想像される。たとえば、現在においても一部の専門家では、投資家候補先と対象企業のマッチングにAI判定を活用しはじめている。

M&Aプロセスの完全オンライン化だけでなく、M&A実務におけるあらゆる局面をAI任せにすることで、ほとんど人間が実務に介在しないM&Aが成立する日が訪れるかもしれない。それとも企業買収という最も難易度の高い投資に対して、そのような未来は到来しない、と考えるべきだろうか。

デジタル化による心理的障壁の解消は、過去においてはあり得ないと思われたさまざまな取り組みをオンライン上で完結する形に塗り替えてきた。スタートアップへの出資や小規模事業者などへの投資という規模感であれば、人間が実務に介在しない世界はもうすぐそこに迫ってきているのかもしれない。

## スマートＰＭＩ・社会的責任を重視したM&Aが、ますます増える!?

社会規範の変化がM&A実務にもたらしている事象について、リスクに対する解像度の引き上げの観点から前項で解説したが、この潮流がさらに推し進められた場合に、どのような事象が起きるだろうか。たとえば、より共通の価値観が醸成されることで売り手と買い手との間での軋轢《あつれき》が減り、これまでよりもスマートなPMI・社会的責任を重視したM&Aが行われるかもしれない。

社会規範の変化が、投資家と対象企業との間の金銭的利害などを克服して共通のゴールに向けて走り出すことを容易にしていく。たとえば、人権DDの結果、コーポレート・ガバナンス機能不全な状況であったことが判明した対象企業であっても、従業員の社会規範に対する基礎的な知識の向上により、新たな統治体制の中で一緒に目指すべき方向へ向くことは、過去に比してやりやすくなるだろう。

実際、PMIにおいて生じるコストの多くは、このような当事者間で認識されたギャップを埋めていくための対話である。企業文化の違いを超えた共通の価値観が存在感を増していくことは、結果としてPMIのコストを下げつつ融和のスピードを速め、M&Aの成功確率を上げていくものと想定される。

また、社会的責任を重視したM&Aも増加していく可能性がある。経済的価値とより長期的な社会へのインパクトの両者を踏まえたM&Aが主流となり、たとえばESG関連投資の増加が産業横断で増えていく可能性がある。

今はEnvironmentに強くスポットが当たっており、ESG関連投資と言えば主にエネルギー産業などが潮流だ。しかし、今後はSocial・Governanceなどといった課題において強みや存在感を持つ企業への評価が上がっていくかもしれない。統一的な定量評価手法が、これらの論点において完成・浸透した暁には、今とかなり異なる軸でM&Aが活発化していく未来が到来するだろう。

まとめ

04

# 「今の事業が完成形ではない」という意識が事業を進化させる

第４章では、社会の変化がＭ＆Ａ実務に与えてきた影響と今後の展望について俯瞰して見ることで、私たち日本社会は、よりよい未来に向けて力強く発展し続けている、という手ごたえを感じてもらえたなら幸いである。不確実性が高まる中で、さまざまなシナリオを想像し備えていくべきである。そのポイントをまとめると、以下の3点だ。

**要点①　M&A実務は1990年代以降の日本経済の変化に伴い急速に発展してきた。**

**要点②　M&Aに伴うリスクの分析・評価・分担がM&A実務の主たる構成要素となっている。**

**要点③　経済の発展に沿ってM&Aに伴うリスクの捉え方もまた解像度が上がりつつある。**

そして、その備えのための武器として、デジタル化・社会規範の変化・従来の枠にとらわれない柔軟な新しい手法などは日進月歩で進化を遂げている。目の前にある実務が完成形ではないと想像をめぐらし続けることが進化を受け入れるためにも重要であり、むしろ私たち自身が進化を担っているのだという気概をもたらすこととなるだろう。

Q&A

# M&Aに関する「15の相談」に答えます

**Q1**　未来への考察を深め、磨くためには「自分が興味や関心のない分野」にも日常からアンテナを立てておこうということですが、その習慣づけについて教えていただけますか。

**A**　普段見ているメディアやSNSの傾向、興味・関心分野の「棚卸し」からはじめましょう。日本国内のエンタメ領域のニュースやSNSなどを普段見ている傾向が強いのであれば、あえて逆張りする。その際にフレームワーク（第1章参照）を参考にします。このフレームワークを「強制発想のツール」として活用すれば、「逆張り」の方向性が見えてきます。例を挙げれば、「国内外の政治・経済や技術などの動向」となるでしょう。または、「海外のエンタメ、文化・教養」など自分の関心に近しい領域であれば興味も湧き、視野も広がるかもしれません。関連したサイト・SNSからのニュース配信を自動的に受け取るだけでも「普段見ていない項目」が強制的に「目に飛び込む状況」がつくれます。

**Q2**　シナリオ・プランニングに取り組むには、不確実な外部環境要因を予測するわけですが、どんなことがポイントになりますか？

**A**　「未来予測情報」を理解することからはじめる必要があります。それらが、ある程度確実だが、起きそうなのか。それとも、かなり不確実性が高いのかを考えます。ある技術の開発が確実でも、それが技術のユーザーに受け入れられ普及するとは限りません。普及には、それなりの条件が必要です。一方、人口動態の変化（出生率・死亡率）は、短期間では変化が起きにくく、確実性が高い情報の1つです。このように前提条件にまで考えをめぐらせると、不確実性・確実性の度合いを多少は理解できるようになります。不確実性には、その行く末が「右か左か」と逆方向に振れるもの（円高vs円安）と、方向は1つだが、その程度に不確実性がありそうなもの（自動車の自動運転の進展度合い）があります。

**Q3　社内の立場や社歴が異なるメンバーが集まり、経験したことのない未来を想像したり、アイデアを出すというのはむずかしいことだと思われますが、上手く進めるコツはありますか。**

**A**　2つの進め方のポイントがあります。1つ目は、「場」の設定です。多様なメンバーが自由に意見を言えるような、ワークショップやブレインストーミングの場の設定と進め方のルールを決めます。2つ目は、有意義な結論に至るには参加者の想像力だけでは、限界があると考えます。「未来情報というファクト（事実情報やデータ）」が伴ってこそ、地に足のついた議論ができます。それでは、「発想の跳んだ」未来像が描けるのかと思われるかもしれませんが、要素間の因果関係を詰め構造化を図る段階で、「思ってもみなかった未来像」が発現することはよくあります。

## 第2章「ブランディング」からM&Aを考える

**Q4　さまざまな雇用形態の方たちが働く小売やサービスの現場で買収や合併後、現場にまでブランドの「ありたい姿」や大切にする価値観などを浸透させるにはどうすればいいですか。**

**A**　PMI時に、トップ同士が事業価値を理解し、新たなブランド価値の明確化を進めておくことは前提ですが、1つ目は契約締結され買収や合併の情報開示がされたら、社内からの理解を促すため組織内で「ビジョン・ミッション・行動指針」などを言葉にして共有します。その伝達は、「経営者↓経営幹部↓部長・課長↓社員↓パート・アルバイト」と、順次トップダウンで実行します。もう1つは、これを継続していく中で、体験を通してブランドの価値観と行動指針を理解し、浸透させます。たとえば、小売・サービス業は、顧客接点となるパート・アルバイトまで含めた従業員が果たす役割は大きいため、ミッションや行動指針の理解をし、行動できた人を表彰するなどのしくみをつくり、継続的に評価していけば行動変容が促進され、やがて文化として定着していきます。

**Q5 「M&A成功の可否」となるPMIは経営に深く関わるが、「やることが多いのに時間が足りない」「誰がやるのかわからない」と聞きます。M&Aによる相乗効果を統合後に出すための注意点は何ですか。**

**A** PMIの段階では、統合をどうしていくのか、条件面をどうするのかなど、広範囲に渡り、決めることが多く、時間が不足しがちです。中には、新たな経営体制について十分に話し合われておらず、買収や合併後に「誰が、どのようにリーダーシップをとるのか」という重要な点が曖昧なケースもあります。情報漏洩の観点で関係者を絞らざるをえず、加えて膨大なタスクにおいて、目先のタスクの解決に追われてしまうことが多いからです。ボードメンバー（経営幹部メンバー）を中心にM&Aの目的や将来の目指したい姿を明確にし、将来像を関係者間で共有しながら、どのような戦術にてどのような組織で将来像を実現するのか、早めに方針を決めるのがポイントです。

## Q6 自社への愛着・こだわりがある売り手側・買い手側の社員たちがお互いを知る場として、「ワークショップを開く」「ディスカッションの場を持つ」が効果的ですが、その上手なやり方はありますか。

**A** M&Aが公表された後の限られた時間内で、ワークショップの活用は、お互いを理解する場として有効です。そのやり方は、「ありたい姿を描こう」や「行動指針をつくりましょう」というようなテーマを決めて両者が集まり進めます。経営陣にはM&Aで統合する理由が明確でも、社員たちは同じ業界であっても、お互いのことを意外と知らないものです。そんな課題の解消には、本題のワークショップに入る前に、両社の創業の歴史・企業文化を学びあうことも効果的です。共通点や強みを整理しておくと、一緒になる価値がわかり上手くいきます。このワークショップは、初期段階では役員やマネジメント層と、限定されたメンバーですが、開示後は、すべての従業員が対象となります。このときにいかに早く新組織について理解を促すのか、そのスピード感が求められます。

## Q7 ブランド戦略を進めるときに、「一方の存続会社に集約する」「持ち株会社にする」「共同でブランドの刷新を行う」など組織再編にはいくつか手法がありますが、ブランド表現にどう影響しますか。

**A** M&Aは「買収・合併・提携・合弁」の手法があり、それらがさらに会社分割や事業譲渡などに分かれます。売り手側と買い手側のどちらが主体になるのかで、両社が対等なのか、そうでないのかでこの関係が決まります。たとえば、一方の存続会社に集約するなら、「存続会社が、企業のその財産を使う」。持ち株会社なら、「統合する会社のイメージを残したまま、新しい持ち株会社をつくる」「どちらかを持ち株会社とし、そちらにブランドを残す」。提携であれば、「両社でブランドを活かした新たな会社をつくる」

こともあります。いずれもガイドラインとしてルールを定める必要があり、企業価値を高めるためにはどのようなブランディングが必要か、M&Aの手法に応じて方針を決めます。

## 第3章「右脳的発想のM&A」と「経営統合プロセス」の進め方

**Q8 M&Aの成功には、「経営戦略や事業戦略」と「M&A戦略の連動」が必要ですが、円滑に進めるコツはありますか。また、円滑に進まないときの軌道修正はどうすればいいですか。**

**A** 円滑に進めるコツとしては、平時からM&A戦略を考えておくことが重要でしょう。証券会社やM&Aアドバイザリー会社から案件を持ち込まれたあとにM&A戦略をつくると、心理的に「いい案件だから是非やりたい」という気持ちになり、M&Aが目的化することがあるからです。それでは経営戦略や事業戦略との連動がとれなくなることにつながります。これを回避するために理想的なのは、中期経営計画等をつくる平時の段階からM&A戦略も検討しておくことでしょう。とはいえ、M&A戦略は「具体的にどの分野でM&Aで参入するのか」「参入に際して、買収・合併・提携のいずれを考えるのか」というように、各論に入るため検討する領域も広く、難易度が高いという現実もあります。

**Q9 「M&Aの投資枠」を予算化しても、その通りに進まないことが多いようですが、どのような事前準備をしておけばいいですか。**

**A** Q8と同様に、大事なことは「すでにM&Aの予算枠があること」を目的化しないように細心の注意を払うことです。人の心理として、「予算化されているのだから、それを使おう」という判断をしかねないためです。以前に、ある企業から「すでに売却を考えている企業でいいので、今の投資予算枠を使って東南アジアでM&Aできる先を探してほしい」と相談されました。しかし、M&Aでの成長戦略（事業の拡大や強化）が考えられておらず、売り手側と一緒になるメリットが後づけになるなど、結局は両社の考え方がフィットせず、上手くいきませんでした。ですから買い手側が平時からM&A戦略として、「自社のM&Aの基本コンセプトや方針」を決めておくことが重要です。その一方で、「M&Aの投資枠」はメリットになります。「M&A相手を探している」という情報を公開しておくと、持ち込まれる案件も多くなり、出会いも増えます。

## Q10 M&Aを円滑に進めるための外部アドバイザーの選び方や相談のしかたはありますか。

**A** 当たり前のことですがベースは、外部アドバイザーの経験が豊富であるという点でしょう。たとえば、PMI時の課題が財務であれば、「財務のPMIに強いアドバイザー」を選ぶ。人事なら「人事系に強いアドバイザー」を選ぶというように、課題とすることを軸にして考えていきます。引き続きPMIを例に話しますと、デューデリジェンスやバリュエーション（企業価値評価）を実施した外部アドバイザーがいるのであれば、そこにPMIを依頼するという手段もあります。なぜなら、買い手側、売り手側の両方に対して理解が進んでいるため、キャッチアップコストが少なくてすむからです。

最近は、クロスボーダーのような複雑な案件も一般的になってきています。このようなケースでは、海外人材を現地で有しつつ、かつ日本にも基盤を持つアドバイザーを選ぶのがいいでしょう。また、すでに適任な、信頼できるアドバイザーがいるのであれば、早めに声をかけて定期的に相談しておくとよいです。

アドバイザー側もキャッチアップやリソースの確保に一定の時間を要するため、早めに声をかけることでスムーズに進められることにつながります。

**Q11 M&Aを円滑に進めるための情報共有などで注意する点はありますか。PMIの担当者とディール担当者が異なるときの意思疎通がむずかしいと聞きます。**

**A** PMIは事業部の担当者、ディールは経営企画などの担当者がメインで務めるというケースがあります。業務が異なるため「事業を見る視点」が違い、両者には温度感の差が生まれがちです。ディール担当者は、売り手側と数カ月かけて、話し合いを重ね、取捨選択のもとで軌道修正をしながら買収後のプランを描いてきた「経緯・思い」があります。しかし、業務を引き継ぐPMI担当者は、そのプランの背景のキャッチアップが完全にはできず、そこにギャップが生まれます。ここが意思疎通のむずかしさにもつながります。この解決策はタイミングを見て、PMIの担当者もディールフェーズで一定の関与を行ってもらうことが一案です。

## 第4章 リスク社会を勝ち抜く「M&A実務変革」

**Q12 事業承継で悩む中小企業が存続するための課題解決方法としてM&Aが増えているとのことですが、売る側の企業オーナーが想定しておくことはありますか。**

**A** 企業オーナーは「相手方である買い手に何を期待するのか」を整理しておくことが重要です。M&A

には「資本を承継すること」と「事業を承継すること」の2側面があります。前者は株式売却により得た資産のご家族への承継であり、後者は買い手からの新たな経営者を後継者として迎え入れることになります。それぞれどのような形がベストか、個々の事情によって検討すべき要素がより細かくあります。たとえば、後者では、自身の引き継ぎ期間はどの程度か、幹部従業員の処遇はどうしてほしいか、企業文化で承継してほしい大事な点は何か、などこれらの要素それぞれに対して買い手に期待するものを、具体的な協議などがはじまる前から整理しておくのがよいでしょう。

**Q13 買う側に開示される情報が限定的な中で、高値づかみにならないために、ビジネス、財務、税務、法務、人事、IT、環境のDD時に、優先順位や押さえておくことはありますか。**

**A** 高値づかみを避けるには、経営資源を示す財務情報の収益について、健全性・成長性・継続性の視点から把握します。そのため事業計画作成時に優先順位が高いのは、ビジネスDD（買収先の競争優位性、強み・弱みを知る）、財務DD（買収側の財務・会計状況を知る）の2つでしょう。決して開示情報を鵜呑みにせず、ゼロベースから検討します。特に、財務DDは、簿外債務や収益の悪化懸念の有無を洗い出していきます。そのほかにも、人事・労務DD（対象企業の人事的・労務的な実態を知る）は、人に関するリスク（賃金の未払いや過剰労働など労働問題）を把握し、それを回避するために不可欠です。

**Q14 DDをする際、属人化を回避できるためBIツールやGISシステムの活用は有効だということですが、どの業界が取り入れやすいなどはありますか。**

**A** 導入メリットがあるのは、小売・サービス業界などB to C向けビジネスでしょう。特に、小売流通業が取り入れやすい業界です。日々、多くの販売データが収集されますが、その分析などは一部の大企業を除いて担当者により属人化されていることが多く、それをデータアナリティクス（データ分析）でデータを短時間で可視化できるようにしたのが、ＢＩ（意思決定支援システム）とＧＩＳ（地理情報システム）です。ＤＤでは決められた短期間で企業の全体像を知り、そのリスクとチャンスを把握しますが、ＢＩツールやＧＩＳの導入により大容量のデータを集約したうえで分析し、短時間で可視化することが可能となります。全国にある店舗の現状を知り、改善余地はあるのか（どう統廃合するのが収益改善につながるのか）、その合理的なシナジー効果を検証する分析手法としても有効活用されています。

## Q15 社会的責任を重視したESG要素のあるM&Aが増えるということですが、買い手側が考えていくうえでのメリットとデメリットはありますか。

**A** ＥＳＧ投資とは、環境（Environment）、社会（Social）、ガバナンス（Governance）の要素を考慮して投資を行うことです。ＥＳＧに関する課題へ取り組む上場企業は、機関投資家から高い評価を受けています。ＥＳＧポリシー（環境、社会、ガバナンスに関する方針）を掲げる企業は、積極的な投資を呼び込むことになり、株価の上昇や社会課題に取り組む企業としての信頼感にもつながります。デメリットとしては、対象企業の業況次第では短中期的にはコスト負担が先行する投資となる可能性もある点であり、財務インパクトとの兼ね合いを見ながら買い手として取れるリスクであるかを吟味する必要があります。

# おわりに　全体俯瞰と統合的思考で新時代を切り拓く

本書は、収益構造を変革するためのM&Aや、企業再編・不正調査などのクライシスマネジメントの局面で、企業が直面する重要な課題解決のためのアドバイザリーサービスを提供しているデロイト トーマツ ファイナンシャルアドバイザリー合同会社のメンバーが共同で執筆したものです。それぞれの領域で活躍する10名が協力して執筆した形をとっていますが、多くの知の創造を担う数千名の社内メンバーの集合知の成果でもあります。

また同時にこの集合知は、経済的価値・社会的価値の創出に向けて、ともに知恵の汗をかかせていただいているクライアント企業・組織の皆さまとの知的刺激創造の好循環から生まれたものでもあります。

冒頭でも触れたように、M&Aは激変する社会環境・経済環境に対応していくための経営手法として、すでに「当たり前」化してきています。

しかし、そうした「当たり前」化した手法も、「世の中の変化」を先取りし、または変化に対応し進化していかなければなりません。

デロイト トーマツ ファイナンシャルアドバイザリー合同会社は、そのような変化の先取りを積極的に行うため、従来のＭ＆Ａアドバイザリー業務にとどまらず、戦略策定、リスク対応、トランザクションなどの実務対応の領域での強化・成長を続けています。

本書は、このような方向性について軌を一にするメンバーが、「Ｍ＆Ａに関するスコープの変化」と「従来のスコープの中でも起きている『新しい戦略・実務の潮流』」について、まとめたものです。

変化が激しい時代にあっては、どのような集合知も、すぐに陳腐化をはじめるかもしれません。しかし、本書を読み通しておわかりのように、全体を俯瞰し統合的に考える思考・実行の重要性および新しい潮流に通底する次のような要素は、これから長期に渡り企業経営に携わる人々にとって重要なアジェンダであり続けるでしょう。

●地球温暖化や地政学リスクなど増大し続ける社会課題
●それらに対応する企業の社会的責任・社会価値創造の重要性
●ＡＩをはじめとする急速な技術進展に伴う経済活動の変容
●経営戦略の対象スコープの拡大
●Ｍ＆Ａを含めた組織変革を成し遂げる人材の重要性　など

このような必要不可欠な経営上のアジェンダに対して第1章では、**「不確実性を内包した未来についての独自の世界観」を持ち、その構築過程を経てＭ＆Ａ戦略へとつなげることの重要性**について解説しました。

第2章では、**「広義のブランディング」がM&Aの成功にとっていかに重要か**について解説し、具体的な進め方のステップについても順を追って説明しました。

第3章では、M&A戦略とPMIの基本に触れつつ、**新しい潮流である「右脳的発想のM&A」について事例を交えながら詳細に解説**しました。右脳的発想のM&Aが増えている背景には、前述のように、企業の社会的価値の重要性が上がっていること、また業界の垣根が曖昧になっていることがあることにも触れました。

第4章では、M&Aの変遷とM&A実務の基礎を解説したのち、**新しい潮流である「DX・データアナリティクス」**や、企業の社会的責任の増大に対応するESG DDなどを紹介し、説明を加えました。さらに、**AI時代のM&A実務の未来**についても展望しました。

本書で述べたような背景、特に肥大化する社会課題に対しては、過去の強みをベースとして単一企業・組織のみで対処していく時代は終焉《しゅうえん》を迎えています。だからこそM&Aというツールが活用されているわけですが、単に「外部の力を企業内に内部化するだけのM&A」にとどまっていては不十分でしょう。

多くの企業や組織、政府や自治体が連携し、社会課題を正面から捉え、課題解決とそのメカニズムを社会に実装させてこそ、新しい時代を切り拓いていけるのではないでしょうか。

このような新しい環境下において、広い視野を持ちM&Aに取り組む読者の皆さまにとって、本書が、知的刺激や気づき、そして実務的に参考となるポイントを提供できていれば、執筆者としてこれほどうれしいことはありません。

出版にあたっては、生産性出版　副編集長の村上直子さんに大変お世話になりました。日々、クライアントのために現場を駆け回る多忙な執筆メンバーからの原稿提出が遅れても、より良い書籍にするためにと最後まで品質を重視したサポートをいただきました。

また、社内のマーケティング部門をはじめ、多くのメンバーに大変お世話になりました。最後になりましたが、この場を借りて厚くお礼申し上げます。

本書が、企業活動を通して、世の中を良くしていきたいという読者のみなさまの思考・実行の一助となれば幸いです。

執筆者を代表して　西村行功《みちなり》

（第1章担当／コーポレートイノベーション パートナー 兼 ＤＴＦＡインスティテュート主席研究員）

## 著者プロフィール

社名・役職などは、執筆日時点のものです。

### デロイト トーマツ ファイナンシャルアドバイザリー合同会社

国際的なビジネスプロフェッショナルネットワークであるデロイトのメンバーで、デロイト トーマツ グループの法人。デロイトの一員として日本におけるファイナンシャルアドバイザリーサービスを担い、グループ内の専門的リソースおよび総合力を活かし、収益構造を変革するためのM&Aや、企業再編・不正調査などのクライシスマネジメントの局面において、企業が直面する重要な課題の解決を支援している。

---

**はじめに**

---

### 伊東真史（いとう まさふみ）

**執行役 パートナー Chief Strategy Officer**

外資系コンサルティングファームを経て、現在のデロイト トーマツ ファイナンシャルアドバイザリー合同会社に入社。ライフサイエンス、テクノロジー、製造業、官公庁などのクライアントに対する戦略、M&A、オペレーション、ITなどのアドバイザリー業務に従事。多業種連携による社会課題解決の必要性を唱え、「デロイト トーマツ自身も発想し、事業パートナーと共に事業開発・社会実装を行うイニシアチブ " LAGRANGE"（ラグランジュ）」を発足し牽引。

---

**第1章**

---

### 西村行功（にしむら みちなり）

**パートナー コーポレートイノベーション 兼DTFAインスティテュート主席研究員**

日米の戦略コンサルティングファームを経て、グリーンフィールドコンサルティングを設立。26年間、同社の代表として、シナリオ・プランニング、中長期戦略、人材育成などの業務に従事。2021年、デロイト トーマツ ファイナンシャルアドバイザリー合同会社に事業承継し、同社シナリオ・プランニングチームにて同様のサービスを提供している。DTFAインスティテュート主席研究員兼務。『「未来を読む」ビジネス戦略の教科書』（毎日新聞出版、2015年）など著書多数。

### 中島祐輔（なかしま ゆうすけ）

**パートナー フォレンジック&クライシスマネジメント統括 兼 ビジネスリスク副リーダー**

大手監査法人で会計監査を経験後、2002年にデロイト トーマツ ファイナンシャルアドバイザリー合同会社に入社。M&A、企業再生、不正調査、ガバナンス改革など広範な領域でプロジェクトマネジメントの経験を有する。現在は主に会計不正、品質偽装、贈収賄などさまざまな不正・不祥事事案に調査委員や責任者として関与。ステークホルダー対応の危機管理や再発防止策導入など危機に直面した企業を信頼回復まで一貫して支援している。FA領域全体のリスク・品質を管掌するビジネスリスク副リーダーを兼ねる。公認会計士。

---

**第2章**

---

## 江島成佳（えじま なるよし）

**エグゼクティブブランドアーキテクト　ブランディングアドバイザー**

国内ブランディング会社代表取締役を経て、デロイト トーマツ ファイナンシャルアドバイザリー合同会社に入社。ブランディングのコンセプト開発・企画立案からトータルディレクションおよびマネジメントの実行責任者を歴任。幅広い業種のブランディングに従事。VI開発やプロダクト、サービス開発、空間設計、コミュニケーション施策などにも関与。

## 長谷川知栄（はせがわ ともよし）

**プリンシパルブランドアーキテクト　ブランディングアドバイザー**

三次元CAD関連企業、外資系コンサルティングファームを経てデロイト トーマツ ファイナンシャルアドバイザリー合同会社に入社。営業支援・CIO支援などの組織や業務に係る支援、新産業創出・業界再編などの公共案件、M＆A戦略・実行に係る支援、海外進出・JV設立支援、知財戦略に係る支援などに従事。直近、創造的思考にも着目し、組織づくり、事業開発、まちづくりなどのさまざまなプロジェクトに関与。

---

**第3章**

---

## 赤坂直樹（あかさか なおき）

**パートナー　産業機械・建設/エネルギー統括**

米系コンサルティングファームを経て大手監査法人系M&Aアドバイザリーファームにて M&Aや再生局面での戦略策定、フィージビリティ分析、コスト削減戦略、ビジネス・オペレーション・IT DD、事業計画策定支援、PMIなどを専門とするチームのリーダーとして従事。2013年、デロイト トーマツ ファイナンシャルアドバイザリー合同会社に入社。ストラテジー専業チームを組成した後

2023年より産業機械・建設・エネルギー領域の統括パートナーとして従事。

**戸田崇生（とだ たかお）** パートナー ストラテジー統括

公認会計士事務所、創薬系バイオテックを経て、2015年、デロイト トーマツ ファイナンシャルアドバイザリー合同会社に入社。主に化学・素材業などの製造業を中心に、M&AにおけるIT DD、カーブアウトDD、スタンドアロン分析、クロージング・Day1対応支援、分離＆売却案件のセルサイドアドバイザリー業務などに幅広く従事。

**中山博喜（なかやま ひろのぶ）** シニアマネジャー ストラテジー

証券会社財務部、セルサイドの証券アナリストを経て、2013年にデロイト トーマツ ファイナンシャルアドバイザリー合同会社に入社し、2017年～2020年はデロイト タイのバンコク事務所でM&Aアドバイザリー業務に従事。現在は同社ストラテジー部門に所属。著書に『買収後につながる戦略的デューデリジェンスの実践 外部環境分析の考え方・技術』（中央経済社、2020年）『9つの失敗パターンでわかるM&A戦略の基本と実務』（中央経済グループパブリッシング、2024年）。

**松尾智彰（まつお としあき）** シニアコンサルタント ストラテジー

日系証券会社に入社後、富裕層・法人向けセカンダリー営業を経て、プライマリーアナリスト業務に従事。機械・情報通信業界を専門領域とし、業界動向のリサーチやスタートアップの評価・分析・エクイティストーリー構築支援・バリュエーション等を行う。2022年より、デロイトトーマツ ファイナンシャルアドバイザリー合同会社に出向、新規事業戦略の立案やビジネスDDなどのプロジェクトに関与。

---

**第4章**

---

**吉田修平（よしだ しゅうへい）** パートナー　コンシューマー統括

日系金融機関を経て、デロイト トーマツ ファイナンシャルアドバイザリー合同会社に入社。コーポレートフィナンシャルアドバイザリー部門において、消費財／小売・流通セクターを中心に国内外の種々M&Aアドバイザリー業務に従事。現在、コンシューマー統括 消費財／小売・流通リードを務める。共著書に『ザ・M&Aディール 企業買収・売却プロセス実践対策集』（中央経済社、2021年）。

# M＆Aの基礎知識 実務の新潮流

2024年11月15日　初版第1刷発行

著　者　デロイト トーマツ ファイナンシャルアドバイザリー合同会社
発行者　髙松克弘
編集担当　村上直子
発行所　生産性出版
〒102-8643　東京都千代田区平河町2-13-12
日本生産性本部
電話03(3511)4034
https://www.jpc-net.jp

印刷・製本　シナノパブリッシングプレス
装丁デザイン　竹内雄二
本文イラスト　キタハラ ケンタ
本文デザイン　茂呂田 剛（有限会社エムアンドケイ）
校正　梶原 雄


ISBN 978-4-8201-2158-9　C2034